本书为教育部哲学社会科学研究重大专项项目

"习近平法治思想与中国特色法学学科体系、学术体系、话语体系创新研究"

（2022JZDZ003）的阶段性研究成果，受到"中国政法大学出版基金"资助。

传承与创新

我国人民调解制度研究

刘坤轮　著

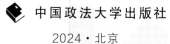

中国政法大学出版社

2024·北京

目　录

绪 论

一、问题的提出

人民调解制度之于社会的和谐究竟起着怎样的作用？

当前调解的重要性再度被重申。如此语境之下，作为调解制度之主干，人民调解制度又面临着怎样的机遇和挑战。在新的政策形势下，作为一种维护基层和谐，排争解纷的诉讼外、行政外纠纷解决方式，它的重新散发活力又有着怎样的背景？又面临着怎样的现实困境？又该如何维系好它的健康发展，协调好它与这个社会纠纷解决系统中其他制度之间的微妙关系，将其良性的作用发挥出来？

我国进入 21 世纪后，在经济建设取得巨大成就的同时，也开始直面各种社会问题。其中，如何构建起和谐的社会，就是转型期社会赋予我们的一个新的命题。

二、现有研究综述

关于人民调解，严格而言，国外的研究寥近于无。这一判断之由来乃是基于人民调解这一制度的特定本土性。虽然我国的替代性纠纷解决机制（Alternative Dispute Resolution，ADR）研究主要仍是一种"西风东渐式"的，[1]但在中国，作为 ADR 之重要组成部分

---

[1]　中国的法学研究应该是在空白的基础上建立起来的，早期的法学研究主要是对西方法学理论的引介。西方司法文化和司法理论对中国司法文化和司法理论的影响较为明显。这几乎是中国法学界都承认的事实。

的人民调解，却并不是在西风东渐的过程中才凸显出来的。这一纠纷解决方式是在中国社会转型过程中土生土长地形成的〔1〕。但同时，随着新中国社会的良性发展，这一土生土长的制度也不能不在其所深嵌的中国法律现代性转型过程中刻上现代性的烙印。〔2〕

这些烙印有些表征着人民调解制度的良性发展，代表了人民调解对现代社会转型的适应。有些则可能突破了人民调解制度本身的内嵌本质，从而剥夺了人民调解的制度属性，使其失去了存续的基本依托，因而可能在长远的发展道路上，不利于其健康发展。

如何分辨这些发展和演化？我们又能够在理论上为避免人民调解制度出现异化做些什么？这一切都需要我们将人民调解这一制度的发展历程、制度的价值以及制度的运作机制了解清楚。除了实地考察外，文献梳理是我们厘清人民调解制度的一个重要途径。本书将通过对国内外人民调解文献进行质和量两个向度的考察，在此基础上得出人民调解研究的一些基本情况，并梳理出其中可能存在的一些不足和问题。

（一）基于量的考量

对于这个选题而言，首先需要做的是将前人的研究成果进行梳理。也就是说，必须将国内外有关人民调解的研究通览，从这种通览中找到国内外学者研究视角的切入、研究方法的切入等不同之所在，从理论上为自己的研究提供一条可行的方向。对此，笔者分别从中国期刊网上的人民调解论文出发，结合市面上可以看得到的有关人民调解的著作，对中国学者的相关研究进行文献综述，对国外学者的研究进行系统梳理。虽然量的考量不能说明这一命题的研究深度，但其趋势却反映出这一问题在社会中的受关注程度，因此，量的考量是一种验证相关研究可行性的重要标准。为此，本课题组在中国期刊网进行检索，考虑到人民调解研究的学术性要求，检索过程将严格限定为精确包括"人民调解"字样，并只涉及核心期刊

---

〔1〕 本书下文关于人民调解的发展历程会详细展现这一过程。
〔2〕 其中，最为明显的烙印就是司法化与行政化。关于此问题，后文将予以详细解读。

数量。以 1979—2022 年为界限，以"人民调解"为关键词，所得到的基本统计资料基本如表 0-1。

表 0-1　1979—2022 年人民调解研究的核心期刊、
硕士学位、博士学位论文数量统计表

年份（年）	核心期刊	硕士学位	博士学位
1979	0		
1980	1		
1981	3		
1982	8		
1983	8		
1984	1		
1985	6		
1986	10		
1987	26		
1988	12		
1989	13		
1990	5		
1991	5		
1992	0		
1993	6		
1994	28		
1995	15		
1996	1		
1997	6		
1998	6		
1999	12		
2000	8		
2001	13	2	

续表

年份（年）	核心期刊	硕士学位	博士学位
2002	29		2
2003	38	1	
2004	102	2	
2005	107	9	
2006	112	8	1
2007	166	11	1
2008	167	13	1
2009	189	5	
2010	222	17	
2011	131	3	
2012	171	28	
2013	85	24	2
2014	132	36	2
2015	101	23	
2016	68	24	1
2017	57	19	
2018	70	18	
2019	65	16	2
2020	58	13	
2021	49	30	1
2022	52	17	

从表0-1中，我们可以看到，学界关于人民调解的研究基本起始于20世纪80年代，实际上，那也正是中国整个学术研究恢复的时期。但是，抛开高等教育和学术研究的恢复，单是从数量上来看，人民调解制度研究真正形成规模则是2004年之后的事情，从这一年度起，关于人民调解制度研究的核心期刊论文开始超过百篇，到

2010 年更是突破到了 200 篇，总体呈上升趋势。此外，专门性的深入研究也从 2001 年开始，在 2004 年之后形成小的规模群。截至 2022 年，共有统计的 13 篇博士学位论文与 319 篇硕士学位论文出现。这基本反映出人民调解研究的几个内容。

第一，人民调解重要性呈现。从人民调解的研究数量来审视，人民调解制度呈现出越来越受学界重视的倾向。不仅仅是关于这一制度的普通研究数量日益增多，还出现了专门性的研究。其中，13 篇博士学位论文的出现，到现在都已成著作出版，标志着人民调解的研究进入了深化的阶段。这当然和人民调解制度在当今社会的重要程度密切相关。并且，考虑到人民调解制度的早期研究均深嵌在 ADR 的研究群中，单以此处的统计数据并不能覆盖其全部的研究群落，因此，人民调解的重要性逐渐呈现的事实基本可以在这些研究数量的变化中得到印证。

第二，官方政策的影响。人民调解研究受到重视的另一个对应方面是官方的日益重视。其中 2002 年 9 月 16 日，最高人民法院颁布了《最高人民法院关于审理涉及人民调解协议的民事案件的若干规定》（已失效），以司法解释的形式明确了人民调解协议具有私法上的合同属性和效力，对于之前的诉讼至上理念进行了纠偏。2010 年 8 月 28 日，第十一届全国人大常委会第十六次会议审议通过了《中华人民共和国人民调解法》（以下简称《人民调解法》），自 2011 年 1 月 1 日起施行，这就更进一步增强了官方对人民调解制度的肯定和认可。这两次重要的官方政策认可对人民调解的研究起到了重要的引导作用，也可以预见到人民调解制度将会持续成为我国法学界以及人文社科领域的研究热点。

（二）基于内容的考量

量的考量能够反映出人民调解制度的研究趋势以及研究的一些冷热变化，但若从研究的可进行性来审视，则必须对相关研究进行内容分析。这是因为，单纯量的考量可能忽略掉很多重要的以其他视角切入人民调解制度的研究。同时，没有内容的考量，我们也无从知晓当前研究的不足之处，更无从对这些不足之处进行改进。鉴于这两个方面，课题组仍需对人民调解的研究进行质（内容）的考量，即从内容方面来审视人民调解制度。

1. 官方的研究

1954 年《人民调解委员会暂行组织通则》（已失效）第 2 条规定："调解委员会是群众性的调解组织，在基层人民政府与基层人民法院指导下进行工作。"1989 年《人民调解委员会组织条例》第 2 条也规定："人民调解委员会是村民委员会和居民委员会下设的调解民间纠纷的群众性组织，在基层人民政府和基层人民法院指导下进行工作。基层人民政府及其派出机关指导人民调解委员会的日常工作由司法助理员负责。"2000 年，中央社会治安综合管理委员会下发了《关于进一步加强矛盾纠纷排查调处工作的意见》，体现出步入 21 世纪以来，人民调解日益受到官方重视。2010 年的《人民调解法》第 5 条则规定："国务院司法行政部门负责指导全国的人民调解工作，县级以上地方人民政府司法行政部门负责指导本行政区域的人民调解工作。基层人民法院对人民调解委员会调解民间纠纷进行业务指导。"根据这些人民调解的"基本法"的规定，人民调解委员会虽然是群众性组织，但受司法行政部门和法院的指导。最早针对人民调解进行理论研究的，就是司法行政部门和法院的有关研究者。[1]"人民调解学"的概念，也是由司法部正式提出来的。目前，系统开展人民调解学理论研究的，仍主要是官方的研究人员。[2]

官方的理论研究侧重于经验总结、提炼和应用，其关于人民调解运作的研究，偏重于具体的调解工作方法。例如，有学者将调解的工作方法总结为五点。[3]①"忠言逆耳"法：用严肃的态度，对

---

〔1〕 参见司法部人民调解司编：《人民调解》（第 1 辑），法律出版社 1983 年版，第 1～10 页。

〔2〕 例如，山东省司法厅原厅长梁德超主编的《人民调解学基础》（中国广播电视出版社 1988 年版）、《人民调解学》（山东人民出版社 1999 年版），迄今仍是人民调解学的权威读本。

〔3〕 张剑仲：《新时期人民内部矛盾的特点及其调解方法》，载《江苏公安专科学校学报》1994 年第 1 期。

当事人进行法制教育，通过忠实的劝告，使当事人懂得法律的尊严性和强制性，遵法的必要性。②"圆中有方"法：对矛盾的双方讲究说话艺术，对有理的一方好言相劝，对无理的一方婉言点破。③"冷却处理"法：在调解过程中不急于立即处理纠纷，而是先阐述一些道理，引导双方暂时冷静下来认真思考。④"曲线疏导"法：并非采取正面批评的直接调解法，而是采取婉转的方法，讲古论今，避免直接针对事件本身，呈"曲线"式向当事人进行疏导教育。这种方法适用于有一定社会地位和身份，且十分讲面子的人。⑤"缓冲和解"法：及时做工作，热情劝解双方，使矛盾得到缓冲；同时采取措施，防止因人民内部矛盾激化而发生恶性案件。这种方法适用于那些对小事斤斤计较、心胸狭窄的人。这类研究往往过多地关注具体的工作方法，忽略了规范化的调解运作机制。

2. 民事诉讼法学者的研究

人民调解针对的是"民间纠纷"。根据司法部《民间纠纷处理办法》的解释，"民间纠纷，即公民之间有关人身、财产权益和其他日常生活中发生的纠纷"。人民调解的受理对象和民事诉讼的受案范围有着很大的相似性，两种制度也有着类似的制度功能，调解甚至是中国民事诉讼制度的一部分。鉴于此，部分民事诉讼法学者也着手研究人民调解，其代表者是江伟、杨荣新、常怡、谭兵等老一辈民事诉讼法学家。1983 年，西南政法学院常怡、谭兵等民事诉讼法学者所编的内部书籍《人民调解工作知识》，可能是改革以来法学界最早的关于人民调解的理论研究[1]。民事诉讼法学者针对人民调解的研究沿袭了民事诉讼法学的研究范式，倾向于将人民调解的运作机制"程式化"。例如，在一本影响力很大的著作中，江伟、杨荣新教授将人民调解的程序提炼如下：受理及选择调解员、事实调查，斡旋、疏通、说服及听取舆论意见，提出和解方案，调解会上的交涉和辩论，调解书的制作、审议、修改，监督履行[2]。近年来，中

---

〔1〕 常怡、谭兵编：《人民调解工作知识》，西南政法学院印行 1983 年版，第 1~25 页。

〔2〕 江伟、杨荣新主编：《人民调解学概论》，法律出版社 1990 年版，第 145~152 页。

青代民事诉讼法学者的研究兴趣已经整体上从人民调解中转移，相关的研究已经非常少见。

2003 年，老一辈民事诉讼法学家杨荣新教授根据其多年的研究积累和对最新情况的观察，将人民调解的工作程序提炼为"纠纷的受理"和"调解的进行"两个部分。[1] 杨荣新教授的研究指出：人民调解委员会受理纠纷有两种方式：一是当事人自愿申请；二是调解人员主动介入纠纷，了解当事人及纠纷情况，为受理作好准备。人民调解委员会对于没有法律、法规禁止事由的，就应当受理。受理后，即应指定调解员主持调解。如果是比较重大复杂的纠纷，还应组成合议庭，指定首席调解员。独任调解员或合议庭接到人民调解委员会指派后，就须进行必要的准备工作：一是让当事人提交或收集必要的证明材料；二是做好必要的事务性工作，保证及时进行调解。进行调解一般包括三个步骤：一是查清事实、分清是非，这是做好调解工作的前提和达成调解协议的基础。只有这样，才能使当事人对调解过程和结果满意，才能使当事人心服口服，提高调解协议的履行率。一些不讲事实不讲原则的"和稀泥"的做法，是错误的。二是说服教育、进行疏导。三是主持调解，充分协商。这是人民调解的核心工作。近年来，也有青年民事诉讼法学者提出了对我国人民调解新情况的思考，如廖永安、刘敏等。廖永安教授从本土化角度，挖潜人民调解制度的本土资源与经验理论，提出了从制度创新角度化解人民调解制度合法性危机的思路。[2] 刘敏教授也提出，步入 21 世纪以来，人民调解制度在立法和实务上出现了四个方面的创新：一是人民调解组织不再局限于村委会和居委会的人民调解委员会；二是人民调解员不再局限于村民委员会成员、居民委员会成员及选举产生的公民；三是人民调解协议具有合同效力；四是实现了人民调解与司法程序上诉讼的有效衔接与对接。关于人

---

〔1〕 杨荣新、邢军：《人民调解制度研究》，载《南阳师范学院学报（社会科学版）》2003 年第 5 期。

〔2〕 参见廖永安等：《中国调解的理念创新与机制重塑》，中国人民大学出版社 2019 年版，第 27~41、319~347 页。

民调解的进一步发展，重点是要明确人民调解在纠纷解决体系中的地位，深刻把握其制度的正当性基础，从而更好地规范人民调解员的行为。[1]

3. 法律社会学的研究

20世纪90年代以来，部分从事法律社会学相关研究的学者对作为中国独特的纠纷解决制度的人民调解制度产生了浓厚的研究兴趣，并形成了一批很有分量的研究成果。这类研究的代表者包括季卫东、傅华伶、范愉、苏力等国内学者；一批外国学者也加入了研究队伍，例如柯恩（Jerome A. Cohen）、陆思礼（Stanley B. Lubman）、郭丹青（Donald C. Clarke）、彭文浩（M. Palmer）等。[2]季卫东对调解程序的研究认为："调解程序主要由两部分构成。一是使交涉和讨论得以有意义的日常会话的规范集合。二是保障结果公正、诚实的角色行为的规范集合。现代中国的调解具有作为解纷者的第三方扩大化、形成了特殊的关系场域的特点。"[3]陆思礼对中国人民调解委员会运作的研究认为，实践中人民调解存在三种样式：以情理为基础的调解；以法律为基础的调解，法律规则作为决定标准的渊源；以"情、理、法"的结合为基础的调解。[4]总体而言，这些学者对于法院调解的研究兴趣大于人民调解，人民调解运作机制受到的关注相对很少。这一批研究成果主要出现在2000年以前。

2000年以后，继续对人民调解跟踪研究的法律社会学者，仅有范愉教授一人。不过，研究人员数量的下降，并不意味着研究质量的下降。相反，在范愉教授的推动下，人民调解理论的研究迈向了

---

[1] 刘敏：《人民调解制度的创新与发展》，载《法学杂志》2012年第3期。

[2] 这些海外学者的研究均收入强世功编：《调解、法制与现代性：中国调解制度研究》，中国法制出版社2001年版。

[3] 季卫东：《调解制度的法律发展机制——从中国法制化的矛盾情境谈起》，易平译，载强世功编：《调解、法制与现代性：中国调解制度研究》，中国法制出版社2001年版，第62页。

[4] 陆思礼：《邓小平之后的中国纠纷解决：再谈"毛泽东和调解"》，载强世功编：《调解、法制与现代性：中国调解制度研究》，中国法制出版社2001年版，第283~286页。

新的高度。[1]这些研究广泛调研了北京、上海等地的人民调解运作实践，指出了城乡人民调解组织运作的区别："村调解委员会经常面对的纠纷一般包括土地承包及土地、林木、宅基地等纠纷，债务纠纷，邻里纠纷，婚姻家庭（包括继承、赡养和收养等）纠纷等，也包括因村委会或其成员与村民之间的纠纷（例如收费、执行政策方面的争议等）。解决纠纷的方式与效果，很大程度上取决于调解人的威望和能力，在调解中，从感化、说理、调动人际关系和亲属关系、劝服直到压服等方式都可能采用，而共同体、习惯和关系本身产生的强制功能也具有重要的作用。城市居民之间的纠纷本身非常复杂，可能由居委会出面调解的纠纷主要是：邻里纠纷、家庭纠纷、物业纠纷以及部分消费纠纷、劳动关系方面的争议等。相比较而言，传统的感化、说理、调解以及情理、道德等对于中年以上的居民尚有一定作用，但对于年轻居民和非家庭纠纷当事人而言亦缺乏约束力，在这种情况下，通常只有法律才能成为居民的共同行为准则和解纷依据"。[2]

除了继续以法律社会学的方式深入研究人民调解以外，范愉教授等学者还着手建构一般性的调解制度和调解人行为规范，归纳了调解方式的多元化：[3]调解组织和调解人的多元化、调解启动方式的多元化、对席式调解（各方当事人同时在场，调解人当面听取各方当事人的陈述并促进其进行面对面的协商以达成和解）、背对背调解（调解人可以分别会见当事人、听取他们对纠纷和对方诉求及理由等意见，包括不满情绪的抒发、自身理由的陈述和解决方案等）、混合调解等。调解的基本原则包括自愿原则、公平程序原则（调解应能够保障当事人平等参与调解）、适宜程序原则（采用有利于实现

---

〔1〕 相关代表性成果，参见范愉：《纠纷解决的理论与实践》，清华大学出版社 2007年版；范愉、史长青、邱星美：《调解制度与调解人行为规范——比较与借鉴》，清华大学出版社 2010年版；范愉等：《多元化纠纷解决机制与和谐社会的构建》，经济科学出版社 2011年版；范愉：《非诉讼程序（ADR）教程》（第 4 版），中国人民大学出版社 2020年版。

〔2〕 范愉：《纠纷解决的理论与实践》，清华大学出版社 2007年版，第 475 页。王静：《城市人民调解机制的现代转型》，载《理论与改革》2009年第 3 期。

〔3〕 范愉、史长青、邱星美：《调解制度与调解人行为规范——比较与借鉴》，清华大学出版社 2010年版，第 52~54 页。

调解目的和价值的适宜程序）、当事人参与和自治原则。[1]调解的运作程序包括启动程序、进行程序和终止程序。此外，在调解运作过程中，当事人既享有自主权等权利，也需承担诚实参加、保密、作证豁免等义务；调解人则应遵循不得徇私舞弊、公平对待当事人、保密等行为准则。这种研究虽然是针对整个调解制度，但是其理论也适用于人民调解制度。

总体而言，我国人民调解的理论研究已经取得了很大进展，但是从实务界的反映来看，这些理论的研究仍然很薄弱，这种现象已经引起了实务界的广泛忧虑。[2]

三、研究意义与研究方法

综上，无论从量的角度考量，还是从内容的角度考量。人民调解研究的日益热化已经成为不争的事实。但正因如此，我们在汲取前人研究成果精华的同时，更应该有新的突破。前人的研究中，宏观制度的研究偏多，具体个案的研究虽然也有所涉及，但更多的是从技术处理的角度来解剖人民调解制度的，并且往往将它作为基层社会法治的一个手段，没有突出人民调解制度的独特之处。

本课题组将综合考量人民调解的历史演进脉络，分析人民调解制度的基本理念、价值和制度设计，并在此基础上结合具体的调研，对人民调解制度进行宏观和微观结合的分析。从理论走向实践，并细化检验实践中人民调解的具体运作。

本书的研究方法为经验加实证。经验做个案，实证做量化。经验研究主要是个案式的考察，这种考察主要是为了弥补在做"量"的问题上的不足而采取的。比如对于全景式的人民调解制度，课题组不可能面面俱到地做一手的量化处理，而二手材料对于论文的创

---

〔1〕 范愉、史长青、邱星美：《调解制度与调解人行为规范——比较与借鉴》，清华大学出版社 2010 年版，第 70～71 页。

〔2〕 汪奇志：《人民调解实践与现状思考——关于河南省人民调解工作的调研报告》，载《中国司法》2009 年第 10 期；胡冬平：《人民调解理论研究忧思录》，载《中国司法》2006 年第 7 期。

新或贡献而言，就大打折扣了。因而，对一些难以获取量化指标的资料，就采用经验式的访谈。研究选取的对象包括郑州市金水区司法局、荥阳市豫龙司法所、洛阳市嵩县纸坊乡、平顶山市新华区等地从事人民调解工作的管理人员和一线调解人员。同时，为了辅证，本课题组还收集了河南省司法厅评选的优秀人民调解员的典型案例资料以及各地大量的人民调解实例集。

对于量化资料的获取，笔者采取基本文献整理法，从各种年鉴中获取宏观数据。这些年鉴包括《中国法律年鉴》《中国统计年鉴》《中国司法行政年鉴》。对于年鉴中不足的部分，则通过期刊、报纸的途径获取。当然，无论是宏观量的考察，还是微观量的考察，做量化处理，必然伴随着真伪的问题。但是，这种数字的来源本身必然具有一定的依据。事实上，任何社科统计的数据都不可能完全真实地再现社会的"真实"，因为这个真实本身在各个环节上都可能出现问题。[1]既然如此，无穷尽地追求这个问题就会陷入无限循环的困境，终究行动不起来。因而，只要这种统计不有损基本大局的分析，那么，就没有必要驻足于质疑。

对于社会现象的研究，其研究方法是多种多样的。对于法学现象的研究也同样如此。但是，方法必然要服务于目的，服务于预设理论的证成或证伪。但是，对于人民调解而言，必须说明，理论构建或者说最终规律的得出，是在综合所获文献的基础上而来的。也就是说一开始，笔者试图采取的是一种白描的方法，是没有任何理论预设的。而结论的得出，则是在白描基础上的证成或证伪。正是因为没有理论上的预设，本书的研究也就有了实际的意义。本课题组希望通过梳理人民调解制度的各方面要素，为人民调解的健康发展提供预测和指导。尽管这一目标未必能够实现，但虽不能至、心向往之的态度却是研究的重要驱动力。

---

[1] ［美］艾尔·巴比：《社会研究方法》（第8版·上），邱译奇译，华夏出版社2000年版，第37~39页。

第1章

人民调解制度的发展进程*

要厘清人民调解与社会和谐之间的关系，并恰当定位人民调解在当下复兴语境中被期待的功能，那么，对人民调解的发展进行一种历史性的回顾就不可避免。粗线条的历史告知我们的是调解制度的由兴到衰，再重新复兴。无疑，这种粗犷的历史视觉中蕴含着转型社会对优秀传统制度的一种回归式依赖。这种回归更多地或者更宏观地说，是对秩序维持工具的一种信任回归，是社会治理手段转型的一种内在诉求，是对现代性过快建设的法制的一种缓冲路径。

也正是基于这种功能上的考虑，在对社会和谐中的人民调解进行恰当定位时，我们需要，也应该以一种历史的眼光仔细审视人民调解制度在微观世界中的细枝蔓叶，恰当地找寻出我们所欲以恢复的那种秩序背景，正确并且精确地定位人民调解制度的本来面目，并且适时地因时事变迁对这一制度设计进行所需的调整，从而使得这一制度能够适应新的历史情势，同时不丢掉其本质属性，[1]发挥出这一制度曾在其所深嵌的历史中所曾经成功发挥的，我们今日又欲以恢复的功能。

因而，梳理人民调解的演进图景就成为必要。而探寻人民调解的历史，就不能脱离这项制度的价值依托以及这些价值所衬托的更

---

* 时任平顶山市卫东区司法局副局长李道军对本章提出了部分修改意见，在此表示感谢。

[1] 这种本质正是人民调解的制度价值所在。因此，从功能的角度来分析，人民调解制度的发展演进中必然有些深层次的本质属性是一直不变的。考察人民调解的历史，正是为了找出这些深层次的属性，抓住这些本质的属性，调整这一制度在新形势下的一些外在特征，就可能会使人民调解制度真正焕发新的生命。

为宽泛的调解。在这种交错与包容的关系中梳理出人民调解制度，单独地把握好其发展脉络，对准确把握人民调解的制度本质，对复兴中的人民调解制度设计恰当的成长路径就显得十分必要。

调解作为一种纠纷解决方式自古有之，是一项既古老又新颖的社会纠纷解决机制，有着非常久远的传统渊源和深厚的文化内涵，渊源于我国古代民间调解。而人民调解是在古代民间调解的基础上建立起来的，专指 20 世纪 20 年代在中国出现的一种独特的调解方式。大体而言，真正意义上的人民调解制度形成于国内革命战争时期，是指作为基层群众性自治组织的人民调解委员会，依据一定的标准，居中使当事人自愿协商达成和解的一种制度。[1]人民调解制度是在吸收历史上调解制度合理因素的基础上产生与发展起来的，是中国共产党在基层社会法律制度建设上的一个创举。随着社会和经济的发展变化，人民调解制度也经历了勃兴、发展壮大，日益式微再到改革创新的曲折的发展过程。[2]以下即人民调解制度的大体发展脉络。

一、人民调解的起源

梳理调解的历史源头之时，学界的一般做法是从制度的价值取向出发，并常常理所当然地将调解作为与司法相对的一种制度设计进行梳理，通过我国文化中的厌诉、古代乡土社会的基层自治来看待调解。这种视角常常带有对调解制度的一种前见，尽管这种前见并不必然是歧视调解制度的，[3]但却常常因为这种前见使得调解成为现代法治的对立物，或是说与现代法治的制度架构并不能够恰当

---

〔1〕 姜淑华、任建华：《本土化刑事和解模式的建构》，载《山东社会科学》2013年第11期。

〔2〕 周琰：《人民调解制度发展研究》，载《中国司法》2013年第2期。

〔3〕 这种前见常常使得学界对包括调解在内的中国传统法律制度形成截然对立的两大阵营：一派呼吁探求中国传统法律文化的优越性，追求中国法制建设中的本土资源；另一派则强调传统法律文化和制度糟粕对中国现代法治的阻碍作用，强调法治建设的现代性意义，并将二者对立起来看待。

兼容。

因此，尽管我们在对这一制度的历史源头进行简单梳理时并不能脱离这一脉络，但却需要警惕将调解和现代法治对立起来看待，理性地看待调解的属性。为此，对于新中国成立之前的调解演进历程，本书也不再拘泥于追求细节，而是采取一种素描式的粗略概括，简单而宏观地扫视。其目的在于从起源的轮廓中大体梳理出调解的制度价值取向，明确调解制度的历史功能，为探究现代意义上始于根据地时期的人民调解制度的独特属性奠定基础。

从起源来看，自有文明之初，中国即有调解。古代社会中，调解虽然有着不同的内涵，但大体都无法脱离"居间""排解""调停""劝解""和解""和事"等多种提法，[1]无论以何种称谓展现，这一制度的基本含义均是指一种特定的纠纷处理方式，即当纠纷发生时，矛盾双方将发生的争议提请第三方居间协调、处理。在有据可考的历史中，三千多年前的西周官府中，就设有"调人""青吏"的官职，专司调解纠纷、平息诉讼、维护社会秩序的工作。两千多年前的秦汉时期，官府中的调解制度发展为乡官治事的调解机制。县以下的乡、亭、里设有夫，承担"职听讼"和"收赋税"两项职责，其中，"职听讼"即调解民间纠纷。唐代沿袭秦汉制度，县以下行政组织没有审判权，乡里民间的纠纷、讼事则先由坊正、村正、里正调解。调解未果，才能上诉到县衙。明代沿袭和发展了历代的调解制度，并将民间调解行为上升为法律行为。《大明律》专门有关于"凡民间应有词讼，许耆老、里长准受于本亭剖理"的规定。根据《大明律》的规定，明朝在乡一级专门设置了调解民间纠纷的处所"申明亭"，由耆老、里长主持调解并形成制度。清代县乡以下基层组织实行保甲制，设排头、甲头、保正，负责治安、户籍、课税和调解民间纠纷。中华民国时期，县下设区、乡、镇。民国政府《区自治施行法》和《乡镇自治施行法》都规定，区、乡、镇设立

---

〔1〕　严格而言，这些不同的名词在现代法律语言中的含义并不相同，但它们往往能够反映现代调解的一些侧面，因而在一定程度上，对调解的特征有着说明作用。

调解委员会，其成员需由具有法律知识和素孚信望的公正人士担任，并且由所在区、乡、镇公民中选举产生。[1]

根据史料考察，按照不同的第三方主体，我国历史上实际存在过两大类别不同形式的调解，即诉讼调解和民间自行调解。诉讼调解由于古代社会中司法行政一体化的体制设计而兼具行政和司法属性，有别于当下的人民调解制度。相比之下，与当前人民调解较为关联的是古代社会中的民间调解，民间调解又可根据主持人的居间身份差异，细分为民间自主调解、宗族调解和乡里调解。[2]所谓"民间自行调解"是指纠纷双方当事人各自邀请乡邻、亲友、长辈或在当地民众中有威望者出面说和、劝导、调停，从而消除纷争的活动。"宗族调解"是指宗族成员间发生纠纷时，族长依照家法、族规进行的调解决断。"乡里调解"是一种具有半官方性质的调解，是指乡老、里正等最基层的小吏调解乡、里的民事纠纷和轻微刑事案件。

从本质属性上审视，与我国现行的人民调解制度最为接近的调解为民间调解中的民间自行调解。由于我国社会格局中的纠纷解决样态中政府主导型居于统治地位，古代意义上严格的乡里调解和宗族调解在现代社会中已经很难发挥其旧有的功能。尽管这些制度的功能价值在当前被重申，但制度所依存的乡土社会和宗族社会权威却很难恢复到传统模式之中。因而，现代社会的人民调解如果需要在调解的历史中寻找其制度倒影的话，那么最恰当者也莫过于民间自行调解了。[3]也正是在这种制度土壤上，新中国的人民调解制度

---

〔1〕 张谆谆：《论人民调解制度的衰微及未来趋向》，湖南大学 2008 年硕士学位论文，第 6 页。

〔2〕 也有分类将调解直接分为乡治调解、宗族调解和民间调解。这一分类和国家权力的运作行使以及主持人的身份同时关联。考虑到中国历史上行政权和司法权行使主体一致的特殊情况，这一分类也有其合理性。张谆谆：《论人民调解制度的衰微及未来趋向》，湖南大学 2008 年硕士学位论文，第 6 页。

〔3〕 当然，这并不是说现代意义上的调解完全没有了权威。实际上，自革命根据地时期开始的调解制度权威来自一整套新的体系，包括特定的人员和程序，并承担着灌输新的社会价值，履行新的社会管理职能的使命。对此，相关论述可参见强世功：《调解、法制与现代性：中国调解制度研究》，中国法制出版社 2001 年版，第 222~234 页。

才得以生根、发芽，并最终发展起来。[1]

二、新中国成立前的人民调解

(一) 人民调解的产生

1. 基本脉络

尽管人民调解制度是基于民间的调处息讼制度发展而来，具有一定的历史延续性，但人民调解制度是现代中国所特有的纠纷解决制度，并非传统调解的简单延续，两者有着本质的区别。人民调解制度是中国共产党领导人民在新民主主义革命时期创建的、依靠群众解决民间纠纷的一种组织形式。最早可追溯到 20 世纪 20 年代初第一次国内革命战争时期的工农运动。

1921 年 9 月，共产党员沈玄庐组织浙江萧山衙前村农民成立农民协会，开中国现代新型农民运动之先河。此次运动发布了中国现代农民运动第一个成文的纲领《衙前农民协会宣言》和《衙前农民协会章程》。《衙前农民协会章程》中规定："凡本会会员有私人是非的争执，双方得报告议事委员，由议事委员调处和解；倘有过于严重的争执，由全部委员开会审议解决。"[2]

1922 年 10 月，在中国共产党领导下的广东海丰农民运动中成立了"赤山约农会"，农会下设"仲裁部"，把排解争端作为农民协会的重要职权，负责调处婚姻家庭、钱财债务、业佃、产业等纠纷。由于农会帮助会员解决许多纠纷且帮助会员在纠纷中获胜，所以加入者日众，据后来成立的海丰县总农会"仲裁部"统计报告：婚姻

---

[1]　由于本书主要考量的是现代人民调解制度，因此对通过文化属性探寻的调解历史渊源不做过细梳理。关于调解在中国历史上的发展脉络，较为详细的分析可参见常怡编：《中国调解制度》，中国政法大学出版社 2002 年版；另可参见洪冬英：《当代中国调解制度变迁研究》，上海人民出版社 2011 年版。

[2]　《附录：衙前农民协会章程》，载《新青年》1921 年第 4 期。中共浙江省委党史资料征集研究委员会、中共萧山县委党史资料征集研究会编：《衙前农民运动》，中共党史资料出版社 1987 年版，第 24 页。转引自张晋藩总主编：《中国法制通史》(第十卷·新民主主义政权)，法律出版社 1999 年版，第 99~101 页。

案为最多，占30%；钱债案占20%；业佃争议占15%；产业争夺占15%；命案占1%；犯会章占1%；迷信占10%；其他占8%。当时的农会调解机构作为人民调解的雏形，主要解决民事纠纷，同时也兼顾刑事案件和会员违章的纪律处分。

在工人运动中，调解活动以安源路矿工人俱乐部"裁判委员会"的活动最具代表性。1923年9月《安源路矿工人俱乐部办事细则》第12条规定："凡本部部员间，或部员与非部员间所发生之纠葛纷争，均由裁判委员会处理。""并设立问事处于部内，受理各种纷争事件。"[1]

第二次国内革命战争时期，1931年11月，中华苏维埃共和国临时中央政府执行委员会第一次全体会议通过的《地方苏维埃政府的暂行组织条例》第17条规定："乡苏维埃有权解决未涉及犯罪行为的各种争执问题。"这标志着人民调解开始了法律化的过程。按此规定，有的苏区（如川陕省）在实践中明确规定：村苏维埃直接负责"解决群众的纠纷，如借贷关系，各种争执"。乡和区两级苏维埃遇有不能解决的纠纷，可移交区苏维埃调解。村、乡、区都有就重大问题向县革命法庭提出控告的权利。严格意义上讲，这是一种由政府进行的调解，但它区别于法院调解，由于其具有广泛的群众基础，实际上也具有人民调解的性质。[2]

在中国共产党领导下的反对封建土地制度的农会组织和一些地区建立的局部政权组织中设立了调解组织，调解农民之间的纠纷。这一时期的调解组织分为两种：一种是农会作为群众性调解组织；另一种是村、乡、区政府作为行政性调解组织。调解内容以不涉及犯罪的民间纠纷为限。如遇到重大问题调解方有权向县革命法庭提出控告。基层苏维埃政府设专职人员负责调解工作，遇到难以解决的纠纷，实行逐级调解制度。

〔1〕 中国社会科学院近代史研究所、安源工人纪念馆编：《刘少奇与安源工人运动》，中国社会科学出版社1981年版，第86页。转引自张晋藩总主编：《中国法制通史》（第十卷·新民主主义政权），法律出版社1999年版，第99～101页。

〔2〕 江伟、杨荣新主编：《人民调解学概论》，法律出版社1990年版，第29页。

2. 初步特征

鉴于特定的形势，在发展雏形阶段，人民调解具有一定的时代特征，其中一些特征于后来的演变过程中被吸纳到其他形式的调解之中。虽然当时的调解工作并不能严格区分人民调解和其他形式的调解，但人民调解的一些粗略的框架已经在这一时期显现出来。

具体从制度设计上而言，当时的人民调解制度具备以下几个特征：

（1）指向民事纠纷。当时调解的内容以不涉及犯罪的民间纠纷为限，凡是牵涉到民事纠纷之外的纠纷，则调解形式一般不予适用。这也和以后人民调解适用范围形成了一脉相承的传统。

（2）不阻却诉权。如遇到重大问题，民众有权向县革命法庭提出控告，调解不是通向革命法庭的前置程序，尤其是对于重大问题而言，普通民众的诉权因此有充分的救济保障。

（3）主要形式为官方调解。当时情况下，革命政府的政府调解是调解的主要形式，基层苏维埃政府设专职人员负责调解工作，遇到难以解决的纠纷，实行逐级调解制度。同时，在当时的情况下，如果在调解中遇有重大问题，基层苏维埃政府有权向司法机关提出控告。这种制度设计为复杂、专业纠纷的调解工作开辟了发展路径，同时也为司法救济弥补调解救济的不足提供了充分的补充路径。

这个时期的调解工作虽然没有形成一套确定的、完备的原则和程序，而且也并非在一切红色区域普遍实行，但为后来的人民调解形成和发展提供了有利条件。[1]虽然在雏形时期，人民调解制度尚未形成一套比较完备的原则、程序等，整个制度仍处于萌芽阶段。但从抗日战争、解放战争时期直至新中国成立之前，人民调解制度逐步得到发展，并初步形成了独具特色的人民调解制度。这一阶段的基本架构是不应被忽略也不能被忽略的，它所架构起的人民调解制度基本原则，所建构起的与行政调解、司法调解所可能实现衔接

---

[1] 张希坡、韩延龙主编：《中国革命法制史》（上），中国社会科学出版社1987年版，第500页。

的路径为后来人民调解的顺利发展奠定了基础。

（二）人民调解制度的初步形成

抗日战争时期，人民调解工作进入了新的发展阶段，不论是调解的组织和原则，还是调解的内容和程序，都有了进一步的充实和完善。

1. 基本脉络

1931年11月，中华苏维埃共和国临时中央政府执行委员会第一次全体会议通过《地方苏维埃政府的暂行组织条例》，其中第17条规定："乡苏维埃有权解决未涉及犯罪行为的各种争执问题。"1938年1月，晋察冀边区政府在河北阜平成立。在边区政府的领导下，调解工作普遍开展，并在1940年于各地村公所之下广泛设置调解委员会。在当时中国共产党建立的局部政权中，一般都设有裁判组织。当时的川陕省苏维埃政府就明确指出，村苏维埃作为政权的基本单位，负责解决群众的纠纷，实行村、乡、区逐级调解的制度。1937—1940年间，由于各抗日根据地民主政府广泛推行调解工作，积累了丰富的经验，为调解的法律化和制度化提供了必要的经验基础。[1]

抗日战争开始后，人民调解逐步走向制度化、法制化阶段。有关资料表明，当时抗日民主政府和解放区的人民政府都根据当时各地情况颁布了调解的组织法规，为人民调解制度提供了规范上的依据。具体而言，早期苏区有关人民调解的代表性规范性文件如表1-1所示。

---

〔1〕 必须指明，这里的制度化和法律化并不是针对调解的方式而言，而是针对调解这一制度本身。当前，"法化"或"法律化"调解趋势明显，这中间既涉及特定的部门制度博弈，也涉及特定群体对调解制度的深度偏见。相关论述参见范愉：《有关调解法制定的若干问题（上、下）》，载《中国司法》2005年第10、11期；范愉：《〈中华人民共和国人民调解法〉评析》，载《法学家》2011年第2期。

表 1-1　1949 年前我国人民调解制度规范基本情况[1]

颁布主体[2]	颁布年份（年）	规范名称
陕甘宁边区人民政府	1943	陕甘宁边区民刑事件调解条例
	1944	边区政府关于普及调解、总结判例、清理监所指示信
晋察冀边区人民政府	1942	晋察冀边区行政村调解工作条例 晋察冀边区制定条例，群众参加调解讼案，发扬民主作风，巩固农村团结
	1944	晋察冀边区行政委员会关于加强村调解工作与建立区调处工作的指示
晋冀鲁豫边区人民政府	1942	晋冀鲁豫边区调解委员会组织大纲
	1946	冀南区民刑事调解条例
	1942	晋西北村调解暂行办法
	1941	山东省调解委员会暂行组织条例
	1945	山东省政府关于开展调解工作的指示
	1944	渤海区村调解委员会暂行组织条例
苏皖解放区	1945	苏中区人民纠纷调解暂行办法
东北解放区	1948	关东地区行政村（坊）调解暂行条例草案

----

　　〔1〕　关于 1949 年前各根据地、解放区调解法规，也可参见范愉：《非诉讼纠纷解决机制研究》，中国人民大学出版社 2000 年版，第 76～77 页。

　　〔2〕　这里的颁布主体并非严格意义上的立法主体，主要是根据当时的抗战形势和解放战争形势变化而设置的抗战边区和解放区进行区域划分。因此，具体的规范和颁布主体之间是一种区域的对应关系，并非现代立法学上的严格主体对应关系。

颁布主体	颁布年份（年）	规范名称
华北解放区	1949	华北人民政府关于民间纠纷调解的决定
	1949	天津市人民政府关于调解程序暂行规程

说明：本表格资料主要依据张希坡、韩延龙主编：《中国革命法制史》，中国社会科学出版社 1987 年版；武延平、刘根菊等编：《刑事诉讼法学参考资料汇编》，北京大学出版社 2005 年版。

表 1-1 中的调解制度规范性文件基本展现了我国 1949 年前人民调解制度的发展脉络。当然，其中大部分规范性文件是应对边区社会需求而设立的，乡土性、地域性特征明显。随着解放战争的逐步胜利，人民调解制度也开始实现了"农村包围城市"的战略转型。其中，最具标志性的法律文本即 1949 年 2 月 25 日华北人民政府颁布的《关于民间纠纷调解的决定》。该决定虽然只是对华北广大农村历年来倡导调解工作的总结，但它所确定的原则同样"也适用于城市"。该决定要求包括城市在内的"各级政府研究执行，总结经验，创造新的方法"。该决定是人民调解由农村向城市发展的起点和标志。[1]

上述专门条例和指示的颁布表明，长期存在于实践中的调解工作，通过代表人民意志的政权机构而以法律的形式固定下来，获得了普遍遵行的效力。这使得调解的合法性得到了进一步的制度确定，促进了调解工作的制度化和法律化，推动了调解制度的进一步发展。

2. 基本组织形式

前文我们对第二次国内革命战争时期的人民调解源头进行了梳理，通过整理总结出政府调解是第二次国内革命战争时期见诸法律文献的主要调解形式。到了抗日战争时期，这种情况就发生了重大变化，调解形式的多元化趋势初露端倪。各地抗日民主政府的法律

---

〔1〕 于语和、刘志松：《我国人民调解制度及其重构——兼论民间调解对犯罪的预防》，载《浙江大学学报（人文社会科学版）》2007 年第 2 期。

确定和认可的调解工作组织形式越来越多样，从调解的主体来看，当时存在的主要调解类型可以分为以下四种：[1]

（1）民间自行调解。民间自行调解就是人民群众自己动手解决自己的纠纷，无固定组织形式。在边区，调解"由双方当事人各自邀请地邻亲友，现场评议曲直，就事件之轻重利害提出调解方案，劝导双方息争"。[2]参与调解者多为公正人士和劳动模范、公正的士绅、德高望重的长者、四邻、地邻、亲友、户族长老等。[3]这种以双方当事人自愿为原则，经由双方所信赖的、在群众中享有威望的人物所进行的调解，在晋冀鲁豫边区也曾广泛采用，取得了良好的效果。

（2）群众团体调解。群众团体调解是依靠群众组织解决群众之间的纠纷。至于群众团体调解的组织形式，各抗日根据地的情况不尽相同。在陕甘宁边区，各群众团体设有专门的调解委员会；而在晋冀鲁豫区的太岳区，工农青妇各群众团体以及冬学、互助组直接履行调解的职能，不另设调解委员会。因此，群众团体调解就其组织形式而言，又可分为设有专门调解机构（调解委员会）的调解和不设专门调解机构的调解两种形式。

（3）政府调解。政府调解就是在基层政权主持下对民间纠纷进行的调解。它在各抗日根据地的实际运用中基本采取两种形式，一种是不设专门调解机构，由基层政府直接调解。调解时，基层政府可以邀请群众代表和地方公正人士予以协助。多数抗日根据地采取的是另一种形式的政府调解，即在基层政府内设置负责调解的专门机构——调解委员会或民政委员会，由他们接受来自群众的调解申请，实地进行民间纠纷的调解工作。无论哪一种形式，苏区和解放区时期的政府调解和民间自行调解、群众团体调解并无实质差异，

---

〔1〕　这里主要参考范愉教授的分类，国内对这一阶段调解进行分类的文章大体遵循了这一模式，参见范愉：《非诉讼纠纷解决机制研究》，中国人民大学出版社2000年版，第78~82页。

〔2〕　《冀南区民刑事调解条例》第4条；《陕甘宁边区民刑事件调解条例》第4条。

〔3〕　这种人员构成特征并不是偶然形成的，而是深刻体现了调解的乡土性和群众自治性。值得注意的是，这一点提醒我们需对当前调解的专业化、年轻化保持警惕。

其行政调解的形式特征不能阻却它实质仍归属于人民调解的内在属性，这从当时《陕甘宁边区民刑事件调解条例》的规定中即可体现出来，在当事人邀请亲友、群众团体等进行"调解不成立时，得由当事人双方或一方申请乡（市）政府、区公署，或县（市）政府依法调解之。前项乡、区、县（市）各级政府，接受调解事件，必要时，得邀请当地各机关人员及民众团体、公正乡绅，到场协助调解"。[1]

（4）法院调解（法庭调解）。严格而言，现代意义上的法庭调解不属于人民调解的范畴。但抗日战争时期，由于法庭调解的庭外调解是马锡五审判方式的重要内容，而马锡五审判方式又是现代调解，尤其是人民调解复苏的一个重要理论和实践原型，因此，对这一时期的法庭调解进行考察梳理也就成为必要。当时的法院调解包括两种形式，一种是法庭内调解，另一种是法庭外调解，其中法庭外调解是当时调解的主要形式。[2]法庭外调解的形式多样，可由出巡法官指定特定人员进行调解，也可指定行政机关进行调解，还可以由审判人员会同不同的人员进行调解。因此，这种调解方式具有混合属性，集调解与审判一体。这种指定调解方式和西方社会中的ADR有着异曲同工之处。但遗憾的是，在中国法制现代性的建构过程中，它被法庭内调解吞噬，没有能够独立发展。直至今天，人民法庭的重申才使得这一调解方式的特质得以重新显现，但权威性和合法性却也基本不同。[3]

3. 三项基本原则的形成

相对于现代的调解制度，1949 年前的人民调解，最重要的意义在于初步建构起人民调解和中国法治现代性的兼容。实践中，人民

---

〔1〕 范愉：《非诉讼纠纷解决机制研究》，中国人民大学出版社 2000 年版，第 78~79 页。

〔2〕 但作为非主要方式的法庭内调解却成为调解制度衰落过程中的重要自留地。后期在法治主义语境下，法庭外调解式微，法庭内调解的存在使得现代调解制度得以存活下来，并最终迎来新的发展。

〔3〕 河南省展开了社会法庭建设，但社会法庭的人员基本上都是人民调解员身份或是司法助理员身份，这种身份上的行政属性和其所展开的形式审判工作呈现出的就是一种合法性的紧张状态。如何解决现代人民法庭的合法性问题，也是现代调解制度所面临的一个重要问题。

调解不仅承担着基层社会的纠纷解决工作，还承担着政权所特有的政策灌输和意识形态灌输等功能。中国共产党的政治精英在这种纠纷解决的实践中发挥了巨大的作用，不仅实现了对基层社会的统合和凝聚，也实现了对传统乡土社会的现代法治意识灌输，因而在一定意义上，这一阶段的调解工作部分履行了中国法治近代化的功能，这也正是当时调解、审判不分家的一个重要原因。

与这一过程相伴相随，人民调解制度的三项基本原则也得以确立起来，这就是直到 2011 年 1 月 1 日正式施行的《中华人民共和国人民调解法》仍然坚持的原则。

（1）自愿原则。即调解必须出自双方当事人的自愿。也就是说，当事人可以接受调解，也可以不接受调解。调解过程中，当事人可拒绝继续调解。当事人对调解员可以接受安排，也可以自己选择等。这一原则的确立充分体现了对当事人处分权的尊重，也符合现代民事纠纷解决的一般原则。[1]

（2）合法性原则。[2]调解必须以人民政府的法令和善良习俗为依据。鉴于当时全国尚未完全解放，统一的法律和政策不能成体系地颁布出来。因此，虽然各边区和解放区规定了调解须依法进行，不得滥用陈腐庸俗道德观念或不良习惯的规定，但实际上，在法律规定

〔1〕　如《陕甘宁边区民刑事件调解条例》第 7 条规定："调解须得双方当事人之同意，调解人无论是政府人员，民众团体，或地邻亲友，均不得强迫压抑，并不得有从中受贿舞弊情事，违者处罚。"

〔2〕　这里，本书并没有采用范愉教授早期所使用的"合法"原则，而是使用了"合法性"语词，这里的"合法性"开放性要远高于"合法"。范愉教授在对《人民调解法》进行评议时指出，调解的合法性可定位为"不违法"。本书认为，人民调解的合法性在某种程度上可以更为开放一些，可以出现轻微的违法，只是这种界限的界定比较困难。"可不追究"概括其合法性可能更为妥当，但也恐难以概括人民调解工作合法性的全部。因此，本书直接以"合法性"代之。关于人民调解工作合法性原则的论述，可参见范愉：《非诉讼纠纷解决机制研究》，中国人民大学出版社 2000 年版，第 84 页；范愉：《〈中华人民共和国人民调解法〉评析》，载《法学家》2011 年第 2 期；廖永安等：《中国调解的理念创新与机制重塑》，中国人民大学出版社 2019 年版。关于乡土社会调解工作中实际上出现的违反现行法律规定的实例，可参见强世功：《"法律"是如何实践的》，载王铭铭、王斯福主编：《乡土社会的秩序、公正与权威》，中国政法大学出版社 1997 年版；朱景文主编：《法社会学》，中国人民大学出版社 2005 年版，第二篇"行动中的法：法律、自由裁量和交易"；高其才主编：《当代中国纠纷解决习惯法》，中国政法大学出版社 2019 年版。

不完备的情形下，这种规定的运作就演变为行动中的不违反法律规定，甚至更有过之。这一原则也同样为《人民调解法》继续沿用。

（3）保障诉权原则。调解不是诉讼的必经程序，即保护当事人诉讼权利原则，是除法院调解外，任何其他形式的调解都必须遵循的原则。这些原则是相互联系的，是以调解工作的实践经验为基础，在抗日战争时期逐步形成的。正如前文所说，这一原则的确定是法治现代化转型的一个重要标志，符合现代法治原理。同时，这一原则的确定也是当时所出现的偏重调解或偏重审判的一元化法治路径的弊端的经验总结。[1]

新民主主义革命时期人民调解制度的萌芽、形成和发展，以及在长期实践中确立的三项基本原则和积累的正反两个方面的丰富经验，为新中国成立后人民调解制度在全国范围内的推广提供了有利条件。新中国的人民调解制度正是以革命根据地的调解制度为基础建立起来的，是在新的历史形势下对它的继承和发展。

（三）陕甘宁边区的人民调解

人民调解制度的初步形成和发展，以陕甘宁边区为典型。调解工作在促进边区革命和建设方面发挥了重大作用，具有伟大的历史意义，这是边区人民对人民司法工作的贡献，是现代人民调解工作的源泉。正因如此，我们将陕甘宁边区的人民调解工作单列出来，以供从正反两个方面参考，进行经验总结。

一般来说，陕甘宁边区的人民调解制度，经历了一个不断发展和逐步完善的过程，大致经历了三个阶段：[2]

1. 第一阶段：边区民间调解制度的开始

这一阶段大致是从 1937 年 7 月陕甘宁边区政府成立开始，到

---

〔1〕 事实上，直到今天，调解和司法之间的关系也未完全厘清。在二者关系发展史上，经常出现迷信其中之一的历史阶段。对此，我们必须保持清醒的认识，不能走上单线条的一元化法治建设路径。关于调解过分强调的历史，参见侯欣一：《陕甘宁边区人民调解制度研究》，载《中国法学》2007 年第 4 期。

〔2〕 本节内容主要参考杨永华、方克勤：《陕甘宁边区法制史稿（诉讼狱政篇）》，法律出版社 1987 年版，第 188~241 页。

1943 年 6 月《陕甘宁边区民刑事件调解条例》公布以前。这个时期，边区借鉴苏维埃时期乡苏维埃设裁判委员裁判群众纠纷的制度，结合边区的实际情况，在各乡"选出人民仲裁员、人民检查员，组成人民法庭。经过人民法庭调解乡村民众的一切纠纷，并检举在乡村中一切违反法律的行为"。同时，为加强对这项工作的领导，由乡长、自卫军连长、锄奸主任、工青妇群众团体负责人组成人民仲裁委员会领导人民法庭工作。后来两个组织合二为一，组成调解委员会。1942 年 12 月 8 日，边区高等法院根据以上情况，适应简政的需要，发布命令"取消仲裁员之组织"，规定"所有人民纠纷问题，可由当事人所住之乡村地邻亲友出面调解，无须专设固定之机关"。当时，人民法庭或乡调解委员会有权调解民事纠纷，当事人不服即可向司法机关起诉。而刑事案件则采取国家干涉主义，不允许调解。这一阶段可谓边区民间调解的开始。

2. 第二阶段：边区民间调解制度的发展

这一阶段大致是从 1943 年 6 月《陕甘宁边区民刑事件调解条例》颁布开始，到 1947 年 3 月蒋胡军队进攻边区以前。这一时期，为推行和普及调解制度，边区采取了一系列措施：①制定政策，公布条例。1943 年陕甘宁边区政府发布了《关于普及调解的指示》，同年 6 月 8 日高等法院公布了《实行调解办法，改进司法作风，减少人民讼累》的指示信，6 月 11 日《陕甘宁边区民刑事件调解条例》公布施行。②加强领导，推进人民调解运动。边区高等法院 1943 年 12 月 20 日发布《注意调解诉讼纠纷》的指示信，教育干部认识"纠纷之解决，尤以调解办法最为彻底，既可和解当事人的争执，复可使当事人恢复旧谊，重归于好，无芥蒂横梗其胸，无十年不能忘却之恨，是调解纠纷办法，不仅减少人民讼累一端，且含有不少的教育感化的意义在内"。司法干部"要以能替人民解决实际问题为主，不以判决形式为主"。1944 年 1 月 6 日和 6 月 6 日边区政府两次发出号召，"提倡并普及以双方自愿为原则的民间调解"，并规定了调解应注意的事项，要求各级政府和司法机关对"已经公布的《陕甘宁边区民刑事件调解条例》的推行情况，即应检查、总结经验"。③总结经验，补充条例，制度化调解工作。1945 年 10 月—12 月，边区召开了规模盛大的陕甘宁边区第二届司法会议（也称"推事审判员联席会议"）。会议对调解工作进行了专题讨论，肯定了成绩，吸取了教训，补充和发展了边区政府和高等法院的指示和《陕甘宁边区民刑事件调解条例》，形成了比较完善的调解制度。

3. 第三阶段：边区民间调解制度的扩展

这一阶段大致是从 1948 年 4 月光复延安开始，到 1950 年 5 月陕甘宁边区建制撤销。这一时期，边区高等法院先后发布有关调解工作的指示信，这些指示信明确指出："由于边区的巩固和扩大，民刑案件相对增多，要求加强调解，在老区继续贯彻调解的政策，在新区要以调解的范例教育群众，培养调解积极分子，使群众相信调解，然后逐步推行调解制度。"在这样的司法政策覆盖之下，调解制度在边区得到了迅速的发展，并在相当大的程度上，成功完成了现代法治理念和传统文化的勾连任务。[1]

三、新中国成立初期的人民调解[2]

（一）人民调解制度的确立与发展（1949—1954 年）

中华人民共和国的成立标志着一个新的历史时期的开始，人民调解工作也随之步入了新的发展阶段。政权的建立和统一意味着制度化可以在更宏观、更普遍的层面展开。这个时期，1949 年前各革命根据地所积累的调解经验获得了一个稳定的推广平台，已经初步完成现代性观念输送的人民调解工作进一步在整个国家层面受到重视，作为一种独立于诉讼之外的、独立于司法调解与行政调解的民

---

〔1〕 对此有关评价，参见侯欣一：《陕甘宁边区人民调解制度研究》，载《中国法学》2007 年第 4 期。

〔2〕 关于新中国成立后的人民调解，系统梳理的文献很少，教科书一般都是粗略地带过，尤其是对于改革开放之前人民调解制度的发展和评价。因而，这一部分内容主要参考了陆春萍：《合作模式下社区人民调解组织的社会化运作——以上海市长宁区李琴人民调解工作室为例》，上海大学 2008 年博士学位论文；洪冬英：《当代中国调解制度变迁研究》，上海人民出版社 2011 年版，第 35~104 页。其他参考的文献正文中将另做说明。

主纠纷解决制度，得以迅速推广。

新中国成立初期，局部地区结合土地改革运动建立群众性的人民调解组织，并在土地改革和合作化运动中发挥了积极作用。许多省、市陆续颁布了人民调解工作的规程、指示、办法。如山西省长治市平顺县，在土地改革完成后发放土地证时，各村以调解委员会为基础，吸收公正的农民参加，组成调解小组，协助开展签发土地证的工作。随着农业互助合作运动的发展，这个县许多村的调解委员会有计划地把调解委员分到各种生产组织中去，协助解决有关发展互助合作的纠纷，促使当地邻里不睦、家庭不和的群众消除隔阂，积极愉快地参加互助组或合作社。1950 年 11 月 3 日，中央人民政府政务院《关于加强人民司法工作的指示》中指出："人民司法工作还须处理人民间的纠纷，对这类民事案件，亦须予以足够的重视，一方面应尽量采取群众调解的办法以减少人民讼争……" 1953 年 4 月召开的第二届全国司法工作会议对人民调解工作给予很高的评价，确定在全国范围内有领导、有步骤地建立与健全人民调解组织，强调要把开展人民调解工作作为司法建设的重要任务和发动群众参加政权建设的一项重要任务去抓。这次会议对于推动在全国范围内广泛深入地开展人民调解工作起到了重要作用。截至 1953 年底，华东地区有 80% 的乡建立起了人民调解委员会组织，山西、河北两省 1/3 到 1/2 的县建立了区村调解委员会，其他省市的人民调解工作也都处于大规模发展阶段。[1]

1954 年 3 月 22 日，中央人民政府政务院颁布了《人民调解委员会暂行组织通则》（已失效），明确规定了人民调解委员会的性质、任务、组织、活动原则、工作制度和工作方法，确立了人民调解工作在社会主义法制建设中的地位和作用。1954 年 4 月 1 日，司法部发布了《司法部关于〈人民调解委员会暂行组织通则〉的说明》，对人民调解的组织与领导问题、调解委员会的任务、调解委员会必须遵守的三个原则和工作方法与工作制度等四个方面进行了详细的说明。各地的经

---

〔1〕　潘永隆主编：《人民调解简明教程》，辽宁科学技术出版社 1987 年版，第 47 页。

验证明：调解委员会是人民很需要的一种组织，它能及时调解民间纠纷，便利人民的团结和生产，并能使法院减少一些不必经过法庭审理的案件，减轻一些不必要的负担。调解委员会的组织，城市一般以派出所辖区或街道，农村一般以乡为单位建立之。调解委员会的任务是：调解民间一般的民事纠纷和轻微的刑事案件，调解委员会还有向群众宣传政策法令的任务，但其宣传活动主要是通过其日常调解工作来进行，不宜另搞一套，也不应对它要求过高。调解委员会进行调解工作必须遵守的三个原则是：①遵照人民政府政策、法令办事；②必须取得双方当事人同意后调解方能成立；③调解不是诉讼必经程序，当事人要向法院控告时，调解委员会不得干涉。同年 4 月 29 日，司法部又发布了《关于加强民间调解工作的通知》。到 1954 年 12 月，在不到 10 个月的时间内，全国已有人民调解委员会 155 100 多个。[1] 到 1955 年底，全国已有 70%的乡、街道建立了 17 万多个人民调解委员会，调解人员达到 100 多万人，调解平息了大量的民间纠纷。[2]

在数量发展的同时，人民调解委员会的工作质量也有显著提高。各地基层人民政府和基层人民法院普遍加强了对人民调解委员会工作的指导，经常召开专门会议，总结交流经验，帮助调解组织建立健全各种制度，不断整顿调解组织，培养调解人员。

《人民调解委员会暂行组织通则》的颁布和施行，是我国人民调解制度发展史上的里程碑，标志着人民调解制度在我国法律地位的确立，我国的人民调解制度由此进入了法律化、规范化发展的新阶段。《人民调解委员会暂行组织通则》以国家统一法规确定了人民调解组织在社会主义法治中的地位和作用，使人民调解制度成为社会主义法制体系中一个独立的重要组成部分。自此以后，人民调解工作在全国迅速发展起来。《人民调解委员会暂行组织通则》第 8 条规定："调解委员会调解案件时，应利用生产空隙时间进行工作，应倾

〔1〕 韩延龙：《我国人民调解工作的三十年》，载《法学研究》1981 年第 2 期。

〔2〕《司法部关于加强人民调解委员会工作的通知》1957 年 7 月 4 日。法学教材编辑部《民事诉讼法资料选编》编选组：《民事诉讼法资料选编》，法律出版社 1987 年版，第 529 页。

听当事人的意见，深入调查研究，弄清案情，以和蔼耐心的态度，说理的方式，进行调解。案件调解成立后，得进行登记，必要时得发给当事人调解书。"但是，《人民调解委员会暂行组织通则》对人民调解协议的效力并没有作出任何规定，致使人民调解协议的效力问题在相当长的时间内一直未能得到肯定。[1]

1954 年 9 月 21 日公布的《中华人民共和国人民法院组织法》规定，人民法院对人民调解委员会进行指导。同年 12 月 31 日，我国制定了三个对城市基层非常重要的条例，即《城市居民委员会组织条例》《城市街道办事处组织条例》和《公安派出所组织条例》（均已失效）。在这些法规中，人民调解委员会被作为城市居民自治组织的居民委员会下属的委员会，其性质是群众性自治组织。街道办事处是市辖区或不设区的市的派出机构，与公安派出所管辖区相一致而设置，指导居民委员会是街道办事处的任务之一，公安派出所是市、县公安局的派出机关，它们也有权解决基层纠纷，主要方式是进行调解。[2]

（二）人民调解制度的波折（1954—1976 年）

《人民调解委员会暂行组织通则》颁布后，人民调解工作得到了全面迅速的发展，在城乡社会主义改造中发挥了很好的作用，但从 1957 年下半年起，在"左"倾思潮影响下，人民调解工作遭遇波折。调解组织和调解工作逐步为调处组织和调处工作所取代，人民调解委员会被改称为"调处委员会"，在"左"的思想指导下，调解组织和调解工作的性质被改变。

1. 调处组织的任务政治化

调解工作原来主要是通过自我教育排难解纷，这一时期被改变

[1] 当时的情势下，我国法制各个方面都属于初创期，人民调解协议的性质认识空置下来在具体历史背景下并不一定是坏事。应该说，这种空置在一定程度上，维护了人民调解这一制度设计的民间性、群众性和自治性，而这三个特征是人民调解制度的根本，也是将国家和具体的基层社会拉开距离的一个重要隔离。因此，在新中国成立初期，避免产生对国家万能主义的情绪，使得人民调解保留基层社会的群众自治属性，这种空置其实功不可没。

[2] 这一历史归属也为后来纠正"左"倾的司法政策预留了空间，为后来将"调处"恢复到"调解"提供了规范依据。

为重点处理和改造工作，对象是那些"大法不犯，小法常犯"的所谓不良分子，合意性的纠纷解决制度变成了政府推进的强制性工作。1958 年人民公社化后，不少地区把调处委员会和治保委员会合二为一。这就进一步强化了调解工作的国家形象，将国家和社会的距离拉近到极限。调解组织不再具有自治性。

2. 调处方式暴力化

这一时期，调处组织职权出现膨胀并且有暴力化的趋势。调处组织采取的方式不只是说服教育，促使当事人自觉履行达成的调解协议，而是拥有广泛的强制力。例如，1958 年 9 月 12 日实行的《中共河南省委员会关于制定爱国公约、建立调处委员会暂行办法（草案）》中规定："调处委员会一般采取说服教育的办法进行工作，但经说服教育仍不悔改，继续违反公约的人，除责令检讨、赔礼道歉、赔偿损失外，还可以采取强制办法分别情况给予处理，从具结悔改直至组织辩论、劳动教养。"[1]

从以上论述可以看出，调处组织及其性质、任务和职权，与一个群众组织是不相适应的，也不符合《人民调解委员会暂行组织通则》规定的精神，有些地方以监督执行"爱国公约"为名，私立罚约、乱打、乱斗、乱罚，使人民调解委员会脱离了群众。[2]到 1961年下半年，曾经广为推行的调处组织和调处工作便呈现出自然解读的趋势，这个时期所达成的人民调解协议因为与自愿原则的背离和强迫手段的运用，失去了人民调解的性质，无论在形式上还是内容上都已经不再符合《人民调解委员会暂行组织通则》的规定。

在"文革"时期，人民调解制度也被当作阶级调和的修正主义产物而被完全取消了，绝大多数的人民调解组织和队伍荡然无存。[3]这一时

---

〔1〕 韩廷龙：《我国人民调解工作的三十年》，载《法学研究》1981 年第 2 期，第44~50 页。

〔2〕 当前，大调解的政治话语下，人民调解工作的基层开展也有可能走入误区。因此，对这段历史保持清醒的认识，也是对我们当前健康开展人民调解工作的一个重要提醒。

〔3〕 侯元贞、廖永安：《论我国人民调解制度的变迁——纠纷解决观、调解组织和调解功能》，载《石河子大学学报（哲学社会科学版）》2016 年第 2 期。

期，人民调解协议的达成和履行因调解组织的不存在，几乎处于空白。

四、改革开放后的繁荣

（一）重建

改革开放以后，我国进入了一个新的历史发展阶段。人民调解制度作为社会主义民主和法治建设的重要内容，重新受到党和政府的充分肯定和高度重视。这一阶段党和国家采取各种措施，使人民调解制度迅速摆脱波折时期的严重影响。

1973 年，随着人民法院的恢复，人民调解组织也开始恢复。但由于极"左"路线的干扰，工作进展缓慢。党的十一届三中全会以后，随着社会主义民主与法制的恢复和进步，在决策层的重视和全社会的扶持下，人民调解的发展进入了一个崭新的阶段。重建后的各级司法行政机关按照 1978 年第八届全国司法工作会议和第一次、第二次全国民事审判工作会议精神，[1]开展人民调解组织的恢复、重建工作。1979 年下半年，中央决定重建司法部和地方各级司法行政机关，逐步在城乡设置司法助理员，司法行政机关加强对人民调解委员会的指导和管理。

1980 年初，经全国人民代表大会常委会批准，重新公布了《人民调解委员会暂行组织通则》；同时，司法部根据实际情况的变化，对该《人民调解委员会暂行组织通则》组织设置的有关条文做了修正说明。1981 年 11 月，司法部制定并公布了《司法助理员工作暂行规定》。按照这两个法规，人民调解委员会除继续接受基层人民法院的业务指导和监督外，还被划归司法行政部门直接领导和管理；[2]

---

　　〔1〕　第八届全国司法工作会议明确要求各地尽快恢复基层的群众调解组织，在这一背景下，人民调解也随之进入了一个快速的恢复发展时期。参见杨荣新、叶志宏编：《民事诉讼法参考资料》，中央广播电视大学出版社 1986 年版，第 446~451 页。

　　〔2〕　这一规定实际上并没有清楚地界定出人民调解工作的具体归属关系，以至于直到今日，对于人民调解工作，人民法院、司法行政部门以及其他政府机构究竟应该履行何种职责，仍没有明确的界定。参见范愉：《〈中华人民共和国人民调解法〉评析》，载《法学家》2011 年第 2 期。

同时，在《司法助理员工作暂行规定》公布之前，全国广大农村人民公社（以后为乡、镇）和街道办事处已普遍配备了专职司法助理员，负责具体管理人民调解委员会的工作。据不完全统计，1980 年全国共有调解组织 81 万余个，其中农村生产大队建立的调解组织有54.7 万余个；城镇居民委员会建立的调解组织有 4 万余个；厂矿企业建立的调解组织有 7 万余个；其他各类调解组织有 12.3 万余个。共有调解人员 575 万余人。[1]1981 年 8 月，第一次全国人民调解工作会议召开，总结交流了各地人民调解组织在新的历史时期做好人民调解工作的经验，表彰了人民调解的先进集体和先进个人。万里同志在接见第一次全国人民调解工作会议代表时谈道："人民调解工作是我们国家独创的，别的国家没有的，……是社会主义国家的，是我们的老传统。这是（解决）人民内部矛盾的有力助手。"在这次会议上，王传悦同志总结了 1973 年以来的人民调解工作的主要成绩：人民调解组织得到了迅速的恢复、整顿和发展；调解了大量的民间纠纷；[2]广泛进行了法制宣传和道德风尚教育，为提高人民群众的守法观念和道德水平做出了一定的成绩；积极配合有关部门，对有劣迹的青少年做了大量的教育转化工作，取得了一定成绩。

（二）新的发展

1982 年 3 月，第五届全国人民代表大会常务委员会第二十二次会议公布了《中华人民共和国民事诉讼法（试行）》，不仅进一步肯定了人民调解的法律地位，还把它规定为民事诉讼法的一项基本原则。1982 年 12 月，第五届全国人民代表大会第五次会议充分肯定了人民调解工作在我国政治、社会生活中的重要作用，并且第一次

---

〔1〕 王悦尘同志在第一次全国人民调解工作会议结束时的总结讲话（1981 年 8 月 26日）。参见法学教材编辑部《民事诉讼法资料选编》编选组：《民事诉讼法资料选编》，法律出版社 1987 年版，第 544 页。

〔2〕 在王传悦同志的发言中，1979 年，据 14 个省、市的不完全统计，共调解纠纷 300万件；1980 年据全国不完全统计，共调解纠纷 612 万余件，大致相当于同期基层人民法院受理一审民事案件的 10.8 倍。大量的民间纠纷，能够及时调解解决，不仅大大减少了法院的收案，而且防止了矛盾的激化，对于预防犯罪和维护社会治安都发挥了积极作用。

把人民调解组织规定在国家的根本大法即《中华人民共和国宪法》（以下简称《宪法》）的第111条，该条第2款规定："居民委员会、村民委员会设人民调解、治安保卫、公共卫生等委员会，办理本居住地区的公共事务和公益事业，调解民间纠纷，协助维护社会治安，并且向人民政府反映群众的意见、要求和提出建议。"《宪法》地位的确定在规范层面给了人民调解最根本的支持，随后，《民事诉讼法》《村民委员会组织法》《城市居民委员会组织法》《继承法》《婚姻法》《人民调解委员会组织条例》等法律法规对人民调解均有明确的规定。

一系列相关法律法规的出台以及与之相伴的法制宣传工作，使人民调解不断地深入到社会普通民众的生活细节之中。"调解千家事，温暖万人心"，"一颗婆婆心，胜过骨肉情"等群众性话语修辞所表明的正是对调解工作的高度评价。[1]密集的宣传工作开展得也相当有力度，这一点从1984年5月出版的《人民调解故事集》的销量上即可反映出来，这一本普及读物发行量达到了60 000万册。[2] 1985年12月，司法部召开了第二次全国人民调解工作会议，明确提出了人民调解工作的指导思想即"四个服务"——为经济建设服务、为社会主义民主与法制服务，为国家的长治久安和方便人民群众服务，在已经取得成绩的基础上，紧紧围绕着党中央提出的"七五"奋斗目标，

---

[1]　这种话语修辞和法律的专业化修辞有对立性，虽然当时的语境下，法言法语也并没有成为司法的主流。调解的语词体系与民众的亲近性在民众对它的评价话语中可以明显体现出来，而这一点正是调解制度优势所在。但这一点随着后来中国司法"专业化"诉求的越来越高而遭到忽视，调解修辞也在一定程度上浸染了专业修辞，从而偏离了这一制度设计的内在逻辑。关于中国法律语言越来越专业化的研究，参见刘思达：《当代中国日常法律工作的意涵变迁（1979—2003）》，载《中国社会科学》2007年第2期；关于调解的语言学研究，可参见郑东升：《法庭调解语言的合法性研究》，中国政法大学2011年博士学位论文。此外，关于纠纷解决话语和修辞的研究，可参见［美］萨利·安格尔·梅丽：《诉讼的话语——生活在美国社会底层人的法律意识》，郭星华、王晓蓓、王平译，北京大学出版社2007年版；［英］博温托·迪·苏萨·桑托斯，《迈向新法律常识——法律、全球化和解放》，刘坤轮、叶传星译，中国人民大学出版社2009年版。

[2]　长鸣编写：《人民调解故事集》，法律出版社1984年版，第6~8页。转引自洪冬英：《当代中国调解制度的变迁研究——以法院调解与人民调解为中心》，华东政法大学2007年博士学位论文。

为改革和建设创造良好的社会环境充分发挥自己的职能作用。

与工作方针相匹配，人民调解的组织也进一步规范化，人民调解制度获得了组织上的保障。1987年5月30日，司法部发布《关于乡镇法律服务所的暂行规定》（已失效），按此规定，乡镇法律服务所的业务范围之一就是协助司法助理员调解疑难民间纠纷，指导、管理本地区人民调解工作。1987年11月24日，第六届全国人民代表大会常委会第二十三次会议通过了《中华人民共和国村民委员会组织法（试行）》（已失效），该法第14条规定："村民委员会根据需要设人民调解、治安保卫、公共卫生等委员会。"[1]

1989年6月17日，国务院发布了《人民调解委员会组织条例》，这是人民调解制度取得发展的重要标志。该条例的出台说明人民调解获得了广泛的认可，成为除诉讼程序外，运用得最广泛、最成功并深受广大人民群众和基层社会欢迎的一种纠纷解决途径。该条例规定，人民调解是依靠人民群众的力量实行自我教育、自我管理、自我服务、解决民间纠纷的一种自治活动，是一项具有中国特色的法律制度。这就界定了人民调解的本质属性。此外，对于人民调解制度运作的重要方面，如人民调解委员会的设置，人民调解委员会调解民间纠纷的原则、人民调解委员会的任务、适用范围、指导关系和经费保障都做了详细规定。[2]

相较于1954年的《人民调解委员会暂行组织通则》，《人民调解委员会组织条例》显然要完善系统得多，有两个方面的变化是值得注意的，本书认为，这两个变化可以用"一收一放"来概括：

---

〔1〕《中华人民共和国村民委员会组织法》于1998年11月4日第九届全国人民代表大会常务委员会第五次会议修订通过。

〔2〕《人民调解委员会组织条例》共17条，洪冬英将其内容分解为六大方面，分别为：①关于人民调解委员会的设置，即在城市居民委员会和农村村民委员会下设人民调解组织，同时企业、事业单位根据需要设立人民调解委员会。②人民调解委员会调解民间纠纷的原则是依据国家法律、法规、规章和政策进行调解；调解应在当事人自愿平等的基础上进行；调解不是诉讼的必经程序。③人民调解委员会预防民间纠纷激化工作。④人民调解纠纷范围是民间纠纷。⑤基层人民政府和基层人民法院指导人民调解委员会的工作。⑥关于人民调解委员会的工作经费和调解人员补贴。

（1）合法性扩张。根据《人民调解委员会组织条例》规定，人民调解调解的法律依据，除了法律、法规、规章和政策以外，考虑到由于有的纠纷较小，没有相应的法律、法规等规定，所以增加了"法律、法规、规章和政策没有明确规定的，依据社会公德进行调解"的内容。这一变化意味着人民调解的合法性出现了开放，也符合人民调解制度民间性、群众性和自治性的属性。

（2）适用范围收紧。在人民调解纠纷范围上，《人民调解委员会组织条例》排除了 1954 年《人民调解委员会暂行组织通则》规定的轻微刑事案件。其理由是：人民调解委员会是群众性组织，调解纠纷的方法，只能在当事人平等协商的基础上依照《中华人民共和国民法通则》规定的民事方法进行，不得采用任何强制的方法，也无权处理依照《中华人民共和国刑法》《中华人民共和国刑事诉讼法》规定应由人民法院审理的刑事案件，而违反治安管理的行为，应当由公安机关处理。[1]

此外，一些配套的法律法规也对人民调解制度作出规定。主要包括如下内容：

1990 年 1 月 1 日生效的《中华人民共和国城市居民委员会组织法》（已被修改）第 13 条规定"居民委员会根据需要设人民调解、治安保卫、公共卫生等委员会。"1990 年司法部发布实施《民间纠纷处理办法》，其总则规定：为妥善处理民间纠纷，保障公民的人身权利、财产权利和其他权利，维护社会安定，根据《人民调解委员会组织条例》第 9 条第 2 款、第 2 条第 2 款和第 10 条的规定，制定本办法。司法助理员是基层人民政府的司法行政工作人员，具体负责处理民间纠纷的工作。基层人民政府处理民间纠纷的范围，为《人民调解委员会组织条例》规定的民间纠纷，即公民之间有关人身、财产权益和其他日常生活中发生的纠纷。

1991 年 7 月，司法部发布了《人民调解委员会及调解员奖励办

---

〔1〕　对于这"一收一放"，本书认为，"放"的规定符合人民调解制度的发展规律，而"收"的规定则有些欠妥当，忽略了当事人对一些轻微刑事案件的自治性，这一收同时也限制了人民调解发挥更大的作用。

法》，旨在加强人民调解委员会组织建设，鼓励先进，调动调解人员的工作积极性，促进人民调解工作的开展，维护社会安定。

五、20世纪末的衰落

（一）衰落表征

人民调解制度经历了20世纪80年代的鼎盛时期之后，在90年代曾一度陷入了尴尬的停滞甚至倒退状态。进入20世纪90年代以后，人民调解的作用明显下降。人民调解无论从调解组织、调解人员还是调解纠纷数量来看，总体上呈现下降趋势。

首先是调解组织和调解纠纷的数量下降（见表1-2）；其次则是调解所解决的纠纷与诉讼的比例下降（见表1-3）。1986年人民调解的纠纷总量为730.7万件，同年民事一审案件数量为989 409件，诉讼案件占调解案件的13.5%；而1998年，民事一审案件数量达到336万件，诉讼案件已占调解案件的63.8%。据司法部人士介绍：调解与诉讼的比例在20世纪80年代约为10∶1（最高时达17∶1）；至2001年已降到1∶1。有人曾将1986年人民调解组织调解数与法院收案数的比值由5.57倍下降至2.9倍，下降幅度为47.9%，预测人民调解制度"随市场经济建设的进一步发展，人们将会更多地借助法律来维护自己的利益，而民间调解的作用还会进一步下降"。[1]

表1-2　20世纪90年代以来调解的发展趋势

年份(年)	1990	1994	1995	1996	1997	1998	1999	2000
调解委员会（万个）	102	100.94	100.98	100.16	98.53	98.37	97.41	96.4
调解人员（万人）	625.62	999.76	1025.87	1035.42	1027.39	917.53	880.25	844.5

---

〔1〕 黄建武：《法的实现——法的一种社会学分析》，中国人民大学出版社1997年版，第148页。

续表

年份(年)	1990	1994	1995	1996	1997	1998	1999	2000
调解民间纠纷（万件）	740.92	612.37	602.85	580.22	554.32	526.72	518.86	503.1

表1-3　20世纪90年代以来诉讼的增长

年份（年）		1990	1994	1995	1996	1997	1998	1999	2000
民事	收案（万件）	185.19	238.38	271.85	309.40	327.70	337.50	351.92	341.23
	结案（万件）	184.97	238.22	271.47	308.45	324.20	336.00	351.73	341.85
经济	收案（万件）	58.80	105.37	127.88	151.98	148.34	145.52	153.50	129.78
	结案（万件）	59.80	104.54	127.14	150.45	147.81	145.62	154.30	131.54

（二）衰落成因

出现以上的情形，最基本的原因是社会转型带来的一系列社会问题以及原有机制难以适应新的调整需要而出现的机制陈旧，而社会观念对调解与法治的作用也存在一定的误区；此外，人民调解的衰落也在很大程度上与当时的司法政策密切相关。具体而言，有以下几个方面。

1. 社会结构变化

改革开放以来，我国社会结构发生了巨大的变化，这对人民调解产生了深刻的影响。自20世纪80年代以来，农村工业化的兴起和迅速发展，特别是市场经济改革的不断深入，市场观念的加强，大大改变了农村原来的社会结构。以价值、观念共同为特征的传统社会正在向利益共同的经济共同体转变。随着商品经济关系的发展，人们的"私权"观念逐渐提高，权利主体意识也不断增强。市场经济的冲击无疑使传统社会的道德伦理规范、人际关系准则、价值信仰尺度发生变化，同时也打破了计划经济时代的确定性和均衡性。

人们的生活空间越来越脱离熟人社会而迈入陌生人的环境，人与人之间相互独立的程度日渐增强，关系距离也一步步扩大。这种关系距离的拉大也就使得更为现代化的纠纷解决模式更容易为人们所选择。[1]人与人之间的人身关系、财产关系越来越复杂，民间纠纷的主体，已不再单纯是过去的公民之间、职工之间、村民之间、邻里之间的一般性纠纷，公民与法人、法人与法人、干部与群众、局部与全局等纠纷日益增多，纠纷主体呈现多元化并存趋势。纠纷主体的多元化，使得以往的纠纷界定标准以及调解工作的范围、内容和方式等方面的规定都难以适应；纠纷的内容由婚姻、家庭、邻里、房屋宅基地等简单的涉及人身权益、财产权益方面的纠纷，发展为经济合同纠纷、土地承包纠纷、干群关系纠纷、下岗失业人员与企业的纠纷、企业拖欠职工工资纠纷、医药费纠纷、城市建设噪声扰民纠纷、拆迁征地纠纷等；纠纷的表现形式由当事人之间、当事人的亲朋好友、家族之间，转向共同利益的群众与集体、与经济组织、与管理部门之间的矛盾纠纷。仍沿用传统人民调解的组织形态、运行机制和工作方法来对待当今变化了的世态人情，出现难以适应的局面则并非偶然。

2. 司法理念误区

在法治建设的进程中，由于对法治理念的理解不够深刻，为了实现法治，在一段时间里，媒体、法学界不断向民众提及诉讼万能、诉讼崇拜的观念，认为中国人传统的"厌讼"倾向是权利意识和法律意识低下的表现，鼓励人们为争取权利走向法院，以对抗的方式解决纠纷，甚至使得诉讼成为一种社会时尚，一时间全社会都认同了"诉讼率的提高＝权利意识的提高"的公式。[2]以往鲜有或耻以诉讼途径解决的家庭亲属之间和邻里之间的纠纷，也开始经常到法

---

〔1〕 关于关系距离和人们对纠纷解决方式的选择的论述，参见［美］唐纳德·J.布莱克：《法律的运作行为》，唐越、苏力译，中国政法大学出版社2004年版，第47～56页。

〔2〕 范愉：《非诉讼纠纷解决机制（ADR）与法治的可持续发展——纠纷解决与ADR研究的方法与理念》，载南京师范大学法制现代化研究中心编：《法制现代化研究》（第9卷），南京师范大学出版社2004年版，第18～57页。

庭去讨说法。[1]通俗的法律杂志开设特殊专栏教人们"如何起诉你的邻居"。这在某种程度上导致了对诉讼的过分推崇和对调解的不当轻视。正如张心中所述:"现今,当经济生活出现紊乱,尤其需要法律来调整的时候,这种原始的、无休止的、重复调解,使资金的流转凝固,造成经济损失、精力损耗。"[2]"法治兴国的政策一度被简约为诉讼至上,诉讼被视为实现权利的唯一正确途径,把对诉讼的利用作为法律意识提高的标志。而民间私下解决纠纷则被描述为法盲行为。调解成为'和稀泥'、放弃权利的代名词。"[3]

在弘扬程序正义理念的浪潮中,民间调解这种反程序机制被视为程序正义的对立物而受到质疑,司法最终解决原则被扩大化理解。这样的"法治氛围"一方面导致公众对诉讼的过高期待、社会对诉讼的积极鼓励;另一方面也贬抑了人民调解的价值和正当性。这些不良导向是人民调解走向衰弱的重要原因。

3. 制度支持弱化

人民调解曾经的辉煌很大程度上取决于其符合党的政治目的,从而取得了强有力的政治支持。马锡五审判方式作为一种偶然的司法实践之所以取得巨大的成果,并成为我们党的法律原则或制度象征,就在于这种司法技术与权力的组织网络结合在一起,产生了一种独特的效果,成为一种新的权力组织技术,从而被纳入到新的权力体系之中,成为我们党治理社会的重要工具,进而导致了法律的治理化。[4]在我国,社会动员是国家政权深入基层社会的一种有效的手段。一方面,人民调解通过调解纠纷化解人们之间的矛盾,将党的政策和法令渗透到乡村中,使人民群众更加有效地团结起来,形成良好的社会秩序。另一方面,人民调解组织也借助党的其他权

---

〔1〕 李年终:《论人民调解制度的完善——以"诉调对接"为视角》,载《时代法学》2007 年第 6 期。

〔2〕 张心中:《着重调解之我见》,载《法制日报》1989 年 5 月 22 日。转引自强世功编:《调解、法制与现代性:中国调解制度研究》,中国法制出版社 2001 年版,第 321 页。

〔3〕 范愉:《当代中国非诉讼纠纷解决机制的完善与发展》,载《学海》2003 年第 1 期。

〔4〕 强世功:《权力的组织网络与法律的治理化——马锡五审判方式与中国法律的新传统》,载《北大法律评论》2000 年第 2 期。

力技术在社会中获得权威性。因此，传统人民调解并不仅仅是为了解决纠纷，同时也是宣传党的意识形态的主要渠道，是国家对"灵魂"凝视的主要工具，其目的是通过人民调解动员人们思想来达到国家对社会的治理和改造。人民调解所使用的语言、策略和手段都要服从于党关于社会治理的总体要求，要正确地识别和阐释纠纷中的政治因素和意识形态因素，用能够及时反映当时国家价值观和利益要求的政策因素代替调解中的法律因素。然而 20 世纪 90 年代以后，这种治理技术很少使用了，法律法规成为党的治理工具。正是在这种国家治理技术的转型过程中，人民调解制度未能及时转变角色，进行相应的制度革新——从主要依靠国家政策进行调解转向主要依靠国家法律法规进行调解。[1]

六、21 世纪的复兴及新发展

（一）复兴历程

面对人民调解的式微，自 2000 年以后，国家在政策上进行了调整，人民调解开始受到强调和重视。在一定程度上，这种调整不仅仅是针对人民调解的，而是针对整个法制发展战略的，是一种对法制主义的修正。出现这样的调整，最主要的原因是国家高层对社会的和谐和稳定的强调，对社会的利益分化、矛盾激化的忧虑，而调解被认为在协调利益、化解矛盾方面比正式的法律方法更具有优势。另外，对法治理念、诉讼、纠纷解决方式等都有了更深的认识。法院也逐渐清醒地认识到，自己应当掌握的是纠纷的最终解决权而不是最先解决权；而且，要维护自己的法律权威，必须在自己周边设置一道道社会防线，通过激励机制尽可能地引导当事人将那些简单细小的争议通过非诉讼的途径去解决。[2]另一个可能的原因是顶层

---

〔1〕 关于这一阶段人民调解式微的讨论，可参见陆思礼：《邓小平之后的中国纠纷解决：再谈"毛泽东和调解"》；傅华伶：《后毛泽东时代中国的人民调解制度》，均收入强世功编：《调解、法制与现代性：中国调解制度研究》，中国法制出版社 2001 年版。

〔2〕 林险峰、李明哲：《当前人民调解工作的困境与出路》，载《中国司法》2004 年第 11 期。

设计受到西方国家反法制主义思潮的启发，借鉴了西方国家鼓励和发展 ADR 的法律发展战略。而西方国家的理论和实践的影响，又是和近年来学界对 ADR 的研究和倡导分不开的。伴随着社会和法院在观念上的改变，国家和社会重新开始重视调解、提倡和解，人民调解面临着复兴的良好机遇。从另一个方面可以说，人民调解复兴是社会发展的要求，是时代的要求。

2002 年 9 月 24 日，中共中央办公厅、国务院办公厅转发了《最高人民法院、司法部关于进一步加强新时期人民调解工作的意见》，从九个方面强调加强人民调解工作：①充分认识做好新时期人民调解工作的重要性和紧迫性；②积极推进新时期人民调解工作的改革与发展；③巩固、健全、发展多种形式的人民调解组织；④规范人民调解委员会的工作；⑤依法确认人民调解协议的法律效力；⑥努力提高人民调解员的素质；⑦充分发挥人民调解工作在维护社会稳定中的作用；⑧人民法院要切实加强对人民调解委员会的指导；⑨司法行政机关要把指导人民调解委员会的工作作为重要任务抓紧抓实。2002 年 9 月 16 日，最高人民法院颁布了《最高人民法院关于审理涉及人民调解协议的民事案件的若干规定》（已失效），以司法解释的形式明确了人民调解协议的性质和效力。同年 9 月 26 日，司法部发布了《人民调解工作若干规定》，对人民调解委员会的工作范围、组织形式、调解行为和程序等作出了具体的规定，进一步加强和规范了人民调解工作。[1]

这些法律法规和政策的发布，一是赋予了调解协议民事合同的性质，使调解结果有了一定的法律约束力；二是在较低程度上实现了人民调解制度与诉讼制度的对接；三是进一步完善了人民调解的司法救济制度；四是进一步明确了人民调解的工作范围、组织形式、人民调解员的产生方式和条件，规范了人民调解工作程序和调解协议内容等。在国家倡导和谐社会的大背景下，这些措施为新时期人

---

[1] 范愉：《人民调解与我国台湾地区乡镇市调解的比较研究》，载《清华法学》2011 年第 1 期。

民调解工作注入了新的生机和活力，人民调解工作又迎来新的发展时期。

2003年，时任中共中央总书记胡锦涛在视察湖南省长沙市开福区四方坪黑石渡地区社会矛盾调解中心时指出："人民调解是中国的特色，要变被动调解为主动调解，深入开展矛盾纠纷的排查调处工作。"2005年，胡锦涛总书记在省部级主要领导干部提高构建社会主义和谐社会能力专题研讨班上的讲话中再一次指出："建立健全社会矛盾纠纷调处机制，把人民调解、司法调解、行政调解结合起来，依法及时合理地处理群众反映的问题。"

2004年2月24日，最高人民法院、司法部联合召开了全国人民调解工作座谈会，并出台了《最高人民法院、司法部关于进一步加强人民调解工作切实维护社会稳定的意见》，肯定了人民调解在化解人民内部矛盾，维护社会稳定和谐中的重要作用，进一步推动了人民调解工作的改革和发展，把进一步加强人民调解工作列为司法行政机关今后一个时期的重要工作，上述要求均表明了新时期人民调解工作依然是我国多层次、多方位纠纷解决机制中的一个重要组成部分。2007年，司法部先后与财政部、最高人民法院联合发布《财政部、司法部关于进一步加强人民调解工作经费保障的意见》《最高人民法院、司法部关于进一步加强新形势下人民调解工作的意见》，对推动人民调解法制化、规范化建设以及财政保障提出了指导意见。2009年7月，最高人民法院发布的《关于建立健全诉讼与非诉讼相衔接的矛盾纠纷解决机制的若干意见》进一步完善了人民调解等非诉讼纠纷解决方式与诉讼之间的衔接机制。2010年8月28日，第十一届全国人大常委会第十六次会议审议通过了《中华人民共和国人民调解法》，自2011年1月1日起施行。这是我国第一部专门、系统、完备规范人民调解工作的法律，在总结几十年来人民调解工作实践经验的基础上，从人民调解工作的性质、原则、组织、人员、程序、效力等各方面规范了我国的人民调解制度，是人民调解制度发展的一座里程碑，对于推动人民调解制度的改革与发展具有重要意义。它的通过标志着人民调解制度发展到新的阶段。

（二）发展新样态：长宁经验

当前，我国正处在社会转型期，社会的各种矛盾和问题，往往首先表现为复杂而频发的纠纷。面对这种形势，近年来，包括法院、司法行政机关、地方政府在内的各有关机构组织，正在致力于通过分工与协调建构一个多元化的纠纷解决机制，以实现社会治安综合治理，促进和保障社会的稳定和健康发展，建立良好的法治秩序。[1]人民调解制度是其中极为关键的一环。

2003年以来，上海市长宁区在这方面进行了一系列积极的尝试和探索，包括组织志愿者进社区进行法律服务或咨询，加强调解便民服务，建立司法信访窗口，聘请首席人民调解员，并尝试在基层法院设立人民调解窗口等，并逐步实现建立了居村委、街镇、区三级调解网络。其街镇一级的调委会组织以江苏街道"上海李琴人民调解工作室"（以下简称"李琴工作室"）、天山街道"人民调解工作事务所"和北新泾街道"疑难民间纠纷调处中心"为基本模式，其中江苏街道于2004年5月明确提出政府购买服务的思路，与李琴工作室签约，每年出资12万元为辖区居民购买专业化的民间纠纷调解服务，由其承担街道40%普通纠纷的调解且成功率达95%以上，90%疑难纠纷的调解且成功率达80%以上。这在解决人民调解制度改革、社区建设与纠纷解决和法律服务等问题方面提供了具有建设性的思路。通过窗口委托调解的探索、运作，长宁区法院在民事审判中对人民调解既充分利用又强化指导，与区司法局同心同力，联手推进了人民调解与诉讼调解的有机结合。上海法院的此种尝试是以《最高人民法院关于人民法院民事调解工作若干问题的规定》中规定的委托调解为突破口的。2006年初，上海市高级人民法院明确在原先委托街道、乡镇人民调解组织进行调解的基础上，由各区、县成立联合人民调解委员会，并在法院办公区域设立"人民调解窗

---

〔1〕 范愉：《当代中国非诉讼纠纷解决机制的完善与发展》，载《学海》2003年第1期；范愉：《浅谈当代"非诉讼纠纷解决"的发展及其趋势》，载《比较法研究》2003年第4期；范愉：《调解的重构（上、下）——以法院调解的改革为重点》，载《法制与社会发展》2004年第2、3期。

口"，就近接受委托调解。2006 年初，上海市高级人民法院还与市司法局联合制定《关于规范民事纠纷委托人民调解的若干意见》，对委托调解的原则、范围、期限、考核等予以明确。2017 年，在原有诉调对接机制的基础上，长宁区司法局与上海市一中院多次对接、调研和会商，设立了"长宁区联合调解委员会驻一中院人民调解工作室"，通过项目化推进了人民调解与行政调解、司法调解更深入地联动，也深化拓展了司法与司法行政工作的深度合作。[1] 2020 年 10 月，长宁区成立全国首个"航空案件审判站"，推动航空争议源头治理。[2]

上海市长宁区的经验是在特定的社会和时代背景下出现的。具体原因包括以下几个方面：

1. 态度转变的法院

上海作为经济发达的中心城市，当地司法机关已获得充分的财政支持和制度保障（相对的独立性），法院无须通过扩大诉讼追求生存和业绩，并对大量增长的诉讼及司法的界限与能力已有清醒认识。同时，法院有较多机会接受较新的司法理念。因而，在司法实践中法院对调解的态度较早发生了转变，及时调整了司法政策，成为积极支持民间调解发展的重要力量。[3]

2. 重新建立起的熟人社会

随着城市新型社区和社区服务的成熟化，社区凝聚力重新受到重视，新型人际关系开始形成。在一些大中城市，新型的邻里、社会关系开始形成，城市化之初的陌生人社会由于社区人员的逐步稳定而开始转向新的熟人社会，这种转变也就促成了纠纷解决方式出现变化，从生硬的对抗式纠纷解决机制转向合意性型的纠纷解决机制。

---

〔1〕 褚凯华等：《矛盾纠纷多元化解背景下长宁区人民调解的实践与思考》，载《上海法学研究（集刊）》2021 年第 15 卷总第 63 卷——上海市域社会治理现代化文集。

〔2〕 参见《打造国内首个航空争议一站式解决平台！长宁区人民法院"航空案件审判站"揭牌成立》，载人民网，http://sh.people.com.cn/n2/2023/0519/c134768-40422649.html，最后访问日期：2024 年 4 月 10 日。

〔3〕 范愉：《社会转型中的人民调解制度——以上海市长宁区人民调解组织改革的经验为视点》，载《中国司法》2004 年第 10 期。

3. 有影响力的调解员

在新的城市社区的形成过程中，由于政府对调解的积极鼓励推动，出现了一批具有丰富调解经验和能力，并热心公益的调解人员。他们活跃在各级调解组织，担任首席调解员或专职调解员，使调解机构形成了一定的影响力和公信力。在启动过程中，政府的积极推动是构建这种和谐机制中的重要环节。然而，随着社区逐渐趋于稳定并步入常规化管理，政府的直接干涉逐步淡出，人民调解制度也自然地融入了社会自治的和谐情境之中。[1]

4. 理性化的当事人

随着越来越深入的市场经济冲击，当事人在纠纷解决中的理性程度开始提高，成本、效益、效果等已成为当事人选择纠纷解决方式的重要因素。因此，即使在法律服务非常发达、司法公正程度较高的条件下，调解仍然受到当事人的欢迎。毫无疑问，长宁区的经验目前未必在所有地区都可以立即实行，但是，上海在我国社会发展中具有一定的典型性，在一定意义上，甚至可以说上海的今天预示着我国许多地区特别是城市发展的明天。长宁区经验的一些根本性问题是具有普遍性意义的。

七、总结：成就、经验与警示

历史的梳理目的在于以史明今，从现代意义的人民调解演进的简单历史梳理中，我们看到了人民调解制度近乎螺旋式的演进脉络，如今似乎经历了一个循环，重新回到了"大行其道"的历史节点。但这一演进过程中，有没有值得我们应该把握的法理基础？有没有这个制度所内生的存在合法性基础？如果有，我们对现代人民调解的历史演进进行梳理，其实就变得很有意义。通过梳理将这种制度

---

[1] 在中国整个法治建设的历史上，自上而下的模式一直占据主导地位。正是这种过于强调国家主导地位的思路使得民间的纠纷解决机制市失去支持其存活的网络而没有生命力。因此，在恢复基层治理的自我功能过程中，政府的介入需要把握住一个度，这个度就是人民调解制度的灵魂，即群众性、民间性和自治性。对于"运动化""政治化""司法化""行政化"人民调解制度的不良倾向一定要保持高度警惕。

的内生合法性界定出来，然后审视当今人民调解复兴过程中所出现的现象，我们就能够对当前语境中的人民调解做出公正的评价，并对其健康发展做出预测，使得制度复兴本身所预期的效果真正发挥出来。

为此，我们有必要对这段历史进行理论上的总结。这方面的先行者已经从文化主义[1]和功能主义[2]进行了探索，在西方关于中国调解制度的文献中，将1949年前直至20世纪80年代以前的调解称为"毛泽东时代的调解"，其特点是体现着政治化功能，渗透着斗争哲学理念，全面承担着社会调整职能，并且几乎不存在与之相对照的法律体系。[3]而20世纪80年代以后的调解，则被称为"邓小平时代的调解"，其特点是法制与调解的并存及共同发展。傅华伶教授指出："……恰恰在西方社会寻找可供替代的纠纷解决方式并为社区司法的价值欢呼的时候，中国正通过将大众司法制度化和将公众参与形式化而遵循西方法律秩序的老路。"[4]

而进入20世纪90年代后期，随着社会主义市场经济的发展和法制化建设进程的推进，人民调解工作在中国改革的浪潮中受到了前所未有的冲击。[5]法制的逐步健全过程同时也是正规的纠纷解决方式"运动化"向传统纠纷解决方式攻城略地的阶段。包括人民调解在内的非诉讼纠纷解决机制在这一社会转型过程中日益式微。无论是从文化进路，还是从功能进路来解读，调解的衰微都体现了一种新秩序成功建构后的"狂欢"。伴随着这种"狂欢"的是学界关于调解的研究日益稀少，正规的司法救济成为实务界和理论界新的

　　[1]　柯恩：《现代化前夕的中国调解》，载强世功编：《调解、法制与现代性：中国调解制度研究》，中国法制出版社2001年版，第88~116页。
　　[2]　陆思礼：《毛泽东与调解：共产主义中国的政治和纠纷解决》，载强世功编：《调解、法制与现代性：中国调解制度研究》，中国法制出版社2001年版，第117~203页。
　　[3]　陆思礼：《毛泽东与调解：共产主义中国的政治和纠纷解决》，载强世功编：《调解、法制与现代性：中国调解制度研究》，中国法制出版社2001年版，第117~203页。
　　[4]　傅华伶：《后毛泽东时代中国的人民调解制度》，载强世功编：《调解、法制与现代性：中国调解制度研究》，中国法制出版社2001年版，第310~346页。
　　[5]　于语和、刘志松：《我国人民调解制度及其重构——兼论民间调解对犯罪的预防》，载《浙江大学学报（人文社会科学版）》2007年第2期。

共同追求。

但正如现代调解演进过程中曾经对调解推崇至极的那样，运动化推进的纠纷解决制度往往遭遇社会现实的反弹，诉讼至上的司法理念也不能幸免。随着 21 世纪社会综合治理、司法负担以及新型农村、城市社区的重新形成，以"和"为价值取向的调解制度再次焕发生命力。目前学界对这一复兴的考量更多偏重于政策转向的考量，对当前调解的研究也多务实地进行解释剖析，但不能否认的是，从根据地人民调解产生的演进历史开始看起，包括人民调解制度在内的非诉讼纠纷解决方式的复兴不过是个时间问题，恰巧的是，这一复兴就在当下。

为此，我们从这一过程中可以看到人民调解制度在现代法治建设过程中维持其存在的几点本质特征，这些特征保障了人民调解制度的当前价值，也保障了人民调解制度未来能够健康地发展。本书以为，以下几个方面维持着人民调解制度的基本生存问题。

第一，多元性保障。作为一种纠纷解决方式，人民调解制度之所以能够存在，从历史演进的角度来看，在于它保障了社会纠纷解决方式的多元结构。事实上，无论是过度强调本土资源的纠纷解决论说，还是过度推崇诉讼的早期西方法律现代性论说，都带有前见地引入了自己的"理想型"社会，[1]并且是一种要么追求正规的司法救济，要么追求非正规的非诉救济的一元理想型社会。这就使得两种论调陷入绝对化的论调之中，并在实践中遭到西方社会和包括中国在内的东方社会的先后证伪。[2]绝对化语调在现实中所遭遇的

---

〔1〕　强世功也曾对此作出评断，参见强世功编：《调解、法制与现代性：中国调解制度研究》，中国法制出版社 2001 年版，导言第 1~19 页。

〔2〕　西方 20 世纪 70 年代兴起的 ADR 运动和中国对 20 世纪 90 年代诉讼至上司法理念的反思就说明了这一问题。关于西方 ADR 运动比较综合的典型研究，可参见 ［美］斯蒂芬·B. 戈尔德堡等：《纠纷解决——谈判、调解和其他机制》，蔡彦敏、曾宇、刘晶晶译，中国政法大学出版社 2004 年版；［澳］娜嘉·亚历山大编：《全球调解趋势》（第 2 版），王福华等译，中国法制出版社 2011 年版；齐树洁主编：《外国 ADR 制度新发展》，厦门大学出版社 2016 年版；范愉：《非诉讼程序（ADR）教程》（第 4 版），中国人民大学出版社 2020 年版。

尴尬让我们看来，没有任何一种理想的纠纷解决制度可以一劳永逸地解决所有问题。面对复杂的社会现实，最佳的纠纷解决方式就是认可多元化纠纷解决网络的存在。对于多元化纠纷解决方式的认同在理念上保障了人民调解制度的生存动力，赋予了人民调解制度对转型社会多元纠纷的适应程度，从而也赋予了其可持续的生命力。

第二，自治性保障。人民调解制度之所以能够重新焕发生命力，一个重要的社会背景也是我们不能忽视的，那就是当前越来越以人为本的政治社会语境。人民调解的本质在于由群众自己处理自己的纠纷，是对人民主体性的尊重，对人民私权自治权的肯定。从本质上来说，人民调解制度存在的灵魂在于它把人民和国家的关系控制在一个可以让基层社会散发活力的距离，允许社会主体发挥自己的主体优势，将自己的问题通过自己的意志解决，减少国家的强制干涉，人民调解员以中立的主持人身份介入解纷，不以强势的国家身份为背景。这种身份的转变符合现代社会发展的逻辑，同样赋予了人民调解制度对社会的充分适应能力。[1]这一特征在人民调解适用的纠纷范围、处理方式等方面都有所体现。

第三，群众性、民间性优势。人民调解制度与其他纠纷解决制度不同，其最大的特点在于这一纠纷解决方式来源于群众，服务于群众，并充分吸收了民间社会的有力资源，使得它能够及时、便利、高效地解决纠纷。人民调解员来源于群众，服务于群众，在程序上，人民调解不拘形式，以最大程度便利群众为追求，并充分尊重特定地方的乡土习俗，不追求一元化的裁判结果，纠纷解决以当事人满意为目标。这种来自群众，充分利用乡土资源的群众性、民间性特征使得人民调解制度功能超越了纠纷解决功能，人民调解员的身份更加多重化，承担着矛盾信息收集、矛盾信息排查和矛盾纠纷解决

---

[1] 关于国家和社会关系的研究文献非常之多，法学界主要集中于法理学学者。学界现代的一个共识是，国家和社会应当适度保持距离，发挥基层社会的自治能力。相关研究如马长山：《国家、市民社会与法治》，商务印书馆 2002 年版；马长山：《法治的社会根基》，中国社会科学出版社 2003 年版；马长山：《法治进程中的"民间治理"——民间社会组织与法治秩序关系的研究》，法律出版社 2006 年版。

等多重任务。

　　从以上总结中，本书认为，人民调解制度的生命力在于其多元性保障，在于它对其他纠纷解决方式的兼容性，这一制度的灵魂在于群众性、民间性和自治性。对此，我们必须保持清醒的认知，并对当前发展人民调解过程中出现的对这些特质的否定性倾向保持警惕。唯有如此，我们才能真正抓住时机，改变运动化发展某一纠纷解决方式的旧式脉络，促进人民调解的发展规范化、制度化，使人民调解制度在社会和谐的纠纷解决机制中真正发挥出应有作用。

第 2 章

人民调解：理念、价值与制度

通过前章的梳理，我们看到了蜿蜒演进的人民调解制度发展史。诚如前文所言，梳理历史的目的在于明今，对人民调解发展演进历程的梳理基本目的在于对当今重新受到重视的人民调解制度进行更为深刻的认知，这种认知首先是从理念上进行，然后要由理念落实到制度之中，再联系我国和谐社会建设的特殊语境，以及我国社会转型过程中城市社区和农村社会所出现的特殊状况，将人民调解制度从理论上加以探源，找到这一制度设计之所以存在的特殊之处，而不仅仅是将其放置在对 ADR 的研究之中，使其失去我们梳理历史中所一直予以强调的特征。[1]

从前章的梳理中，我们看到，近年来，人民调解自身价值再次得到社会的普遍认可和提倡，随着民间矛盾纠纷的形式增多，人民调解的适用范围也随之拓展，从传统的婚姻家庭、邻里关系、小额债务、轻微侵权等常见、多发的矛盾纠纷领域，向土地承包、拆迁安置、环境保护、医患纠纷等社会热点、难点矛盾纠纷领域扩展。[2]与此同

---

〔1〕 诚如苏力所批评的那样，我们在对中国制度的研究过程中，易以西方作为参照，对属于本土资源的制度挖掘不够，比如当我们探讨调解时就常常将其放置在西方 ADR 运动过程之中。相关论述参见苏力：《法治及其本土资源》，北京大学出版社 2015 年版，第 3~24 页；苏力：《走不出的风景——大学里的致辞，以及修辞》，北京大学出版社 2011 年版，第 103~108 页。

〔2〕 周琰：《人民调解制度发展研究》，载《中国司法》2013 年第 2 期。后文中，我们将从类型学的角度对人民调解制度进行分析，因而，这里所描述现象仅仅展示了人民调解这种纠纷解决方式的扩张，具体类型纠纷的比例并没有实证数据。但本书的实际调研中，"土地承包、拆迁安置、环境保护、医患纠纷等社会热点、难点矛盾纠纷领域"都有所涉及，参见后文对河南省洛阳市人民调解调研的部分。

时，矛盾的多样性、复杂性、偶然性、季节性等新特点的出现，再加上历史积案的艰巨性、部分当事人情绪的不稳定等许多新情况和新问题的出现，又给人民调解工作带来的新的挑战，使人民调解工作所承载的社会期望与承担的社会责任更为巨大。

在这样的背景下，2010 年 8 月 28 日《人民调解法》公布，并于 2011 年 1 月 1 日起施行。这部法律充分肯定了新中国成立以来人民调解工作取得的成绩，总结吸收了近年来特别是《人民调解委员会组织条例》颁布以后人民调解工作改革、发展、创新所取得的成果和积累的经验，进一步确立了人民调解制度的法律地位和基本框架，明确、充分地表达了一直以来人民调解所隐含的社会理念。

《人民调解法》的颁布原因并不在于此前这一制度缺乏规范依据，或者说规范层级低，[1]更多地在于理性认识人民调解制度，明确人民调解在立法上的定位，纠正实践中所出现，并在理论界也有所表现的行政化、司法化倾向。[2]从法哲学的角度来看，支持这一制度的理念是公权的规制，还是私权的自治？是行政权力触角的继续延伸，还是民间社会发展崛起，抑或二者都有？理念所对应着的

---

〔1〕　当然，《人民调解法》的颁布确实在规范等级上将人民调解制度提高了一个层次，从行政法规上升为全国层面的法律，只是这个判断是在除却《宪法》依据的基础上才是正确的。所以，《人民调解法》的出台更多的不是为了提供人民调解的规范依据，而是更规范人民调解制度，对现实中出现的一些弊病进行纠正，使人民调解制度健康发展。有关本法立法目的的官方解释参见王胜明、郝赤勇主编：《中华人民共和国人民调解法释义》，法律出版社 2010 年版，第 4~9 页。

〔2〕　人民调解的行政化、司法化倾向在理论界的代表观点主要来自民事诉讼法学者，范愉教授在点评人民调解法时对这些观点进行了列举，如熊先觉：《中国司法制度新论》，中国法制出版社 1999 年版，第 214 页。另参见江伟、杨荣新主编：《人民调解学概论》，法律出版社 1990 年版，第 107~121 页。此外，关于以正规化、专业化的视角对人民调解在实践中的运作方式进行审视的研究也比比皆是，这些研究要么批评人民调解制度在实践中的运作不符合现代法治的要求，调解方式、卷宗制作不专业等，如左卫民等：《变革时代的纠纷解决——法学与社会学的初步考察》，北京大学出版社 2007 年版，第 127~142 页；要么就对人民调解的权威性不足进行批判，并常常将其作为人民调解制度功能发挥不好的首要原因，常常隐藏着对司法、行政权威的一种崇拜和向往，这就可能在实践中导致人民调解对司法、行政等手段的模仿，如尹力：《中国调解机制研究》，知识产权出版社 2009 年版，第 61~101 页。当然，还有相当的研究直接冠以人民调解法治论之名，直接将人民调解法化、正规化。正是这些倾向的存在才使得制定一部统一的人民调解法成为必要。

制度又有着如何的表征？这些制度之间如何关联，都是我们在研究人民调解制度，在将人民调解制度放置在"大调解"语境之中，放在纠纷解决、和谐社会构建情境中必须考虑和探究明确的问题。一定程度上，此种理念的梳理和澄清恰是对当前社会转型所要求的社会管理创新的一个回应。[1]

恰其如此，深入探讨人民调解制度及其背后隐含的各种理念，澄清制度设计与理念之间的密切关系，才能更清晰地认知人民调解制度的社会价值，才能更好地发挥人民调解方式在多元化纠纷解决方式中的独特作用。作为一种制度设置，人民调解其理念如何走向实践？如何随着制度实践中的展开实现层层渗透？对以上问题的回答构成了本章的基本内容，也就是说，本章大体的内容将由人民调解制度的理念和人民调解制度的基本状况构成，在对人民调解理念进行挖掘之后，本章将对我国人民调解的一般概括进行白描，刻画出人民调解在当前中国的大体样态，并通过这些白描来审视我国人民调解的基本发展趋势，并对人民调解制度在各个要素上的数据化表征和理念之间的客观关联进行梳理。

---

〔1〕 2004 年 9 月党的十六届四中全会提出要"加强社会建设和管理，推进社会管理体制创新"，2007 年 10 月党的十七大报告提出"要健全党委领导、政府负责、社会协同、公众参与的社会管理格局"。社会管理被纳入更完备的体系性框架之中，社会管理创新也就成为 2009 年底全国政法工作电视电话会议所强调的"社会矛盾化解、社会管理创新、公正廉洁执法"三项重点工作的组成部分之一。其中，加强社会自身的整合能力，促进社会自身的活力是这一工作的一个重要方面，人民调解制度的复兴和社会管理创新的背景重叠，因而，分析人民调解的理念时，不能脱离社会管理创新的大背景。2011 年 1 月 1 日《人民调解法》生效，2011 年 2 月，我国省部级干部社会管理创新研讨班就在全国层面拉开。这种时间上的重叠性外加社会管理创新本身所要求的"还权于民"善治诉求让我们探讨人民调解理念时，不能不在更宏大的语境中展开。关于社会管理创新的研究文献，近年来如雨后春笋般冒了出来，但无论怎样，基本围绕的争论都是福利国家理论，第三条道路理论以及新公共管理理论。经典文献可参见［英］安东尼·吉登斯：《第三条道路：社会民主主义的复兴》，郑戈译，北京大学出版社 2000 年版。中国学者的已有研究，如郑杭生主编：《中国人民大学中国社会发展研究报告 2006，走向更讲治理的社会：社会建设与社会管理》，中国人民大学出版社 2006 年版；丁元竹：《社会发展管理》，中国经济出版社 2006 年版；邓伟志主编：《创新社会管理体制》，上海社会科学院出版社 2008年版等。

一、人民调解制度的理念

2009 年,《人民调解法》被列入了全国人大立法规划。根据全国人大常委会和国务院立法工作计划, 司法部认真总结了新中国成立以来特别是《人民调解委员会组织条例》实施以来人民调解的工作经验, 起草了《人民调解法(草案)》, 并于 2009 年 4 月报请国务院审议。2010 年 5 月 5 日, 国务院第 110 次常务会议决定将草案提请第十一届全国人大常委会审议。国家立法机关对人民调解立法给予了高度重视, 坚持科学立法、开门立法、民主立法, 深入调查研究, 广泛听取各部门、专家学者的意见, 公开向社会征求对《人民调解法(草案)》的意见, 收到各方面的意见和建议共 2871 条。全国人大常委会对草案反复酝酿与修改, 终于在 2010 年 8 月 28 日第十一届全国人大常委会第十六次会议上, 高票通过了《人民调解法》。

随着《人民调解法》的正式颁布施行, 伴随着制度走向实践所遭遇的各种问题, 人民调解复兴的语境要求我们结合这部法律的规范性条文挖掘其背后的支持理念。"理念"是个外来词, 是经希腊语"idea"翻译而来, 其原意指的是"图画"和"模型", 现代大多译为"思想"和"观念"。柏拉图用"理念"指代永恒不变而为现实世界之根源的独立存在的、非物质的实体, 是事物的原形, 是永恒不变的、绝对的、唯一真实的存在; 康德认为理念为从知性产生, 超越经验可能性的概念; 黑格尔则认为理念是概念和客观性的绝对统一。在实际运用中, 理念已远远脱离了其通常的"想法、念头、主意"等较为生活化的肤浅含义, 而指向"在一定世界观之下的某种基本立场、观点和追求"。

理念与价值有着密切的联系。二者都是形而上的语词, 但理念决定了价值, 价值是具体化的理念, 是通过一定的制度反映出来的理念的具体形式。人民调解所经历的否定之否定的发展历程, 如果不是历史的偶然, 那么就一定存在着某种根深蒂固的理念。在进行历史梳理时, 我们曾经提到了人民调解的几大特征, 虽然没有展开论述，但支持这一制度的理念却已经初步呈现，只是没有以法哲学的语言表现出来。

本书以为，人民调解制度能够重新走向复兴，不是，也不应该是历史的偶然抑或运动化司法理念的结果，[1]而是人民调解制度的内在理念使得它顺应社会正常的发展趋势，符合社会对纠纷解决方式的正常需求。人民调解制度所内生的主体性理念和工具性理念使得人民调解制度能够超越社会对司法的膜拜，重新走向前台。同时，这些基本理念，如果得到有力的坚持，也将保障人民调解制度健康发展，避免走运动化的路子。

本书认为，从大的方面来看，人民调解制度的支持理念有主体性理念和工具性理念。主体性理念主要是从人民调解制度设计的指向而言的，而工具性理念则更多地从立法者的立法目的进行考量。因而，主体性理念更多地与人民调解制度的属性相切合，而工具性理念更多地和立法者的立法目的以及制度价值相一致。

（一）主体性理念

关于人民调解的研究中，目前尚未有从法哲学角度对这一制度设计进行挖掘的研究。由于《人民调解法》适用的纠纷类型是民间纠纷，而这部法律本身又是包含了有关人民调解的基本法、组织法、程序法、行为法的集合体。[2]因此，这部法律的基本理念就很难从公法、私法的分野进行，[3]尽管如此，如果追寻现代司法理念的演

---

〔1〕 范愉教授曾经对运动化司法理念提出批判，指出虽然运动能够实现造势、启蒙、促进改革、推广普及、扩大效果等非常规效果，但运动化司法理念指导下的调解存在着种种弊端，如经常化运动的持久力不足问题，因由上而下而造成的和社会需求脱钩问题，甚至直接突破了多元化理念，导致一元化的效果。这些都是运动化理念所造成不良效果。参见范愉：《调解年与调解运动》，载《河南社会科学》2010年第1期。

〔2〕 参见朱景文、韩大元主编：《中国特色社会主义法律体系研究报告》，中国人民大学出版社2010年版，第521页。

〔3〕《人民调解法》所界定的人民调解范围为"民间纠纷"，应该说，这一立法术语是"开放性的"，它既不同于法律上的"民事纠纷"，也不同于通常称的"社会矛盾"或者"人民内部矛盾"等术语，是对于那些具有普遍性、多发性、广泛性，情节比较简单，法律后果比较轻微等特点的多种纠纷的概括，其具体种类和范围随着社会的发展而不断变化。既可能是民事纠纷，也可能是行政纠纷，还可能是轻微的刑事纠纷。这一术语的适用，直

变历程，我们仍然能够寻找出其基本的脉络。

主体性是指"人作为活动主体的质的规定性，是在与客体相互作用中得到发展的人的自觉、自主、能动和创造的特性"。[1]关于主体性的研究自古有之，初期可追溯到古希腊哲学阶段，那时的哲学家主张以人与自然社会之间的矛盾为轴线来发现和认识人的主体性，这一时期的哲学思想实现了从客体出发研究客体到从人出发认识事物的重要转变，使人的主体性被发现。比如：普罗泰戈拉提出"人是万物的尺度"；苏格拉底认为哲学家的使命是"认识你自己"；柏拉图认为世界的普遍本质是精神的理念；亚里士多德指出把握事物必然性的必要方法，是求助于作为人们认识活动内驱力的心灵的机能作用和主观条件[2]；等等。当然，限于时代的局限，古希腊时期哲学的主体观还处于萌芽状态，"人是主体"的思想还没有明确地形成。古希腊哲学中的主体并不特指人。[3]

虽然如此，古希腊哲学中的主体意识也要超过西方中世纪时期，在中世纪哲学中，到处充斥着神和人、灵与肉的对立思想，探讨的虽然主体与客体的关系问题，但神学世界观下的哲学理念中，主体是人的精神与神合一：客体是人的肉体与外界自然的结合。在神权的压制下，人的自由、能动性十分有限。"西方哲学由古希腊阶段经中世纪到近代的演进，可解读为人类的精神由朴素的主体意识在异化为对象意识之后重新回归到主体意识的过程。"

近代西方主体性思想以主体意识的高涨以及主体性的思维方式为显著特征。笛卡尔"我思故我在"的命题揭示了一个道理：思想

接保障了人民调解制度的开放性，也充分体现出来人民调解制度设计的主体性理念。

〔1〕　郭湛：《主体性哲学——人的存在及其意义》，云南人民出版社 2002 年版，第 30 页。

〔2〕　董耀鹏：《人的主体性初探》，北京图书馆出版社 1996 年版，第 51 页。

〔3〕　这直接受制于当时的生产力发展水平，古希腊社会属于人类社会发展的奴隶社会阶段，奴隶没有平等的人格，不是法律等制度的主体。关于古希腊及西方方法哲学历史的介绍，可参见张文显：《当代西方法学思潮》，辽宁人民出版社 1988 年版；张乃根：《西方法哲学史纲》（增补本），中国政法大学出版社 2002 年版；吕世伦主编：《现代西方法学流派》（上、下卷），中国大百科全书出版社 2000 年版；严存生主编：《西方法律思想史》（第 2 版），法律出版社 2010 年版等。

〔4〕　王义军：《从主体性原则到实践哲学》，中国社会科学出版社 2002 年版，第 53 页。

活动不可能脱离作为其先决条件的思想者而存在。康德则提出"人为自然立法"的命题，把认识的客体中心转为主体中心，历史上第一次深刻揭示了主体的能动创造性。康德的自我意识概念具有了真正本体论的意义，其所凸显的是人的精神的、自由的、能动的本质。康德得出的"人是目的"的结论是传统西方主体性哲学的最大成果。黑格尔则在唯心主义世界观指导下创立了唯心主义主体观，认为主客体的自我扬弃的同一是绝对精神的自我实现过程。马克思主义则第一次实现了唯物主义主体观，认为主客体都由实践而来，正是实践导致了主客体的不一致，但实践的发展可以使主体和认识对象的一致成为可能。这就实现了哲学唯物主义和主体性原则的统一，[1]对法治理念具有重要意义，现代法治理念的文明演化很大程度上是主体性精神的体现，具体到人民调解制度，主体性理念具体细化为权利本位理念、平等理念和自由理念。

1. 权利理念

人民调解制度是以权利为本位的，一定程度上而言，人民调解制度将社会主体的主体性在纠纷解决领域中发挥到了极致。[2]权利本位理念是由人民调解的特殊属性所决定的，直接体现在人民调解的制度设计之中。人民调解的权利本位原则在制度设计上可以说是源于私权本位理念，因而题中之义就是对纠纷主体的资格确认。[3]但同时，权利理念又超越了私法上的权利本位理念，个人在尊重自己权利资格、尊重他人的权利的同时，人民调解所处置的纠纷类型、采取了处置方式、启动调解的方式、达成调解协议的方式和履行调解协议的方式都充分体现了当事人的主体权利。

（1）调解主持者的选择性。人民调解赋予了纠纷双方当事人充分的选择权。人民调解制度没有将自己设定为一种理想型纠纷解决方式，虽然人民调解制度常常被称作社会矛盾的"第一道防线"，但

---

〔1〕 王义军：《从主体性原则到实践哲学》，中国社会科学出版社 2002 年版，第 53 页。

〔2〕 这种判断体现在《人民调解法》的各章各节中。

〔3〕 私法权利本位常常首先和主体性人格相联系，参见彭诚信：《主体性与私权制度研究——以财产、契约的历史考察为基础》，中国人民大学出版社 2005 年版，第 67 页。

该制度并不具有任何的强制性，而是赋予纠纷当事人完全的选择权。人民调解委员会作为群众性的自治组织，就要让人民群众自己组织起来，自己管自己的事情，实现自我管理、自我教育和自我服务。纠纷当事人在接受人民调解时，可以自己选择或双方共同选择他们认为恰当的人民调解员，而人民调解员则由群众性自治组织人民调解委员会选聘。实践中，人民调解委员会的委员们基本上都是直接参与纠纷解决的调解员，这就保障了纠纷双方当事人在主持人的选择上具有充分的选择权。一般而言，人民调解所适用的纠纷以就近为原则，这也就保障了纠纷当事人充分参与到了人民调解员的选择上。

（2）调解程序的启动。根据现行制度设计，是否启动以及如何启动人民调解程序，纠纷双方当事人享有充分的自主权。纠纷发生后，当事人可以选择不启动人民调解程序而直接选择其他救济方式。即便是人民调解委员会认为人民调解方式更适合当事人的纠纷类型，自己主动介入，或由行政机关、司法系统推荐介入的情况下，当事人仍然有权利拒绝人民调解的方式解决自己的纠纷。如果当事人申请以人民调解方式解决，其选择方式也灵活多样，不拘形式，既可以通过口头方式选择，也可以通过书面申请。

（3）调解协议的达成。纠纷双方当事人的权利在调解协议的达成方面也有所体现。在人民调解的制度设计下，对于适用于人民调解的纠纷类型，如果双方当事人认为没有必要采取书面方式，则有权拒绝制作调解协议书。虽然社会的深刻转型使得专业化的人民调解制度不断涌现，人民调解的纠纷类型也出现了扩张趋势。然而，邻里、婚姻纠纷仍然是群众性自治的主要纠纷类型，并且应当是人民调解所能够解决的主要纠纷类型，这类纠纷的解决往往不宜通过硬性的卷宗制度设计完成其合法性建构，〔1〕否则就会不利于纠纷的

---

〔1〕 有学者批判人民调解协议的卷宗过于简单，不能完成合法性建构。实际上，这是一种对人民调解持有偏见的理解，这种观点的出发点是正规的司法纠纷解决制度，因此对于卷宗非常看重，但却忽略了人民调解本身就是非正式纠纷解决的制度设计。参见左卫民等：《变革时代的纠纷解决——法学与社会学的初步考察》，北京大学出版社 2007 年版，第 127~142 页。

解决。人民调解制度设计充分体现着对当事人选择解决方式的尊重，这是当事人权利的一个重要体现。

（4）调解协议的履行。纠纷彻底得到解决的标志是通过人民调解达成的调解协议得到履行，无论这种协议书是口头的，还是书面的。然而，由于社会纠纷样态和社会主体样态的复杂性，虽然很多纠纷的最终解决方案都能够得到履行，但仍有一些情况，当事人认为调解协议不公正而拒绝履行。这种情况下，当事人的权利再次得到尊重，人民调解委员会虽然有权督促调解协议的履行，但却没有任何的"强制权"。当事人可以不接受人民调解委员会的督促，选择司法救济方式，或者再次选择人民调解救济方式。

2. 平等理念

人们由于作为个人的固有尊严而受到尊重，这一原则作为"目的本身"而构成了人类平等理想的基础。[1]当一个人仅仅因为其具有作为人的属性而被他人尊重，或意识到因为自己具有作为一个人的属性而应受到他人尊重时，主体观念就产生了，平等观念也就得以出现。可以认为，"主体性思想与平等观念是同时产生的，或者说是同一个问题的不同表现"[2]，不论平等的哲学基础怎样，应该被尊重为人这一原则，意味着它们应该平等地受到这种尊重。平等理念在人民调解的制度设计中体现为一切当事人法律地位平等，任何一方不得把自己的意志强加给对方，包括作为调解纠纷的组织和人员。除却原则性的平等规定，人民调解制度的平等理念还体现在如下几个方面：

（1）纠纷的范围设定。《人民调解法》规定，人民调解的适用范围是"民间纠纷"。从前文的历史梳理中我们可以看到，自产生以来，人民调解所针对的纠纷类型基本上都是公民与公民之间的纠纷，大量的纠纷类型为婚姻、继承、赡养、邻里关系、小额债务、轻微

---

〔1〕 ［英］史蒂文·卢克斯：《个人主义》，阎克文译，江苏人民出版 2001 年版，第115 页。

〔2〕 彭诚信：《主体性与私权制度研究——以财产、契约的历史考察为基础》，中国人民大学出版社 2005 年版，第 65 页。

侵权……尽管随着经济社会发展和转型，人民调解所适用纠纷类型出现了扩展，一些劳资纠纷、医疗纠纷、征地纠纷、环境污染纠纷等也开始使用人民调解的方式进行解决。[1]但是，这些纠纷不变的特征是"平等主体"之间发生的。这是筛选人民调解适用范围的一个基本标准，也是人民调解制度设计中平等理念的具体体现，这种理念既保持了人民调解的基本属性，同时也为人民调解的功能扩展留足了空间。

（2）调解的方式。新的《人民调解法》规定，人民调解委员会通过说服、疏导等方法促使当事人在平等协商基础上达成调解协议，解决民间纠纷……[2]新法律的规定去除了过去规范性文本中带有浓厚职权色彩的"教育"，人民调解员由此成为完全中立的、没有利害关系，也没有任何职权，不带职权特色的第三方，和纠纷当事人处于完全平等的地位。在新的制度设计下，人民调解员主要是"提出纠纷解决的建议，引导当事人自愿达成解决纠纷的协议"。[3]这种平等的制度设定同时也充分保障了人民调解制度的自治性。

（3）调解的过程。平等理念也充分渗透到人民调解的程序之中，双方当事人在调解的过程中享有平等的地位，权利行使平等，义务履行平等，任何人不享有特权。启动调解时，任何一方当事人都可以提出申请。同样地，如果任何一方当事人都有权拒绝接受调解。在调解的过程中，任何一方当事人也都有权要求终止调解。纠纷任何一方当事人都有权利选择自己满意的人民调解员，并在调解过程中自主发挥，充分表达自己对纠纷的认识。当然，尊重对方当事人的平等权同样渗透在调解过程中，这是平等理念的题中之义。

---

[1]　孟婷婷：《"公调对接"机制的现状与思考》，载《中国司法》2014 年第 4 期。

[2]　《人民调解法》第 2 条。

[3]　王胜明、郝赤勇主编：《中华人民共和国人民调解法释义》，法律出版社 2010 年版，第 11 页。

3. 自由理念

人民调解制度的基本特征中，自治性是一个重要的方面，而自治是现代法治的一个重要方面，规制自治是意志和行为的双重自由。主体性理念对现代法治的此种自由理念产生了重要影响。黑格尔认为，"没有自由的意志只是一句空话；而自由只有作为意志、作为主体，才是实实在在的"。[1]如果一个人的行为……并非他人意志的工具或对象，或独立于他的意志的外在或内在力量的结果，而是他作为一个自由的行为者所作出的决定和选择的结果，那么这个人就是自由的。西方自由主义者认为，在公权力和私人生活之间，应该有着一条起码的界限，私人领域应当具备不受公权干预的最低限度，而这就是现代自由的题中之义，也是主体性理念在自由领域中的具体表征。在这种理念下，人从被投进这个世界的那一刻起，就要对自己的一切行为负责。[2]自己对自己的行为负责，而不是让别人……为自己的行为负责，这正是人具有主体性的首要特征。[3]在这种主体性理念指导下，自治成为民间纠纷解决的重要原则。具体表现在制度设计的以下几个方面：

（1）组织机构的设置。人民调解委员会是设在社会基层的群众自治性组织，但不同地区社会基层的形态不同，尽管人民调解调解委员会的具体形式存在一定的差异，但无论是居民委员会、村民委员会、乡镇街道调解委员会，抑或是其他专业化的纠纷调解委员会，其由群众中来，由群众自主设定的性质却是不变的。[4]

（2）调解员的来源。人民调解的人员构成上充分体现了人民调解制度的自治性。一般而言，人民调解员除由村民委员会、居民委员会成员或者企业事业单位有关负责人兼任以外，还可由本村民区、

---

〔1〕 ［德］黑格尔：《法哲学原理》，范扬、张企泰译，商务印书馆1961年版，第11页。

〔2〕 ［法］让-保罗·萨特：《存在主义是一种人道主义》，周煦良、汤永宽译，上海译文出版社2008年版，第11页。

〔3〕 郭湛：《主体性哲学——人的存在及其意义》，云南人民出版社2002年版，第38页。

〔4〕 范愉：《非诉讼纠纷解决机制研究》，中国人民大学出版社2000年版，第495页。

居民区或者企业事业单位的群众选举产生，也可以由村民委员会、居民委员会或者企业事业单位聘任。

（3）人民调解的工作方法。人民调解的自治性还充分反映在人民调解具体运用的方法方面。由于是自治性组织，人民调解工作方法的基础上自我管理、自我教育和自我约束，并没有"直接的"国家强制力作为保障[1]。

（4）调解协议的达成和履行。人民调解协议的达成和履行方面，也完全依赖纠纷当事人的自觉。纠纷当事人可以自由地选择口头或书面达成调解协议，可以选择申请，也可以不申请司法确认。调解协议达成后，并不立即成为纠纷当事人的责任和负担，具体履行时也基本不涉及对当事人自由意志的直接强制。人民调解委员会只能督促，但却不能采取任何暴力手段强迫当事人履行。

4. 小结

综上所述，主体性理念是人民调解制度设计所深嵌的基础理念，这种理念在尊重实践的基础上以实现主观认识和客观世界的一致为目标。具体到人民调解制度中，则体现为权利理念、平等理念和自由理念。人民调解制度否定之否定的螺旋状演进历史雄辩地证明，人民调解的制度复兴不是历史的偶然，也不是单纯的司法政策变化所致，而是符合世界纠纷解决模式发展潮流的必要之举，[2]是该制度本身所内聚的特质所决定的必然。

（二）工具性理念

前文指出，主体性理念主要是从人民调解制度设计的指向而言的，而工具性理念则更多地从立法者的立法目的进行考量。因而，主体性理念更多地和人民调解制度的属性相切合，而工具性理念更多地和立法者的立法目的以及制度价值相一致。之前多次提到，我国现在处于社会转型期。虽然新的社区和基层社会正在形成，但却

---

[1]　新的《人民调解法》第 33 条规定了人民调解协议的司法确认程序，这等于给人民调解协议装上了"牙齿"。但这一"牙齿"需要启动程序，因此并不是直接的强制。

[2]　关于世界各国调解发展的潮流和趋势的介绍，可参见［澳］娜嘉·亚历山大主编：《全球调解趋势》（第 2 版），王福华等译，中国法制出版社 2011 年版，第 1~35 页。

没有完全形成。在这个转型过程中，由于市场经济的冲击，社会主体的行为准则和价值信仰尺度不断发生变化，各种社会矛盾大量增加，矛盾主体日趋多元化。而由于长期以来自上而下的法治建构，中国的治理模式中，国家与社会之间缺乏缓冲的中间层。社会组织常常能够将纠纷和国家隔离开来，但由于中国还远未形成市民社会，社会组织发育还不完全，这种缓冲机制严重缺乏。社会管理模式由管理（government）走向治理（governance）[1]的全球趋势要求我们尽快形成国家和社会纠纷解决主体之间的合作模式，实现国家和社会对纠纷的共同防治。

中国社会缺乏西方社会的市民社会，社团组织无力形成对国家的有效制约。虽然经过市场经济的改革，民间社会的兴起已经略有成就，但西方社会中的"大社会、小政府"格局在中国社会中是不存在的。这种局面不仅给民间主体带来很多困惑，同时也给政府应对转型时期越来越复杂、多样、专业化的纠纷带来了巨大压力。这种转型语境中，社会治理模式的转型也就呼之欲出，调解之兴由于其制度内嵌的特质而成为必然。但同时，这种崛起也隐含着国家权力行使的一个微弱的逻辑转型，即要与社会建立起合作关系，使得治理权力的运作实现社会化，最终形成国家和社会的共赢。

由此，我们可以看出，人民调解的制度设计中，深刻嵌入了国家的工具性理念。虽然，国家推动社会自治的崛起本身似乎是一个悖论，但在中国的特定语境下，脆弱的民间力量确实需要来自强大国家机器的支持。恰如学者在评价调解之兴时所说，运动化虽然带有各种各样的负面效应，然而，运动化能够迅速启蒙，达到常态推进某种制度、理念所不能达到的效果，这也是不可否认的。[2]因而，人民调解制度的设计者给这项制度赋予的工具性理念也是不难发现的。

---

〔1〕 关于管理（government）走向治理（governance）的理论研究，国内外都比较多见，可参见俞可平主编：《治理与善治》，社会科学文献出版社2000年版。

〔2〕 这里与其说是赞同运动化本身，毋宁说本书赞同国家对某种恰当治理工具的支持。关于调解以运动方式兴起的正负面评价，参见范愉：《调解年与调解运动》，载《河南社会科学》2010年第1期。

1. 群防理念

从"枫桥经验"[1]开始，发动群众，依靠群众，预防和解决矛盾就成为人民调解制度的题中之义。群防理念的核心意义在于调动起基层群众的积极性，坚持矛盾不上交，就地解决。由于基层的人民调解网络在人员构成上常常与治安保卫委员会存在着一定程度的重叠，这就使得人民调解制度立足基层的同时，转化为一张"群防"网络。基层农村社区和城市社区的人民调解员常常身兼多员身份，如郑州市金水区人民调解委员会的楼道调解员和村组调解员就身兼"四员"身份：一是担当"安全稳定信息员"。及时搜集社情民意，积极上报涉及安全稳定的各类信息，确保安全稳定工作"耳聪目明"。二是担当"社会矛盾调解员"。发挥身份中立、贴近群众的角色优势，积极参与社会矛盾化解工作，努力就地化解社会矛盾、及时消除不稳定因素。三是担当"城市运行监测员"。在巡逻值守中积极开展消防、卫生、安全等隐患排查工作，协助职能部门监测城市运行状况。四是担当"政策法律宣传员"。走街串巷、进门入户，在群众中宣讲普及法律知识、安全知识，增强群众的法治意识和安全意识。[2]

2. 善治理念

根据俞可平的观点，善治的本质特征是公民社会组织对社会公共事务的独立管理或与政府的合作管理，善治需要公民社会的发展，需要社会组织的广泛参与，善治应当具有合法性、透明性、责任性、法治、回应和有效等六个基本要素。[3]"善治"是社会主义一直以来追求的重要目标。中国领导层提出的"科学发展观"即包含着"善治"的理念、目标和内容。党的十七大报告提出最广泛地动员和

---

〔1〕　20世纪60年代初，诸暨市枫桥镇在社会主义教育运动中创造"发动和依靠群众，坚持矛盾不上交，就地解决，实现捕人少，治安好"的"枫桥经验"。相关研究可参见汪世荣主编：《枫桥经验：基层社会治理的实践》（第2版），法律出版社2018年版；尹华广：《"枫桥经验"与基层社会治理法治化》，中国人民公安大学出版社2020年版。

〔2〕　资料来源：笔者在金水区"张民安人民调解工作室"的访谈。

〔3〕　俞可平主编：《治理与善治》，社会科学文献出版社2000年版，第329页。

组织人民依法管理国家事务和社会事务、管理经济和文化事业。人民调解制度的勃兴恰恰回应了"动员和组织人民"以管理自己事务的治理理念，这种基层社会的自治虽然目前仍然有赖于国家的推动，但实现良好治理的理念也恰在其中。这一点从人民调解员迅速排解群体性事件的能力中即可充分体现出来，基层社会应具备相当的自力治理能力。[1]

3. 合作理念

从古至今，中国社会秩序历来就有国家社会二分的秩序架构。国家秩序和民间秩序之间既有合作，也有对抗。国家层面的规则通过肯定民间社会的规则来实现对民间社会规则的尊重，民间社会规则也通过对国家秩序的承认和向基层民众的灌输来配合国家的治理，二者长期存在着一种互相建构的关系。[2]《人民调解法》本身是一部国家层面的法律制度，然而，它规范的却是民间活动，并且是充分尊重民间秩序的一部国家法。这种尊重充分体现在人民调解的依据和所采取的方法方式上。人民调解的依据为不违背法律、法规和国家政策，这实际上将合法性定位为不违法，这实际上是鼓励在调解中采用各种民间社会规范作为依据，发挥其变通、协商、选择的价值和作用空间，更符合社区调解需要和规律。在调解方式上，人民调解员根据纠纷的不同情况，可以采取多种方式调解民间纠纷。[3]这些规定，都充分体现着国家秩序对民间秩序的认同，也以隐性的方式实现着民间秩序中国家秩序的渗透。

─────────

〔1〕 2008 年 7 月，郑州市文化路辖区的一小区发生天然气爆炸事件，导致 164 户居民的家庭财产遭受不同损失。在纠纷处理过程中，由于肇事单位放弃协商，坚持走诉讼道路，险些造成群体性事件，后来在当地老调解员张民安等人及当地各级部门的共同努力下，这起纠纷成功化解，这充分体现了基层群众的自治能力。资料来源：笔者在金水区"张民安人民调解工作室"的访谈。另外一个类似的事件发生在河南省洛阳市纸坊乡，该乡一村民被摩托车骑主压死，但由于肇事者缺乏赔偿能力，受害者家属情绪激动欲向上反映，身兼调解员的村干部共同出资垫付了一部分钱后，受害者家属情绪才稳定下来，并在村调解员的疏导下成功达成调解协议。资料来源：笔者在洛阳嵩县纸坊乡的访谈。

〔2〕 梁治平：《清代习惯法：社会与国家》，中国政法大学出版社 1996 年版，第 129~130 页。

〔3〕 范愉：《〈中华人民共和国人民调解法〉评析》，载《法学家》2011 年第 2 期。

4. 恢复性法治理念

恢复性法治理念是人民调解制度的题中之义，其基本要点包括：政府的作用限于维护正义的公共秩序，社区的作用是建设和保持公正的和平。[1]恢复性司法的基本理念主要是平衡与恢复。社会冲突本身是对既有秩序的破坏，人民调解制度坚持群众自治解决纠纷的目的就在于将这种裂口恢复，不通过国家机器的介入对纠纷的过错方实施惩罚和强制。[2]因此，在人民调解制度整个程序过程中，没有任何的强制力介入。即便是现在法律规定了人民调解协议的法律约束力，其履行也不能通过强制力来进行，除非经过另外的司法确认程序。

5. 多元及联动理念

人民调解制度设计的初衷是充分利用基层纠纷解决网络，定期排查纠纷，将纠纷消灭在萌芽状态。维护社会稳定，与其他纠纷解决机制共同在基层解决矛盾是其一个重要理念，这个理念的主导内涵就在于多元联动。党的十六届六中全会通过《中共中央关于构建社会主义和谐社会若干重大问题的决定》，其中明确要求，完善矛盾纠纷排查调处工作制度……实现人民调解、行政调解、司法调解有机结合……综合运用法律、政策、经济、行政等手段和教育、协商、疏导等办法，把矛盾化解在基层、解决在萌芽状态。[3]

（三）小结

从不同的角度来看，人民调解的理念有着不同内涵。但这两个

---

[1] 虽然恢复性司法理念在刑事法律中研究较多，这主要是因为刑事法律，秩序的破坏非常严重。人民调解制度设计本身的对象指向就是"民间纠纷"，针对的多是于日常生活中的轻微纠纷，并且常常"以防为主"，因此恢复性法治理念的制度意义更为明显和意义重大。关于恢复性司法理念的研究，参见于改之、崔龙嬨：《"恢复性司法理论国际研讨会"综述》，载《华东政法大学学报》2007 年第 4 期。

[2] 有学者指出，现代社会的复杂程度使得法制的构建正迈向"回应型"。前现代的法的类型为"压制型法"，当前的法类型为"自治型"法。在一定程度上，回应型法制的构建是社会主义法制体系初步建立后，我国社会主义法制体系建设的一个重要任务。相关研究参见［美］P. 诺内特、P. 塞尔兹尼克：《转变中的法律与社会：迈向回应型法》，张志铭译，中国政法大学出版社 2004 年版。

[3] 参见《中共中央关于构建社会主义和谐社会若干重大问题的决定》，载中国共产党新闻网，http://cpc.people.com.cn/GB/64162/64168/64569/72347/6347991.html?ol4f，最后访问日期：2024 年 3 月 7 日。

方面的理念并非截然两分，而是互为辅助。工具性理念的落实需要主体性理念的充分渗透，而主体性理念的充分渗透，反过来也意味着工具性理念的目的落实。这种状况的出现恰恰是基于人民调解制度的固有属性使然。之前多次提到，人民调解是基层自治制度，根本特征在于群众性、自治性和民间性。自治性天然需要权利的运用，平等的资格和自由的意志，而群众性和民间性则能够确保群防、合作、关系恢复、多元联动落实到位，最终实现由下而上的治理，达到善治的最终目标。

二、人民调解制度的价值

价值是指客体对主体需要的满足，法律价值则体现了法律作为一种社会调整系统的客体满足主体需要的功能和属性。[1]德国学者达姆指出，"法律绝不仅是徒具语言形式的东西，它有所意志，有所意味，它追求着实务的目的，它的眼中有它在生活中要贯彻的价值"。[2]在对人民调解制度价值的认识上，我国学者的认识较为一致。一般而言，和谐、秩序都被看作人民调解制度最重要的价值，并由此认为，通过调解解决纠纷，就是为了防止矛盾激化，恢复当

---

〔1〕 关于法的价值问题，国内存在着不同的看法，主要有作用论、关系论、意义论、评价论和实践论等；作用论认为，法律价值是标志着法律与人的关系的一个范畴，这种关系就是法律对人的意义、作用或效用，和人对这种效用的评价，如严存生：《法律的价值》，陕西人民出版社1991年版，第28页；谢晖：《法律双重价值论》，载《法律科学（西北政法学院学报）》1991年第6期；关系论学者认为，法的价值是一定主体的需要和法的属性、功能之间的关系，或者是它们之间相互作用的过程，如乔克裕、黎晓平：《法律价值论》，中国政法大学出版社1991年版，第40~41页；葛洪义：《目的与方法：法律价值研究论析》，载《法律科学（西北政法学院学报）》1992年第2期；意义论则主张法的价值在于法这个制度对于人的意义，如孙国华主编：《法理学教程》，中国人民大学出版社1994年版，第94页；张文显：《法学基本范畴研究》，中国政法大学出版社1993年版，第254页；评价论学者则认为法的价值是主体对法这一独特现象的认同和评价，如谢鹏程：《法律价值概念的解释》，载《天津社会科学》1996年第1期；实践论则主张法的价值是法律的内在机制在实践中对人的法律需要的某种适合、接近或一致，如吕世伦、文正邦主编：《法哲学论》，中国人民大学出版社1999年版，第363页；黎明、郭治国：《论法的价值的动态过程及功能》，载《中央检察官管理学院学报》1994年第1期。

〔2〕 黄茂荣：《法学方法与现代民法》，中国政法大学出版社2001年版，第257页。

事人之间的和睦友好关系，保持社会的安定团结，维护社会秩序。基于这样的认识，调解者耐心细致地做双方当事人的思想工作，对当事人进行法制教育和道德教化，劝导当事人发扬风格谅解让步，最终达成妥协。这当然是正确的认识，但这种认识没有能够将现代人民调解制度和前现代调解制度之间价值取向的差别分开来。现代人民调解制度经过否定之否定的发展后，和谐与秩序之外，新的价值取向也被重新认识，并被制度设计者所期待。简单而言，通过对调解历史的梳理，我们能够看到，现代人民调解制度是在对历史上调解制度的扬弃中发展而来，这一制度继承了古代调解制度中精华的精神，但同时在新的调解运作过程中，将现代法治理念输送到基层。因而，我们在认识人民调解的价值时，上述两个层面都应当有所体现。

本书认为，现代人民调解制度价值可以两分为传统性价值和现代性价值。传统价值更多地反映了这一制度的传承，而现代价值则更多地体现了这一制度的发展。传统价值主要包括和谐和秩序，现代价值主要包括自由平等、实质正义和经济价值。

（一）传统性价值

人民调解制度渊源于中国古代的民间调解和官府调解。中国古代的调解是在传统的儒家"和合文化"背景下产生的发展起来的，中国古代的自然经济、宗法家族制度和儒家思想等不仅是中国古代调解制度赖以产生和存在的社会环境和历史文化基础，也是我国现行人民调解制度价值的历史文化渊源。[1]由于历史文化独具的浓重传承性，人民调解制度的传承过程中，其价值取向一直存在着和传统价值取向一致的地方，主要包括和谐和秩序两个方面。

1. 和谐价值

柯恩教授指出："'秩序、责任、等级与和谐的观念'是主流社会规范'礼'的核心。在这些观念中，和谐是最重要的。一旦和谐

---

[1]　董小红、韩自强：《论人民调解制度价值的渊源》，载《社会主义研究》2011年第3期。

遭到破坏，那么最好通过调和来予以修复。如果一个人觉得他被冤枉，儒家道德教导他最好'吃点亏'，让事情过去，而不是制造混乱，造成更大的冲突。如果一个人在争议中显而易见地居于正确的一方，他最好仁慈地对待触犯自己的人，从而树立有利于社会团结的合作的典范。"[1]在传统的调解中，调解者通过调解机制等实现当事人双方的利益平衡，进而达到和解、促成和谐。这种价值取向在现代调解制度中得到传承，在当前构建和谐社会的大背景下，人民调解制度的复兴是对传统和谐司法理念的回应，也是对现代人民调解制度所传承的和谐价值的认可。

在一定程度上，我国人民调解制度的和谐价值取向符合当今世界司法制度的发展趋势，前文提出，经过现代法制构建的西方世界，正在迈向回应性法，转型为恢复性司法理念。其中重要的价值取向就是和谐。人民调解制度顺应这种趋势，追求和解、和谐的司法制度价值观，以利益平衡为基本原则，代表了人类纠纷解决机制的发展方向，是人类法治文明进步的表现。

2. 秩序价值

秩序的存在是人类一切活动的必要前提，也是前现代社会治理者最为关注的价值。人民调解制度群治群防、以防为主的纠纷解决进路为我们提供了一种可以使破坏的社会秩序恢复和谐发展的纠纷解决机制。具体而言，人民调解制度可以从以下几个方面保障秩序。

（1）防止矛盾激化。人民调解的网络渗透宽广度以及人民调解员的多重身份使得这一制度可以在矛盾发端的阶段介入，[2]在纠纷的初期消弭当事人之间的矛盾，避免社会秩序遭到不必要的破坏。与正规司法制度的被动性相比，人民调解制度具备主动性的优势，可以在纠纷当事人不反对的情况下最早介入纠纷当中，将纠纷扼杀在萌芽之中。从而使得纠纷及时得到解决，矛盾得以疏导，有力地

---

〔1〕 柯恩：《现代化前夕的中国调解》，载强世功编：《调解、法制与现代性：中国调解制度研究》，中国法制出版社2001年版，第95页。

〔2〕 前文人民调解的四种身份：安全稳定信息员、社会矛盾调解员、城市运行监测员和政策法律宣传员，资料来源：笔者在金水区"张民安人民调解工作室"的访谈。

保障社会秩序的和谐发展。

（2）着眼未来秩序。人民调解制度是以非对抗方式解决矛盾，"向前看"为其制度设计的出发点，不仅考虑到纠纷得到解决，还考虑到纠纷解决后双方的合作与发展问题。其强调的是"和解"而非"对抗"，"向前看"的制度设计使纠纷解决更人道更科学，更有利社会的发展。[1]

（二）现代性价值

诚如我们不断提到的那样，人民调解制度之所以能够焕发活力，其制度本身内蕴着社会情境所需的价值，这种价值在一定程度上符合社会需要。但仅仅如此，并不能全面解释人民调解制度的复兴，也不足以延续这一制度的未来发展。事实上，上个世纪末的调解式微已经在一定程度上反证了调解制度的现代价值。它与现代法治精神并不如极端权利者批判的那样相悖，反而有着强大的兼容性，这种兼容性在制度设计体现为人民调解制度多元的权利理念，在价值层面则具体体现为如下几个价值：

1. 自由价值

自由价值是从价值层面对人民调解制度的理念重现。现代人民调解制度的重要价值是自由，这里的自由表现在以下几个方面：

（1）当事人的选择权。是否以调解方式解决纠纷，完全由当事人自由选择决定，即当事人有程序选择权。在现代社会，由于纠纷的类型不同，当事人的利益需求不同，解决纠纷的方式不是单一的，包含诉讼和非诉讼两类可以并行的纠纷解决机制。作为程序主体的当事人基于程序利益等多方面考虑，有权自主选择解决纠纷的程序类型。以调解解决纠纷是当事人自由选择程序的结果，这种自由是一种"积极的自由"。

（2）程序的自主权。调解过程的进行由当事人自主决定。即使启动了调解程序，是否要将调解程序进行到底也完全取决于当事人

---

〔1〕　王公义：《人民调解制度是解决社会纠纷的重要法律制度》，载《中国司法》2005 年第 8 期。

双方，如果当事人不愿意继续进行调解，调解人便应当终止调解。

（3）解决方案的自治权。调解协议的达成，完全取决于当事人双方的合意。在调解过程中，当事人完全具有私法上的民事行为处分权，调解协议是当事人双方自由意志和处分权的体现。在调解协议达成过程中，调解人不能将自己认为正确的解决方案强压给当事人，要求他们接受，当事人有同意或拒绝这种解决方案的自由。因此，从一定意义上说，调解是当事人自主交涉的延伸，是意思自治的表现。

现代人民调解以自由为价值取向是其区别于我国传统调解制度的重要方面，传统调解制度在很大程度上是一种强制调解，即以调解方式解决纠纷并非出于当事人的自愿，调解协议的内容也不是当事人合意的结果，当事人常常被迫接受调解者的调解方案。同时，现代人民调解以自由为价值取向也是区别于诉讼解决纠纷的一个重要方面，通过审判解决纠纷是一种强制性解决，一方当事人向法院起诉不必征得他方同意，当事人即使对法院判决不服，也不得不予以接受。而现代人民调解是在第三者主持下合意解决纠纷的过程，调解结果是双方当事人合意的结果。因此，双方的纠纷通过调解可以得到圆满解决。

2. 经济价值

经济分析方法往往在我们不自觉中被运用，虽然很多法学研究者对其并不热衷。[1]社会纠纷发生后，纠纷解决成本是人们选择民间纠纷解决方式并考虑其效率和效益价值的重要因素。如果选择诉讼方式解决纠纷，一般来讲，纠纷当事人需要考虑起诉前所直接耗费的成本费用：比如诉讼费用；证据鉴定和案件执行费用；律师费；参与诉讼期间的差旅费、住宿费、误工费等。

任何一种纠纷解决制度都不可能彻底消除成本，但不同的纠纷解决制度所花费的成本也是有差别的。人民调解没有太多限制，程序便捷、方式灵活，因而在效益价值方面，体现出其自有的优越性。

---

〔1〕 相关论述参见［美］凯斯·R.桑斯坦：《最差的情形》，刘坤轮译，中国人民大学出版社 2010 年版，导言。

选择人民调解解决纠纷，根据当前制度设计，当事人无须交纳调解费用，[1]也无须聘请专业法律人员的帮助即可轻松进入调解程序，只要在调解过程中拿出足够的诚意即可顺利而快捷地解决纠纷。所以，人民调解节约费用及时间，具有经济价值。主要体现在以下几个方面：

（1）代理成本。正规的纠纷解决一般需要专业的代理人参与，而程序简便的人民调解以当事人本人参加为原则，因此代理费用并非必需，而在诉讼程序中，代理费用一般必不可少。

（2）时间成本。正式的纠纷解决制度通常需要当事人撰写规范文书，比如诉讼就需要当事人提交起诉书交至法院、法院立案、下达传票、证据交换、通知当事人到庭、开庭审判或调解等诸多步骤。与之相比，人民调解从当事人提出申请到双方达成合意签订调解协议最快只需要1个工作日，甚至几个小时就解决了。

（3）执行成本。调解协议是双方自愿达成的，一般当事人会愿意并自愿执行，履行程度相对较高，即使不履行，对关系的破坏也比诉讼要更容易救济。与之相对，行政裁决以及司法判决的结果则带有一定的强制色彩，当事人不愿意履行的，还要通过执行程序才能促使其履行，无形之中会增加当事人的费用支出。

3. 实质正义价值

实质正义是相对于程序正义而言的。现代法治追求程序正义，因而实质正义曾一度被当作程序正义的反面物予以排斥。任何一种纠纷解决方式都应有其正当性基础，否则便无生存基础。对于人民调解制度而言，制度设计中的正义价值主要从如下设计体现出来：

（1）中立性保障。在人民调解过程中，人民调解员具有相对程度的中立性，这就为充分实现正义提供了重要保障。作为群众性自治组织，人民调解委员会所处理的纠纷关系往往和纠纷当事人没有任何裙带关系，这一点也正是人民调解较于行政调解的重要比较优

---

[1]　当然，这并不是说，人民调解的运作不需要成本，只是这种非正式纠纷解决成本相对于正式的纠纷解决成本要低出很多。因此，国家对调解的运作提供财政支持也是符合经济原则的。范愉：《〈中华人民共和国人民调解法〉评析》，载《法学家》2011年第2期。

势。人民调解员来自群众，又是具体纠纷当事人选择出来的。因此，具体纠纷解决过程中的中立性因为选择性和相互的熟悉而得到巩固。

（2）缓解程序正义和实质正义张力。现代法治的一个重要特征在于程序正义，但是，程序正义对于小额标的的纠纷常常意味着负担，进而导致出现程序正义和实质正义之间呈现出巨大张力。人民调解制度可以避开僵硬的法律程序，缓解二者之间的张力，达致双方当事人所追求的实质正义状态。

（3）缓解大众正义和精英正义之间张力。人民调解制度还能够通过修辞的恰当运用，缓解大众正义和精英正义之间的张力。法官是社会正义的守护精英，但诉讼正义有时会与草根正义偏离。这种偏离对于一些重大意义的法治发展可能是必要的，但对于人民调解所指向的"民事纠纷"则没有太多必要。因此，缓解大众正义和精英正义之间的张力就是达致社会和谐的重要路径，也是人民调解制度的重要优势。

（三）小结

制度的价值体现在制度对社会主体的服务程度。人民调解制度的当代复兴意味着有必要对这一制度的价值进行重新认识，这种认知既不能脱离人民调解的历史渊源，又要看到人民调解制度与现代法治精神的兼容价值。因此，人民调解制度的传统性价值和现代性价值都具有重要意义。经过总结，我们看到，现代人民调解制度既继承了传统调解的和谐、秩序价值，还充分体现了现代法治的自由、经济、实质正义价值，它在一定程度上有利于缝合现代法治的固有弊端，因而，之于现代社会，人民调解制度具有重要意义。

三、人民调解制度的现状

作为一项纠纷解决制度，无论具有怎样好的理念，具有怎样良善的价值追求，都需要通过具体的制度实践予以落实。《人民调解法》的颁布让兼具传统性价值和现代性价值的调解制度重新焕发生命力，而由于一直以来中国社会经济、社会和文化状况的传承，调解的主体性理念一旦顺利输送到现实世界之中，就会激发出这项制度的巨大生命力，从而实现调解制度化所欲实现的工具性理念。

那么，调解的理念如何通过具体的制度设计贯彻到社会生活中？调解的价值有哪些确定实现的制度保障？这些可以从人民调解的制度现状中揭示出来。以下将从调解网络的分布、调解人员的概况、调解民间纠纷的概况、调解经费的概况四个方面对这一制度的现状进行描述，以使我们在介入调解制度微观场域之前，对这一制度的现状有一个宏观的整体把握。

（一）调解网络的分布

一般来说，人民调解对社会的覆盖是通过人民调解委员会来实现的。根据现行法律规定，人民调解委员会是依法设立的调解民间纠纷的群众性组织。[1] 结合 2007 年《中华人民共和国民事诉讼法》（已被修改，以下简称《民事诉讼法》）第 16 条的规定，人民调解委员会是在基层人民政府和基层人民法院指导下，调解民间纠纷的群众性组织。这些规定不仅明确了人民调解委员会的群众性自治组织属性，也更划定了人民调解组织化的实现路径，即明确了人民调解网络的样态和依据。

根据有关法律文件的规定，以及人民调解的社会实践，可以将人民调解委员会归纳为如下五种类型：

1. 村民调解委员会

在农村地区，人民调解委员会设在村民委员会之中，是村民委员会的内设组织，可以简称为村民调解委员会。村民人民调解委员会贴近群众，基础广泛，数量庞大，是人民调解组织的基本形式。这当然是和我国的具体国情相联系的，尽管我国的现代化建设成就巨大，城市化程度也越来越高，甚至在一定程度上，农村的生产总值也不再居于国民生产总值的最重序列。但在人口规模上，农村基层社会却始终是我国秩序构建的最重要基础，它所借助的村委会本身也是基层群众性自治组织，这就使得人民调解委员会能够更好地扎根基

---

[1]《人民调解法》第 7 条。

层，成为离基层群众最近，最容易为基层群众接受的纠纷解决网络。

2. 居民调解委员会

在城镇之中，人民调解委员会设在居民委员会之中，是居民委员会的内设组织，可以简称为居民调解委员会。调解民间纠纷原本就是城市居民委员会的一项重要工作，《人民调解法》规定城市社区居委会设立调解委员会后，这些工作成为一项更为独立、专门的任务。居民委员会中设立调解委员会显然是为了更好解决城市居民之间的冲突，将城市社区建设成为纠纷排查、解决的第一道屏障，维系城市社区成熟的市民关系，建设和谐的社区文化氛围。

村民委员会和居民委员会分别构成我国农村和城市的最基层社会，人民调解制度群众性、自治性的属性直接决定了这两类人民调解委员会在整个人民调解网络中起到最重要的作用，也最能够将群众性特征充分发挥出来，充分贯彻群防、合作、善治、恢复性法治及多元联动理念，充分实现人民调解制度的和谐、秩序、自由、经济与实质正义价值。据可查的最新数据，目前，全国有69.3万个人民调解委员会，各地建立个人调解工作室1.7万个，全国共有人民调解员317.6万人，其中专职调解员41.2万人。[1]2022年，全国人民调解组织共开展矛盾纠纷排查667万次，调解各类矛盾纠纷892.3万件，其中村调委会调解矛盾纠纷302.5万件，乡镇调委会调解矛盾纠纷138.9万件，大概占全国调解组织总数的50%。[2]全国村（居）民委员会中，98%都设立了人民调解委员会，基本实现了全国城乡网络覆盖。[3]

3. 乡镇、街道人民调解委员会

《人民调解法》附则规定，为克服基层村（居）人民调解会地

〔1〕 参见《让矛盾纠纷化解在成讼之前（人民时评）》，载人民网，http://sd. people. com. cn/n2/2023/1023/c386784-40612847. html，最后访问日期：2024年4月13日。

〔2〕 参见《司法部：2022年全国人民调解组织共调解矛盾纠纷892.3万件》，载人民网，http://society. people. com. cn/n1/2023/0616/c1008-40015565. html，最后访问日期：2024年4月13日。

〔3〕 王胜明、郝赤勇主编：《中华人民共和国人民调解法释义》，法律出版社2010年版，第32页。

域性、专业性不足的弊病，乡镇、街道以及社会团体或者其他组织根据需要可以设立人民调解委员会。[1]这是为了更方便、更有效地解决相关纠纷。司法部《人民调解工作若干规定》对此类人民调解委员会也作了专门规定，根据规定，乡镇、街道人民调解委员会委员由下列人员担任：①本乡镇、街道辖区内设立的村民委员会、居民委员会、企业事业单位的人民调解委员会主任；②本乡镇、街道的司法助理员；③在本乡镇、街道辖区内居住的懂法律、有专长、热心人民调解工作的社会志愿人员。乡镇、街道人民调解委员会主要调解村、居调委会调解不了的疑难、复杂民间纠纷，以及涉及两个以上村、居（社区）调委会的民间纠纷等，制止群众性械斗和群体性上访，防止矛盾纠纷激化，维护社会稳定。

4. 企业事业单位调解委员会

在企业事业单位之中，人民调解委员会的设置没有统一的形式，其设置的原则和精神参照前两种形式，这种人民调解委员会可以简称为单位调解委员会。自 2000 年以来，在司法部的组织领导下，设在乡镇、街道一级的人民调解委员会开始普遍建立。企事业单位人民调解组织在保障企业改革的进行、维护职工的合法权益、化解职工在生产生活中的各种矛盾纠纷、解决企业与周边地区群众之间的矛盾纠纷中发挥着重要作用。企业的人民调解委员会一般隶属企业党组织或工会，有条件的还可以设置调解办公室或负责调解工作的专职人员。[2]

---

〔1〕《人民调解法》第 34 条。

〔2〕 立法过程中，关于企业内部是否需要设立人民调解委员会，部门之间博弈比较突出。工会代表认为，无须在企业内部设立人民调解组织，理由是企业不应承担过多社会功能，而解决企业内部纠纷可以工会为主。司法行政部门和立法机构的意见却是，近年来工会在处理劳动争议及企业内部民事纠纷中的作用十分有限，因内部治理和纠纷解决机制缺失导致的问题和后果日益显现，而企业内的人民调解组织不仅可随时化解各种民事纠纷，而且有可能通过动员和吸收各类成员参与，助成企业凝聚力和企业文化，发挥纠纷预防、人文关怀、道德教育和心理疏导功能，探索企业治理的有效机制。最后，博弈后的结果是折中处理，即"企业事业单位根据需要设立人民调解委员会"。相关争论参见王胜明、郝赤勇主编：《中华人民共和国人民调解法释义》，法律出版社 2010 年版，第 32~33 页；范愉：《〈中华人民共和国人民调解法〉评析》，载《法学家》2011 年第 2 期。

5. 其他形式的调解委员会

在社会实际生活中，还有其他形式的调解委员会，主要是区域性人民调解委员会与行业性人民调解委员会，比如，房管、妇联、公安、工商等部门和基层居民组织结合，成立的专项纠纷调解委员会；专门调解跨地区、跨单位、跨行业民间纠纷的联合调解组织；并根据市场经济发展的需要，在集贸市场、经济开发区、流动人口聚居地、国家重点工程工地、乡镇企业、三资企业等处建立的人民调解组织，等等。〔1〕目前，已建立的区域性调解组织形式主要有行政接边地区、厂衔接边地区建立的联合人民调解委员会，集贸市场、经济开发区、商品集散地、工程工地、流动人口聚居区人民调解委员会等。行业性人民调解委员会指行业、社团组织建立的人民调解委员会，如房地产纠纷人民调解委员会、消费者协会人民调解委员会等。

（二）调解人员的概况

人民调解员包括专职和兼职两部分，人民调解委员会委员和其他人民调解员统称为人民调解员。对于人民调解工作，人民调解员的队伍建设意义重大，必须准确把握，既要建成一支能妥当处理民间纠纷的队伍，又不能忽略运动化推进所可能出现的症结，影响人民调解工作日后的健康发展。〔2〕这就要求对人民调解员准入条件建立切合实际的门槛，同时要为维护健康发展的人民调解制度提供必要的经济支持和其他支持。

1. 调解人员的数量

由于人民调解员更多的是一种兼职工作，因此其统计数量未必能够说明人民调解制度实际发展。尽管如此，队伍的规模仍然能够

---

〔1〕 参见李冰：《在改革开放中发展完善的中国人民调解制度》，载《当代司法》1999 年第 4 期。

〔2〕 我国人民调解制度从繁荣走向式微的历程提醒我们，人民调解制度的健康发展必须在具体的制度设置上下功夫，不能出现影响日后发展的问题，比如违反其他法律（如劳动法）的情况，比如越权调解的情况等。中国一些制度较为脆弱，这就要求制度的设置者要清醒把握制度符合社会需求的本质和界限，不能过分扩张，当然也不能无所作为。否则，一旦出现制度设置导致的弊端，我国由上而下推动的制度设计就有可能出现衰落。

反映出人民调解的实际发展境遇，尤其是放在一段时间内来看，人民调解员的数量变化仍然能够反映出国家及社会对人民调解这一工作机制的认可程度（如表 2-1）。

表 2-1　1981—2014 年中国人民调解员数量

年份（年）	数量（人）
1981	4 767 700
1982	5 339 498
1983	5 557 721
1984	4 576 335
1985	4 738 738
1986	6 087 349
1987	6 205 813
1988	6 370 396
1989	5 937 110
1990	6 256 191
1991	9 914 135
1992	10 179 201
1993	9 766 519
1994	9 997 616
1995	10 258 684
1996	10 354 000
1997	10 273 940
1998	9 175 000
1999	8 803 000
2000	8 445 000
2001	7 793 000
2002	7 161 600

续表

年份（年）	数量（人）
2003	6 692 000
2004	5 144 200
2005	5 096 472
2006	4 981 902
2007	4 868 738
2008	4 792 920
2009	4 938 868
2010	4 669 000
2011	4 335 500
2012	4 281 400
2013	4 229 061
2014	3 940 659

为了更为直观地反映问题，我们将人民调解员的数量制作成图 2-1。

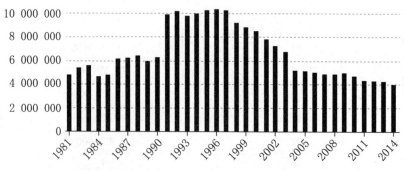

图 2-1 1981—2014 年中国人民调解员数量变化图

从表 2-1 和图 2-1 中反映的信息来看，中国人民调解员的数量变化大体上可以划分为四个阶段：第一个阶段是 1981—1990 年间，人民调解员的数量有一定变化，但是变化幅度不大，基本维持在 450

万～640 万之间；第二个阶段是 1991—1997 年间，人民调解员的数量增加，而且变化幅度小，非常稳定，维持在 1000 万水平左右；第三个阶段发生在 1998—2004 年间，特点是人民调解员的数量持续下降，而且下降趋势显著，大致从 1998 年 900 万的水平下降到了 2004年 500 万的水平，下降的幅度达到 44.4%；第四个阶段是 2005—2014 年间，变化幅度不大，保持在 400 万～500 万之间。2009 年全国有调解人员 494 万，比去年增加约 15 万人，自 2002 年人民调解改革以来首次实现正增长。[1]2010—2014 年间人民调解员的数量变化总体较为平稳，有小幅度的下降。

2. 准入资质

《人民调解法》对人民调解员的准入资质没有统一进行刚性规定，这符合人民调解的特性。虽然人民调解需要具备一定的素质和能力，但区域差异、行业差异、经济文化发展差异等都要求对人民调解员的资质不应该采取一刀切的做法。当然，没有刚性要求，并不意味着没有要求。人民调解工作是一项对自觉性要求很高的工作，其功能在于调解民间纠纷，维护社会和谐，因此，人民调解员必须具备一定的条件，根据《人民调解法》的规定以及《中央政法委、最高人民法院、司法部等关于加强人民调解员队伍建设的意见》的内容，这些调解主要包括：

（1）公道正派。这一条件指向的是道德品质方面。本质上，人民调解员只是一名中间人，主持纠纷的解决。这一点虽然由于人民调解近年来触角不断延伸而有所突破，但立基于基层社区的人民调解仍将继续维持人民调解的主体地位，这就决定了专业化、法律化即便是当前人民调解的发展样态，但却不能，也不应构成人民调解的主流。公道正派，联系群众才应该是人民调解员的基本素质，这一点在立法时得到了认可。同时，人民调解工作是一项群众性很强的工作，作为一名调解员必须热爱群众，了解群众，关心群众，倾

---

〔1〕　基本采用《中国法律发展年度报告》的体例和分段，参见周琰撰写的《中国法律发展年度报告 2011》之"人民调解部分"，未刊稿。

听群众意见，并注意同群众打成一片。只有这样，才能得到群众的拥护和支持，及时掌握纠纷信息，查清事实，把调解工作做好。这就要求人民调解员一定要公道正派，妥当解决群众的纠纷，只有这样，人民调解工作才能够扎根到社会基层去。

（2）热心人民调解工作。人民调解工作不收费，没有经济利益可图，同时人民调解处理的纠纷又极其烦琐、事情小，数量多，又容易出现反复。这就使人民调解工作显得艰苦、繁重，不仅无名无利，有时还有一定的风险，这就要求人民调解员必须树立全心全意为人民服务的思想，发扬无私奉献的精神，爱岗敬业，对调解工作具有坚定的事业心和高度的责任感。虽然司法行政机关和地方政府有给予人民调解必要财政支持的义务，但对于人民调解员而言，这种支持是一种"误工"补贴，而不是薪酬。[1]这就决定了人民调解员的敬业需要以人民调解员的热爱为基本着力点，同时，地方司法行政机关和地方财政要采取办案津贴等方式来保障人民调解工作的持续动力。[2]

（3）具有一定的文化水平、政策水平和法律知识。知识与权力在现实生活中往往实现着互构。要成功调解一起纠纷，人民调解员具备一般群众所并不知道的知识，并巧妙地运用调解的技巧实现知识向权力的转换，使当事人对调解的最终解决方案认同具有重要意义。因此，人民调解员要有一定的文化水平，并对政策和法律有所认识。人民调解的工作特征决定了人民调解员的学历层次不是，也不应该是其根本优势。对于基层纠纷的解决而言，调解方式的最大优势在于调解人的权威，群众的认可程度以及调解的技巧。尽管近

---

〔1〕 这一点是至关重要的——误工补贴。理解这一点的重要性在于人民调解工作以疏导、说服方式为主，最好选择那些在地方社区有威望的年长者，或是有正当收入来源的地方精英来担任，城市社区中尤其需要注意避免出现调解员年轻化、专业化的倾向。实际上，专业化的年轻人民调解员的设置不仅违背了人民调解的工作的特性，而且也违背《人民调解法》第16条的规定。本课题组的调研过程中就发现实践中出现很多类似的情形，这可能会为人民调解的正常发展埋下不健康的伏笔。

〔2〕 本课题组在河南各地市进行调研时也看到，地方财政和地方司法行政机关为了鼓励人民调解员的工作，同时会给予每件案件20~50元不等的案件补贴。这种做法有利有弊，有利的地方就是维护了人民调解员的身份认同和岗位认同，不利的地方就在于在极不发达地区，可能会出现骗取案件补贴的现象。

年来人民调解员出现了法律化的倾向，但一刀切地规定人民调解的教育层次则是不恰当的。司法行政机关和审判机关可以通过各种方式增强人民调解员的政策水平和法律水平，不必在准入时严格限定如大专、本科之类的条件。

3. 人民调解员的行为规范[1]

人民调解员由群众推选出来，居间解决当事人的权利义务纷争。因此，人民调解员的行为要对选择他们的基层群众负责，因此，《人民调解法》对人民调解员的行为规范也就设置了一些禁止性规范。主要包括以下方面：

（1）不得偏袒任何一方。本条行为规范是平等原则的具体表现。人民调解员要平等对待双方当事人，如果人民调解员因为与当事人的远近亲疏而偏袒一方当事人，那就违背了人民调解的基本原则，另一方当事人就会因此对人民调解失去信任。偏袒任何一方当事人都会导致结果的不公正，损害另外一方当事人的合理利益。

（2）不得侮辱当事人。人民调解具有很强的主体性价值，当事人的尊严和自主权利在这样的纠纷解决制度中应得到充分展现，正因如此，人民调解才能够顺利发展起来。人民调解员在具体调解纠纷时，要恰当运用修辞，文明调解语言，不得侮辱当事人。尽管人民调解面对的多是因为家长里短而情绪化严重的当事人，但无论纠纷当事人情绪和态度如何，人民调解员都应该保持理性，耐心疏导，不说讽刺挖苦当事人的话，为当事人作出表率。

（3）不得索取、收受财物或谋取不正当利益。这是人民调解公正性的重要保障。由于新的调解法赋予了人民调解协议以法律上的约束力，经过司法确认即具有强制力，因此，人民调解员公正调解的任务就更显突出。作为一种利益的重新分配者，人民调解员在解

---

[1] 一些关于人民调解的研究中，将人民调解员的行为规范命名为职责，本课题组认为，这样的称呼有所不妥。人民调解员是由基层群众推选出来的自我管理的人员。严格而言，这种身份不是国家法律层面上的职位，因此不应该使用"职责指称"。关于包括我国人民调解员行为规范以及各国调解人行为规范的一般介绍，可参见范愉、史长青、邱星美：《调解制度与调解人行为规范——比较与借鉴》，清华大学出版 2010 年版，第 79~95 页。

决当事人纠纷过程中，不得索取，也不得收受当事人的财物。此外，人民调解员也不得利用调解过程中掌握的信息为自己谋取利益。不得谋取不正当利益的成立不以"公平"为除外条件，一旦人民调解员出现收取、收受或谋取不正当利益的情形，就应由人民调解委员会给予相应处罚。

（4）不得泄露当事人的个人隐私。保密原则虽然没有在《人民调解法》中明确规定，但关于人民调解员的行为规范以及当事人权利的规定还是以一种折中的方式维护了这一原则。在调解纠纷过程中，人民调解员不得因为了解掌握当事人有关情况而泄露当事人不愿告知他人或不愿公开的事情，防止违法乱纪的现象发生。人民调解员所解决的纠纷很多是私人性很强的面子纷争，有一个中间人去说几句公平话，让当事人把气消了，纠纷也实现了大事化小，小事化了。如果将某些纠纷置于大庭广众之下，可能会让当事人感到面子上过不去，从而让原本能够很好解决的纠纷变得复杂起来。[1]

人民调解员履行职务，应当坚持原则，爱岗敬业，热情服务，诚实信用，举止文明，廉洁自律，注重学习，不断提高自身法律道德素养和调解技能。人民调解员应该以公民道德准则严格要求自己，做公民道德建设的表率，坚持公平、公正，不徇私情。这样才能服务于民，取信于民，发挥人民调解工作在社会主义精神文明建设中的作用。人民调解员依法履行职务，受到非法干涉、打击报复的，可以请求司法行政机关和有关部门依法予以保护。

（三）调解民间纠纷的概况

人民调解制度对于民间纠纷的作用可以通过若干指标反映出来，根据《中国法律年鉴》《中国司法行政年鉴》等政府出版资料的相关数据，我们可以从调解民间纠纷的数量、调解民间纠纷数量与民事诉讼收案数量的比例和调解民间纠纷的效果来考察人民调解的制度现状。这些数据情况如表2-2所示：

---

［1］ 平顶山卫东区基层股许延举指出，纠纷过程中的当事人很多非常忌讳公开，因此调解员应当在可能的情况下维护当事人的隐私权利，尽量限制纠纷传播的广度。

表2-2 人民调解纠纷解决基本状况〔1〕

年份（年）	调解民间纠纷（件）	民事诉讼收案（件）	纠纷总数（件）	调解成功率（%）
1981	7 805 400	673 926	8 479 326	
1982	8 165 762	778 941	8 944 703	
1983	6 477 494	799 989	7 277 483	
1984	6 748 583	923 120	7 671 703	
1985	6 332 912	1 072 170	7 405 082	
1986	7 307 049	1 310 930	8 617 979	
1987	6 966 053	1 579 675	8 545 728	
1988	7 255 199	1 968 745	9 223 944	
1989	7 341 030	2 511 017	9 852 047	
1990	7 409 220	2 444 112	9 853 334	
1991	7 125 524	2 448 178	9 573 702	
1992	6 173 209	2 601 041	8 774 250	
1993	6 222 958	2 983 667	9 206 625	
1994	6 123 729	3 437 465	9 561 194	94.5
1995	6 028 481	3 997 339	10 025 820	95.4
1996	5 802 230	4 613 788	10 416 018	95.5

---

〔1〕 数据来源：①《当代中国》丛书编辑部编辑：《当代中国的司法行政工作》，当代中国出版社1995年版，第455~456页；②中华人民共和国国家统计局编：《中国统计年鉴》历年的版本，中国统计出版社；③中国法学会主管主办，中国法律年鉴编辑部编辑：《中国法律年鉴》1987—2010年历年的版本，中国法律年鉴社；④《中国司法行政年鉴》编辑委员会编：《中国司法行政年鉴1995》，法律出版社1996年版。本表的数据以《中国法律年鉴》为主。1990年、2002年的调解纠纷数《中国统计年鉴》与《中国法律年鉴》的说法不一，前者分别是7 409 222、4 636 157，后者分别是7 409 220、4 636 139，此处采用《中国法律年鉴》的数据。关于调解成功率数据来源：①1994年调解成功率数据来源于《新中国司法行政大典》（第2卷），第1784页；②1995年、1996年、1999年调解成功率数据来源于《中国司法行政年鉴》1996年、1997年、2000年各年的版本；③1998年调解成功率数据《中国法律年鉴1999》与《中国司法行政年鉴2000》不一致，此处以后者为准；④1997年、2000—2004年调解成功率数据来源于《中国法律年鉴》1998年、2001—2005年各年的版本。⑤2005—2009年调解成功率数据来源于各年《司法部基层工作指导司关于印发全国司法行政基层工作统计分析和统计资料的通知》。

续表

年份（年）	调解民间纠纷（件）	民事诉讼收案（件）	纠纷总数（件）	调解成功率（%）
1997	5 543 166	4 760 928	10 304 094	95.5
1998	5 267 194	4 830 284	10 097 478	95.9
1999	5 188 646	5 054 857	10 243 503	98.3
2000	5 030 619	4 710 102	9 740 721	95.0
2001	4 861 695	4 615 017	9 476 712	95.6
2002	4 636 139	4 420 123	9 056 262	96.2
2003	4 492 157	4 410 236	8 902 393	95.0
2004	4 414 233	4 332 727	8 746 960	95.6
2005	4 486 825	4 380 095	8 866 920	96.0
2006	4 628 018	4 385 732	9 013 750	92.1
2007	4 800 238	4 724 440	9 524 678	96.9
2008	4 981 370	5 412 591	10 393 961	96.9
2009	7 676 064	5 800 144	13 476 208	97.2

1. 调解民间纠纷的数量

在《中国法律年鉴》等政府出版物中公布的"调解民间纠纷"数量，不是指调解成功的民间纠纷数量，而是指当事人提请调解的纠纷数量，类似于民事诉讼中收案数量。在表 2-2 中，收集了历年调解民间纠纷的数据，根据这些数据，绘出图 2-2。考察表 2-2 和图 2-2，我们可以看到比较明确的三段时期：第一个阶段在 1981—1990 年间，调解民间纠纷数量存在一定起伏，但是没有集中的变化趋势；第二个阶段是 1991—2004 年间，调解民间纠纷数量整体呈下降的趋势，平均每年递减 3.6%。如果考虑到我国自改革开放以来，人口增长了 30%，[1]经济总体规模（GDP）按可比价格计算增长了

---

[1] 根据《中国统计年鉴2005》公布的数据，1981 年我国人口数为 100 072 万人，2004 年增长为 129 988 万人，增长了 29.9%。

746%，[1]社会利益更加多元化，人口流动加剧，这些因素表明，纠纷有多发的社会条件，纠纷形势总体上更加严峻，而调解的收案却不升反降，这从另一个角度说明，人民调解作用下降的程度比案件受理量下降的程度还要大。第三个阶段是 2005—2009 年间，调解民间纠纷数量实现了稳步提高，2009 年列入统计项目并达成书面调解协议的纠纷数为 5 797 300 件，比 2008 年同期增加 81.6 万件，增幅达 16.4%。

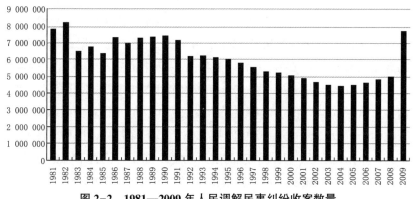

图 2-2　1981—2009 年人民调解民事纠纷收案数量

应该说，第二阶段和第三阶段的下降和上升都和我国的司法政策变化密切相关，关于这段历史，我们第一章进行了概括，这里不再多说，但毫无疑问，从有据可查的 2009 年来说，人民调解的数量产生了近乎质的发展，这种变化不仅值得我们欣喜，也应该引起我们的警惕，以促进这一制度良性发展，发挥制度的良性功能。

2. 调解民间纠纷的比例

如果说收案数量反映人民调解的功能效度不高，那么，我们可以用调解收案在社会纠纷总量中所占的比例对人民调解的作用变化进行更精确的考察。虽然社会纠纷总量的精确统计几乎是不可能的。但是，我们所关注的只是发展趋势，细微的数据差别并不足以影响

---

〔1〕　根据《中国统计年鉴 2005》公布的数据，以 1978 年为 100，按照可比价格计算，1981 年我国的 GDP 为 122.0，2004 年为 1032.2，增长了 746.1%。

我们对宏观趋势的判断，毕竟在统计数量上，各种单纯的偶然性可以相互抵消，登记在案的纠纷（案件）和社会纠纷总量之间的比例应该是大致稳定的。于是，可以用前者代替后者进行考察。各种登记的案件，有诉讼和非诉讼两种，而在非诉讼方式中，无论从数量上说，还是从机构设置普及程度上说，人民调解都是主要的非诉讼解纷方式。因此，在大致精确的水平上，我们可以将人民调解作为非诉讼方式的代表，以人民调解收案和民事诉讼一审收案之和，作为社会上求助于第三人的纠纷总量。有了这个纠纷总量，就可以计算出人民调解收案在纠纷解决中所占的比例。按照这样的思路，我对有关统计数据进行收集整理，得出了表2-2中的数据，根据其中的数据又绘出了图2-2。表2-2和图2-2中的数据及其变化表明，人民调解收案所占比例，在1981—1999年间整体呈逐年下降的趋势，而在2000—2004年间，维持在一个大致稳定、但是比较低的水平。综合这两个阶段来看，这一历史时期总体上呈下降趋势。这种下降趋势从另一个角度表明，人民调解的解纷功能下降了，而且下降的幅度十分显著。2005—2008年间，调解纠纷数与法院一审结案数之比也稳定维持在1∶1的水平，2009年略有提升，达到1.32∶1（如图2-3）。

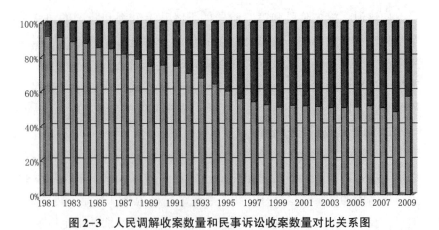

图2-3　人民调解收案数量和民事诉讼收案数量对比关系图

3. 调解民间纠纷的效果

在司法行政部门的历年工作总结中，提到一个指标，就是调解成功率，即在当事人提请调解的民间纠纷中，通过调解员的调解努力，成功地说服当事人达成和解协议的比例。从图 2-4 来看，可以得出两点结论：一是调解成功率一直很高，最低的年份也有 92.1%，最高的年份则高达 98.3%；二是调解成功率的变化幅度很小，除了1999 年偏高、2006 年偏低外，其余年份调解成功率的波动幅度都非常小。

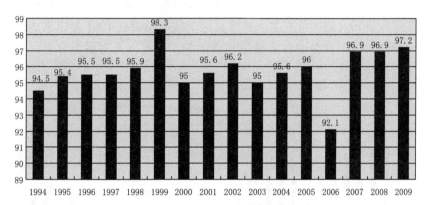

图 2-4　1994—2009 年调解成功率变化

但是，这个数据是司法部公布的，似乎很难说明问题，因为司法部的数据来源于基层司法部门的逐级上报，而"调解成功率"具有明确的规范含义，尤其是在当前广泛实行"治安承包"政策模式的社会环境中，基层具有夸大数据的强烈动机。此外，还存在两个相反的事例，说明人民调解的效果并不理想。一个事例是 1990 年以来，人民调解委员会调解民间纠纷数总体下降；如图 2-3 所示，在民间纠纷总数中，1981 年以来，人民调解所占比例也整体呈下降趋势，这两个趋势结合起来，人民调解在当事人的选择项目中越来越不受欢迎。这种不受欢迎表明，人民调解的效果也应该是逐年下降的。

调解的成功率还必须与调解员的人均工作量结合起来看待，如果纠纷数量少，则调解成功率并不太具有说服力；反之，如果案件量很大，则调解率和调解规模都能够说明问题。按照这个思路，我们可以通过平均每个调解员调解的案件数量进一步衡量调解员队伍规模大小。如图 2-5 所示，在 1981—1997 年间，平均每个调解员调解的纠纷数量总体上呈现下降趋势。具体地说，在 1981 年时，平均每个调解员每年调解 1.64 件纠纷；到了 1997 年时，平均每个调解员每年只调解 0.54 件纠纷。这就是说，假定案件都由一个调解员单独进行调解的话，那么在 1997 年，有近一半的调解员无案可办。1998 年后，这个数据略有回升，尤其是 2004—2009 年期间人均调解案件数量回升到 1 件左右。显然，这个数据说明自 1981 年以来的任何时候，都不存在调解人员不足的问题；相反，人力资源有着越来越充裕的趋势。

单位：件/人

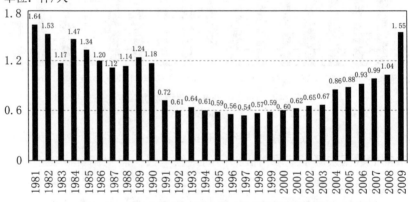

图 2-5　1981—2009 年平均每个调解员调解纠纷数

（四）调解经费的概况

人民调解实行不收费原则，历来如此。这一原则最早明文规定于 1989 年的《人民调解委员会组织条例》，2002 年颁布的《人民调解工作若干规定》与 2010 年通过的《人民调解法》也都重申了这一规定。调解委员会的工作经费和调解委员的补贴经费由村民委员会或者居民委员会、企业事业单位解决。司法行政机关通过争取同级人民政府的支持，解决人民调解的指导和表彰经费；通过协调和督促村民委员会、居民委员会和企业事业单位，落实人民调解委员会的工作经费和人民调解员的补贴经费。

但是，上述规定很难落到实处[1]：大部分农村经济发展比较落后，不少乡镇财政困难，没有多余资金支持人民调解。因此，不收费原则在方便当事人、降低纠纷解决成本的同时，也导致调解工作资金缺乏，缺乏经费保障。据相关研究者对厦门所做的调查，在目前厦门市 448 个村（居）民委员会中，相对拥有工作经费的人民调解委员会不到 5%。[2] 在实践中，经费问题已经严重地影响到了人民调解组织正常工作的开展，在一些经济、文化较不发达地区，这一矛盾尤为突出。调解组织的工作经费和奖励经费无法落实，必将挫伤广大调解工作者的积极性，影响人民调解队伍的稳定和人民调解员素质的提高。

长期以来，国家财政对人民调解工作没有专门的投入，实践中主要靠基层组织的自有经费解决。2007 年 7 月财政部与司法部联合下发《财政部、司法部关于进一步加强人民调解工作经费保障的意见》，规定人民调解工作经费包括司法行政机关指导人民调解工作的经费、人民调解委员会的补助经费、人民调解员的补贴经费。各地落实情况不一致，条件好的地方落实比较好，有些地方比较困难。2010 年通过的《人民调解法》专门作出规定：国家鼓励和支持人民调解工作，县级以上地方人民政府对人民调解工作所需经费，应当给予必要的支持和保障，对有突出贡献的人民调解委员会和人民调解员，按照国家有关规定给予表彰奖励。同时规定，村（居）民委员会和企（事）业单位应当为人民调解委员会开展工作提供办公条件和必要的工作经费。同时还规定了对人民调解员的优待抚恤：人民调解员从事调解工作，应当给予适当的误工补贴；因从事调解工

---

[1]　这一点从司法行政机关对人民调解工作的调研报告以及学界对人民调解面临的问题的研究中可以看出来，几乎所有指出人民调解工作开展问题的文章和调研报告都清一色指向了经费问题。本课题组也在实际调研中印证了人民调解工作经费落实难的问题。关于司法行政机关调研涉及经费者，参见汪奇志：《人民调解实践与现状思考——关于河南省人民调解工作的调研报告》，载《中国司法》2009 年第 10 期。

[2]　林险峰、李明哲：《当前人民调解工作的困境与出路》，载《中国司法》2004 年第 11 期。

作致伤致残，生活发生困难的，当地政府应当提供必要的医疗、生活救助；在人民调解工作岗位上牺牲的人民调解员，其配偶、子女按照国家规定享受抚恤和优待。人民调解法关于财政支持和保障以及优待抚恤方面的规定，是对广大人民调解员的关心和厚爱，是对人民调解工作的有力支持和保障，对更好地开展人民调解工作是一个巨大的推动。

为解决经费问题，司法行政机关做出了各种努力和尝试，虽然投入人民调解建设经费并不多，但所产生的效益是非常可观的。但人民调解工作因为在相当大程度上以防为主，因此，进入决策层的统计数量往往说服力不够。同时，各地区由于经济、文化发展差别较大，因此出台统一的补贴标准仍然很有难度。

第 3 章

行政后撤与调解前伸

为什么人民调解会复兴？

对这一问题，我们当然可以从人民调解制度的历史渊源处考量，可以从人民调解的文化属性[1]和功能属性[2]方面寻找答案。但是，复兴之后的人民调解如何直面当前仍不那么景气的解纷局面？[3]这一制度的当代价值如果仅仅是顺应了全球调解的发展趋势，那么，它的独特性又如何能够持续？[4]运动式演进的道路上，制度又如何克服自上而下的政府推动而造成的制度变形？[5]

这些问题都是我们需要回答的问题，概括为一句话，人民调解制度复兴的现实合理性究竟可以在实践中的哪些表征上找到支撑。

---

〔1〕 具有代表性的研究如柯恩：《现代化前夕的中国调解》，载强世功编：《调解、法制与现代性：中国调解制度研究》，中国法制出版社 2001 年版，第 95 页；梁治平：《清代习惯法：社会与国家》，中国政法大学出版社 1996 年版，第 141~166 页。

〔2〕 陆思礼：《邓小平之后的中国纠纷解决：再谈"毛泽东和调解"》；傅华伶：《后毛泽东时代中国的人民调解制度》；郭丹青：《中国的纠纷解决》，均收入强世功编：《调解、法制与现代性：中国调解制度研究》，中国法制出版社 2001 年版。

〔3〕 根据统计，每个人民调解员每年解决纠纷的数量最高年份也只有 1.64 件。参见《中国法律发展报告·纠纷解决篇》，未出版。

〔4〕 王福华：《译者序：调解发展的国际潮流与中国机遇》，载［澳］娜嘉·亚历山大主编：《全球调解趋势》（第 2 版），王福华等译，中国法制出版社 2011 年版；范愉：《非诉讼纠纷解决机制研究》，中国人民大学出版社 2000 年版，第 1~10 页。

〔5〕 主要是指司法化和行政化的表征。司法化和行政化不仅在学界有表征，在实践中也大量出现。学术研究中，司法化倾向曾是《民事诉讼法》制定时期法学界的主流观点。如熊先觉先生提出，人民调解除民间性或群众性之外还具有司法性，或称"司法辅助性""群众司法性"，认为"人民调解"是一种司法辅助制度，属于国家司法制度体系的范畴，是一种具有中国特色的司法制度。相关介绍参见范愉：《〈中华人民共和国人民调解法〉评析》，载《法学家》2011 年第 2 期。

本章所要回答的正是这一问题，为此，本章将以整个中国社会转型，尤其是农村转型为大背景，以中国人民调解解决纠纷的类型为基本分析依据，以河南省 2010 年度优秀调解案例为案例分析材料展开对人民调解制度的意义追究。

一、民间纠纷类型的宏观描述

根据前文关于人民调解历史的梳理，以及对当前人民调解制度复兴的理念、价值以及基本制度的白描，我们能够明确的是，人民调解制度所针对的"民间纠纷"，即平等主体之间发生的能够自己处理的纠纷类型，包括但并不局限于民事纠纷。正是因为这个"民间纠纷"的内涵，并没有被明确地界定，这就使得我们对其进行研究显得有价值。事实上，对案件类型进行研究在民事诉讼法研究领域中偶有所见，[1]但在作为非诉讼制度的人民调解制度研究中却几近于无，其中一方面的原因就在于中国人民调解制度的研究几乎少有例外地被纳入到 ADR 研究的宏大背景之中，这就使得关于人民调解这一纠纷解决制度存在本身的特殊性大打折扣，而一旦这种特殊性没有成功建立起来，作为与之相对应的知识体系也就无从建构起自己的权力体系。[2]

没有从诉讼的对立中摆脱出来的人民调解制度注定是没有被充分认知的，也就是说，人民调解制度虽然在知识界中总是被强调与行政调解、诉讼调解的差异，但更大的现实却是，人民调解制度更多地说和行政调解、诉讼调解甚至仲裁捆绑在一起，形成与诉讼相对立的纠纷解决制度，其制度意义和制度价值也从这种对立中获得生命力。这种捆绑也常常因为司法理念的变迁导致人民调解制度和

---

〔1〕 彭小龙、范愉：《非职业法官研究：理念、制度与实践》，载《法学家》2009 年第 4 期。关于案件类型与社会因素的一般研究如［美］唐·布莱克：《社会学视野中的司法》，郭星华等译，法律出版社 2002 年版。

〔2〕 关于知识权力关系的论述，可参见［法］米歇尔·福柯：《权力的眼睛——福柯访谈录》，严锋译，上海人民出版社 1997 年版；［法］米歇尔·福柯：《规训与惩罚：监狱的诞生》，刘北成、杨远婴译，生活·读书·新知三联书店 2007 年版。

其他一些专业或非专业的非诉讼纠纷解决制度一起起伏不定，所谓的"东方一枝花"在新中国司法现代化的进程中很难说摆正了[1]，或曾经摆正过自己的位置，它也由此一直游离于或偏离了人民调解制度设计的初衷，应对社会转型能力也因此没有被执行者充分看到，或充分推进出来。

那么，人民调解制度究竟应该发挥什么样的作用呢？本课题组以为，人民调解制度从来就不是和诉讼对立的纠纷解决制度设计，更不能轻易地和行政调解、诉讼调解捆绑。这一点，本课题组在梳理其历史时曾指出的多元属性中已经点出，虽然的确都是非诉讼制度，但人民调解显然和其他的诉讼外纠纷解决制度不同，这种不同主要体现在内生性秩序与外生性秩序构建的本质差异。[2]这种秩序基点的不同，让我们有必要关注人民调解制度针对的纠纷类型，究竟是什么样的纠纷可以进入、应该进入人民调解制度的适用范围？这些纠纷在属性上，也就是说从纠纷的类型学上来看，有什么样的规范性特征？如果规范性特征难以找到，那么有何种社会学特征？这些社会学特征又如何界定人民调解的外延？

（一）宏观的案件类型

对人民调解制度进行类型学分析本身是非常困难的事情，这种困难既在于从未有研究者进行过这样的意义分析，又在于人民调解内生性秩序构建工具本身的特性所决定。人民调解制度的预防意义可能远大于其解纷功能，因此，做一个信度和效度比较高的社会学分析就显得不那么可能。同时，可以得到的资料统计口径亦如前章所述，并非实际解决纠纷的数量，而是收案数量，尽管各地的纠纷

---

〔1〕 该判断适用范围严格限定时间期限为"新中国司法现代化过程中"。人民调解制度诞生之初和第一次高峰期间，司法的现代化观念并没有形成，因此，那个时候的人民调解制度并未和诉讼救济对立起来。

〔2〕 虽然都是由第三人参与解决，但是，人民调解的第三人基础在于"社区"，也就是所谓的"熟人社会"，所要建构起的秩序对象也是"社区秩序"或熟人社会的秩序，因此，它与其他形式的纠纷解决方式在这一点上存在着"质的差异"。

满意度大致都在90%[1]以上，由此我们似乎能够推断出人民调解各个案件类型的实际数量，但由于基层部门浮夸的强烈动机，这一数据的说服力也要大打折扣。

尽管如此，宏观描述人民调解纠纷的类型仍然是必要的，它不仅能够让我们直观看到人民调解制度的价值所在，更重要的是，哪怕说服力有限，它仍然会给人民调解的对象类型提供一个基本轮廓，这个基本轮廓的变化可以和社会情境各个因素的变化结合起来分析，由此可以为人民调解制度未来的秩序建构力的伸展提出一定的预测。实际上，这种变化尽管没有被白描地统计，立法机关在制定《人民调解法》时却已经用到了这一论据，即人民调解解决的纠纷"从传统的婚姻家庭、邻里关系、小额债务、轻微侵权等常见、多发的矛盾纠纷领域，向土地承包、拆迁安置、环境保护、医患纠纷等社会热点、难点矛盾纠纷领域扩展"。[2]这就说明，实证化的案件分析类型是有意义的，它对于人民调解制度的良性发展，甚至说良性扩展[3]都有着说明其合法性的功能。

正是基于这一重要理由，我们首先从全国层面来对人民调解的解纷类型进行统计。鉴于和前文分析基数的一致性以及数据的可得性，我们从1989年开始进行统计，经过整理，我们得出表3-1。同时，由于2003年之后的统计数据标准发生了变化，婚姻家庭类成为一大整体，房屋、宅基地、债务、生产经营类也没有细致数据，只有百分比，因此，我们将能够有数据的尽量以表格形式表现，而不能以数据表现的以比例表现。鉴于我们的主要任务在于描述各类纠

---

〔1〕 参见前章关于人民调解满意度的分析部分。

〔2〕 参见《我国将立法完善人民调解制度构筑维稳"第一道防线"》，载中国法院网，https://www.chinacourt.org/article/detail/2010/06/id/414838.shtml，最后访问日期：2024年4月13日。

〔3〕 人民调解解纷功能的扩展已是不争之实，但当前，这种扩张带有过重的政府推动色彩，边界也很难划定，因此，其合理性常常需要和具体的政策联系在一起。政策的变化决定着人民调解解纷范围的变化，因此，有扩展就随时有可能出现因不健康扩张而引起的萎缩。而人民调解的类型学分析则很有可能为这种扩张提出制度本身的依据，为制度的健康发展提供合理性依据。

纷的发展趋势，这种统计标准的变化对于我们的分析也基本够用（如表 3-2、表 3-3）。

表 3-1　1989—2003 年我国人民调解解纷类型

年份（年）	婚姻家庭				房屋、宅基地	债务	生产经营	邻里	赔偿	其他
	婚姻	继承	赡扶抚养	其他						
1989	1 238 819	270 654	409 235	1 146 960	947 975	418 684	736 105	956 102	526 141	690 355
1990	1 222 214	284 979	445 963	1 167 792	894 349	498 564	751 651	989 827	528 148	625 735
1991	1 333 026	295 794	472 188	723 154	859 857	435 016	744 818	1 074 351	531 927	599 110
1992	1 183 317	280 448	413 476	602 351	721 004	415 558	623 492	946 080	464 736	522 747
1993	1 187 687	295 766	434 085	587 173	687 822	463 727	626 722	947 589	442 967	549 420
1994	1 191 925	296 227	440 621	570 404	659 980	462 539	611 555	899 226	492 325	498 927
1995	1 146 769	311 159	451 490	544 425	641 074	477 318	636 018	883 281	415 886	509 563
1996	1 091 703	305 336	432 931	534 102	591 567	480 662	602 932	838 157	414 518	510 322
1997	1 031 489	308 321	416 127	522 131	556 670	465 281	570 754	800 775	394 960	476 650
1998[1]	952 317	274 689	388 352	444 176	544 742	453 866	539 614	794 588	386 595	488 255
1999	868 585	270 751	372 193	411 646	538 843	480 341	529 318	764 541	387 208	565 220
2000	871 710	276 601	390 002	412 801	532 656	451 049	495 783	740 161	364 585	495 271
2001	851 919	263 664	349 474	396 352	522 359	440 451	479 220	729 237	353 218	474 801
2002	796 279	258 058	347 491	351 181	482 739	424 325	447 529	694 451	353 371	480 715
2003	752 010	248 858	326 451	329 711	454 171	423 661	426 279	690 547	335 132	505 337

表 3-2　2004—2012 年我国人民调解解纷类型

年份（年）	婚姻家庭	房屋、宅基地、债务、生产经营	邻里	损害赔偿	其他
2004	1 140 130	398 759	793 917	340 021	478 318
2005	1 049 969	388 032	836 919	332 514	525 756
2006[2]	1 015 616	386 350	929 423	346 018	509 443
2007	1 005 181	350 105	913 173	406 640	651 529
2008	1 019 226	364 572	993 980	449 054	713 906

---

〔1〕　本年度《中国法律年鉴 1999》的统计单位变为万，因此，精确度较之前有所下降。因此，这里的数据采用的是《中国法律年鉴 2000》的数据。

〔2〕　自 2006 年起，纠纷调解类型中不再统计债务类和生产经营类纠纷，表格中不再单独列出，特此说明。

续表

年份（年）	婚姻家庭	房屋、宅基地、债务、生产经营	邻里	损害赔偿	其他
2009	1 143 913	364 977	1 241 838	545 094	816 229
2010	1 596 880	590 628	1 791 702	643 448	884 415
2011	1 761 612	614 109	2 043 793	727 803	1 051 288
2012	1 772 695	626 444	2 213 346	730 610	1 021 771

表 3-3　2004—2012 年我国人民调解解纷类型比例

年份（年）	婚姻家庭	房屋、宅基地、债务、生产经营	邻里	损害赔偿	其他
2004	25.83	9.03	17.99	7.70	10.84
2005	23.40	8.65	18.65	7.41	11.72
2006	53.04	8.40	20.08	7.48	11.00
2007	51.61	7.30	19.03	8.48	13.58
2008	20.46	7.32	19.95	9.01	14.33
2009	19.74	6.30	21.42	9.41	14.08
2010	18.97	7.02	21.28	7.64	10.51
2011	19.72	6.88	22.88	8.15	11.77
2012	19.14	6.76	23.89	7.89	11.03

这是 1989—2012 年，人民调解解决纠纷类型的基本情况表，以下我们将在上述表格的基础上，分类型地展开对人民调解案件类型的白描。

1. 婚姻家庭类纠纷

婚姻家庭类纠纷是人民调解针对的传统纠纷，在人民调解的解纷对象中占据重要地位。其比例常常要高达 30% 以上。因为和社会主体的生活最为贴近，因此，婚姻家庭类纠纷的变化在一定程度上可以折射出我国司法政策的变化。

为了更好地将趋势反映出来，我们首先来看一下这二十多年中，各类型案件的基本演化趋势。经过整理，得出图 3-1。

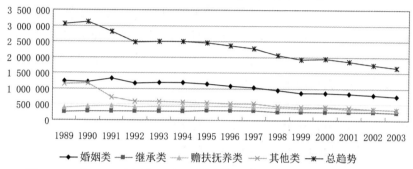

图 3-1　1989—2003 年人民调解婚姻家庭类纠纷中各类纠纷变化趋势图

为了能够结合整体的趋势进行比较，我们将婚姻家庭类纠纷的走势图一直连接到 2009 年，从整个趋势演变上来审视它的纠纷走向。于是，集合表 3-2 的数据，我们得到图 3-2。

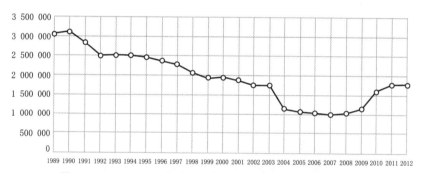

图 3-2　1989—2012 年人民调解婚姻家庭类纠纷变化趋势图

从表 3-1 和图 3-1、图 3-2 的数据图例中，我们可以看到这样的信息，即人民调解所解决的纠纷类型中，婚姻、继承、赡扶抚养及其他类纠纷在数量上呈整体下降趋势，这个趋势大致可以分为这样几个阶段。第一阶段为 1990 年之前，婚姻家庭类纠纷数量在人民调解的解纷数量中一直处于上升趋势。第二阶段为 1990—2005 年之间，在这一阶段婚姻家庭类纠纷一直处于下降的趋势。第三阶段为 2005—2012 年，婚姻家庭类纠纷数量开始呈现小幅度的回升。这三个阶段的趋势也基本符合人民调解人员的发展图景。[1]

2. 房屋、宅基地、债务、生产经营类纠纷

此类纠纷也是人民调解针对的主要纠纷，虽然在计划经济时代此类纠纷比例并不高，但改革开放后，此类纠纷就较为普遍了。在我国基层社会，尤其是在我国农村社会中，此类纠纷和人民群众，尤其是和农村群众的生活距离相当贴近，因此，此类纠纷的解决直接关系到基层社会的和谐与秩序，而此类纠纷的数量变化，也很好地反映出农村社会的物质经济生活的变化。

为了更好地将趋势反映出来，我们首先来看一下这二十多年中，各类型案件的基本演化趋势。根据表3-1中的数据，我们得到关于此类纠纷的趋势图3-3。

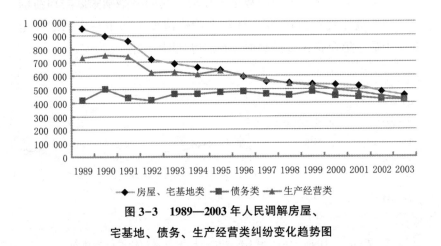

图3-3　1989—2003年人民调解房屋、
宅基地、债务、生产经营类纠纷变化趋势图

鉴于2004年之后统计标准发生变化，我们根据表3-2中的数据，将房屋、宅基地、债务、生产经营类纠纷制作成图3-4。

---

[1]　参见前章关于人民调解制度的一般介绍。

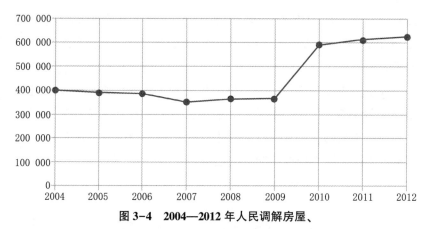

图 3-4 2004—2012 年人民调解房屋、
宅基地、债务、生产经营类纠纷变化趋势图

图 3-3 和图 3-4 反映出的信息更为明朗，主要反映为以下几个方面：第一，2003 年之前，我们可以看到，房屋、宅基地类纠纷数量不断呈下降趋势，如果将房屋、宅基地、债务、生产经营类纠纷一起审视，这个趋势一直持续到 2007 年。第二，债务类纠纷整体变化不大，1990 年之前有上升，1990—1992 年出现略微下降，1992—2003 年期间，一直呈现稳中有升的表现。第三，生产经营类纠纷到1991 年之前呈上升趋势，但 1991—2003 年，此类纠纷数量则呈下降趋势。

这里有一个统计标准需要我们注意，那就是 2004 年之后，房屋、宅基地类纠纷与债务类、生产经营类纠纷只有一个总的数据，这种统计方式只持续到 2005 年。到了 2006 年，民间纠纷调解类型中，债务类和生产经营类纠纷就不在统计标准中了，这是值得我们注意的。也就是说，图 3-4 关于 2004—2012 年的纠纷趋势图更多反映了房屋、宅基地类纠纷，债务类和生产经营类纠纷在统计中或者因为比例过低被忽略，或者被吸收到其他类型中去了。

3. 邻里类和损害赔偿类纠纷

下面我们看一下邻里类和损害赔偿类纠纷。无论是在农村基层社会，还是在城市社区，此类纠纷都是比较常见的。此类纠纷具有典型的平等属性，并且一般而言不涉及公共利益，因此，是人民调解制度指向的重要领地。1989—2012 年关于这两类纠纷的统计一直延续下来的事实也说明了人民调解工作对这两类纠纷的偏重。

根据表 3-1 和 3-2，我们将邻里类和损害赔偿类纠纷发展趋势制作成图 3-5。此外，为了更好地进行我们的描述，统计分析有必要和纠纷总量结合起来进行，因此根据表 3-2，我们将 2004 年之后，邻里类和损害赔偿类纠纷制作成趋势图 3-6。

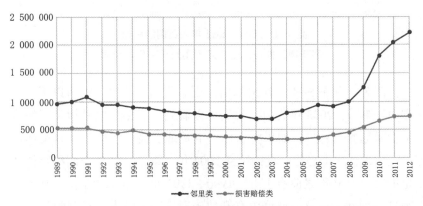

图 3-5　1989—2012 年邻里类和损害赔偿类纠纷变化趋势图

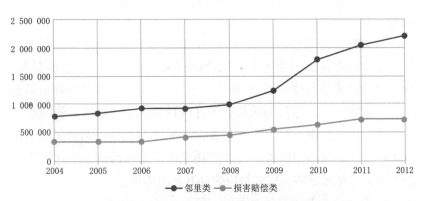

图 3-6　2004—2012 年邻里类和损害赔偿类纠纷变化趋势图

从图 3-5 和图 3-6 中，我们可以看到，邻里类和损害赔偿类纠纷发展趋势基本上一致，具体表现如下：第一，1991 年之前，邻里

类纠纷和损害赔偿类纠纷均出现小幅度上升趋势。第二，1991—2003
年之间，邻里类和损害赔偿类纠纷数量都呈现稳中有降的发展态势。
第三，2003 年之后，邻里类和损害赔偿类纠纷数量上出现上升，并
且邻里类纠纷数量上升幅度较大。这些判断在图 3-6 的变化趋势中，
也基本上可以得到印证。

4. 其他类纠纷

前文无数次提到，人民调解所针对的纠纷类型逐渐从传统领域
走向新的领域，即"从传统的婚姻家庭、邻里关系、小额债务、轻
微侵权等常见、多发的矛盾纠纷领域，向土地承包、拆迁安置、环
境保护、医患纠纷等社会热点、难点矛盾纠纷领域扩展"。这一判断
在统计中的表现就是其他类纠纷。应该说，这类纠纷上没有数量庞
大到可以单独作为一个统计序列，因此，在历年的统计年鉴中没有
单独体现。但它们的列入统计却是能够做到。前文中提到 2005 年之
后传统人民调解纠纷类型的简化处理实际上也就反映出传统民间纠
纷领域逐渐萎缩的现实，而与之相对应的，那就是应该作为兜底的
其他类纠纷类型呈现扩展趋势。

为此，我们延续之前的做法，分别将 1989—2009 年此类纠纷的
数量变化和 2004—2012 年之间此类纠纷的变化趋势展现出来。经过
整理，我们得到图 3-7 和图 3-8。

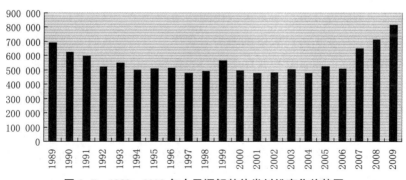

图 3-7　1989—2009 年人民调解其他类纠纷变化趋势图

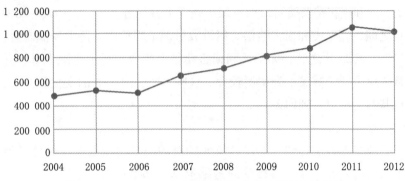

图 3-8　2004—2012 年人民调解其他类纠纷变化趋势图

从图 3-7 和图 3-8 中，我们可以得到如下信息：第一，其他类纠纷在 1989—1998 年之前基本上处于下降趋势，到 1999 年突然出现了较大数额的增长。第二，其他类纠纷在 1999—2006 年之间基本处于稳定状态，数量上变化不大。第三，2006—2009 年，其他类纠纷在数量上变化较大，出现了较大数额的增长。关于 2004 年之后的趋势，图 3-8 的趋势图也基本上肯定了之前的描述。

（二）宏观的案件类型描述

在对其他类纠纷进行描述后，我们的任务并没有结束。无论是从数据上展示民间纠纷的对象趋势，还是从比例上审视民间纠纷的类型变化，类型学的分析目的在于揭示其背后的意义。我们显然不需要典型的规范类型学来进行民间纠纷的分类，尽管实际上这种分类也确实存在于人民调解的解纷对象中。但是，我们不能停止于分类别的描述，而是要把这些类别的变化统一化处理，为我们的分析架构其基础。也就是说，重要的是进行一种社会学意义上的分类，在对案件类型的变化进行白描后，总结出这些类别变化的一般性规律，然后分析这些变化背后的社会因素，将决定这些趋势变化的因素挖掘出来，为人民调解所指向的对象变化及民间纠纷的变化提供社会层面的解释。更重要的是，我们要通过这种解释，为人民调解的案件类型扩张找到合法性基础，以便预测，甚至指导人民调解今后的案件类型走向，确保人民调解的健康发展。

正是出于这个目的，我们需要整合各个案件类型的发展变化规律。整合规律的过程中，对于一些案件类型的细节差异，可能无法显示出来。但这并不意味着分析的时候这些细节会被省略，整合的目的在于更方便分析，同时对于之前展示出来的细节，我们也会在分析的过程中分别论及，以避免为找规律而找规律。

结合前文四大类案件的分析，我们认为，从 1989—2012 年，我国人民调解制度的指向对象，也就是民间纠纷的类型方面呈现出以下几个趋势：

第一，1990 年之前，各类纠纷数量上都呈现一定的增长趋势。其中，邻里类和损害赔偿类纠纷的增长持续到 1991 年。

第二，1991—2004 年，各类纠纷数量总体呈现出下降趋势。无论是从数量上，还是从比例上，这一阶段以调解方式处理的各类纠纷都处于衰落时期。这一时期，各类纠纷的数量变化和比例变化基本处于一致状态。

第三，2004—2012 年，各类纠纷的数量变化和比例变化出现了一定的背离。婚姻家庭类，房屋、宅基地、债务、生产经营类纠纷在数量和比例上仍然处于下降趋势，这个趋势在数量维度一直延续到 2007 年，到 2008 年数量出现了增长，但比例上却一直延续下降到 2009 年。与之相对，邻里，损害赔偿类及其他类纠纷则出现了数量上和比例上同时增长的局面。

二、案件类型学分析框架

在对以上描述的案件类型进行分析之前，我们必须打磨分析工具。诚如前文所言，案件的类型学分析在诉讼法研究中较为多见，但在诉讼外的制度研究中，这种研究视角仍然较为稀少。正因如此，我们需要简单介绍一下案件的类型学。

（一）规范的类型学分析[1]

国内的一般研究表明，对案件类型进行分析主要是从规范层面进行的。采取的视角多是比较的视角。无论是大陆法系还是英美法系，规范依据都是案件类型分析展开的一个基础，比较常见的如根据法的位阶而展开的宪法案件、民法案件、刑法案件、治安案件等。对于普通法系如英国而言，则根据具体所适用的程序分为普通法案件和衡平法案件，在具体的普通法或衡平法案件领域中，也存在着一般民事案件、侵权、犯罪等案件类型。同样，每一种又可以继续细分，如英国刑事案件中的即决罪、两可罪和必诉罪；侵权行为中的威胁、非法侵入、殴打等。[2]

但规范层面的类型学分析有着一定的局限性，如无法及时应对社会发展变化。虽然法律解释可以在一定程度上弥合这种缺陷，但实践操作中却总是会遇到难以解决的疑惑。此外，由于各国分类的不同，要在法理学上建构起普遍性的比较分析框架也更为困难。这就使得案件的类型学分析工具显得不那么锋利，不能更好地服务于法律发展的预测和警示功能。[3]

对于我们的分析对象而言，规范的类型学分析可能无力解释，至少无力给出令人满意的解释。民事纠纷、治安纠纷和刑事纠纷之于"民间纠纷"并不存在一个严格的类型归属，民间纠纷和这些纠纷之间的界限也没有绝对的清晰界点。但是，模糊的印象告诉我们，三者之间更多的应该是一种交集，其中民事案件占较大比例，治安类、刑事类案件在允许的范围内也可以划归到民间纠纷的类型中去。也正因如此，才需要建立另外一种意义上的类型学分析模式。

---

[1]　这里的分析框架受到彭晓龙对陪审案件进行类型学分析的影响，分析工具上进行了借鉴，因此，本书不是开创性的。但本书所分析的指向和内容与陪审案件相差甚远，因此，打磨好分析工具仍然具有重要意义。

[2]　关于英国法的一般情形，可参见［英］丹尼斯·基南：《史密斯和基南英国法》（第14版），陈宇、刘坤轮译，法律出版社2008年版。

[3]　彭小龙：《民众参与审判的案件类型学分析》，载《中国法学》2012年第3期。

（二）社会学意义上的案件类型学

因为整齐划一的类型化处理，案件的规范类型学常常和现实中案件的真实状况存在一定的张力。传统上，这种张力的克服主要依赖司法解释的技术，依赖法官在决定裁判过程中的自由裁量权。而一旦涉及社会主体对技术的应用，西方社会所推崇的那种精致的司法技术就会遭到动摇。实际上，现实主义法学的兴起正是对这种张力的回应。[1]

正是基于这种局限，我们才需要从社会学角度对案件的特征进行整合。从法社会学基本立场来看，制度的产生、变化及运作效果往往与特定的社会需求、社会环境密切相关。[2]研究人民调解纠纷对象的案件类型分布，也应当立足于特定类型案件对这一制度的特殊社会需要。结合之前的分析，本书借鉴民事案件的社会学类型分析，将民间纠纷分为专门案件和一般案件，然后依据案件的公共属性和社会影响将案件区分为私人案件与公共案件。[3]

1. 专门案件与一般案件

随着社会分化、科技发展以及法律规制范围的扩大，某些牵涉特定当事人、发生于特定生活工作领域中的纠纷不断涌现，其直接的结果是导致民间纠纷范围从传统的婚姻家庭、邻里关系、小额债务、轻微侵权等常见、多发的矛盾纠纷领域，向土地承包、拆迁安置、环境保护、医患纠纷等社会热点、难点矛盾纠纷领域扩展。后发案件发生的原因、解决的难度以及所需要的知识和经验都与一般性的案件所有不同，因而被称为"专门案件"。

━━━━━━━━━━

〔1〕　现实主义法学代表人物为卢埃林、弗兰克等人，代表性观点为规则怀疑论和事实怀疑论。直接将批判的视角指向传统法学的确定性，将司法的过程和个人习性、宗教信仰等社会学因素结合在一起。关于现实主义法学的一般介绍，可参见付池斌：《现实主义法学》，法律出版社 2005 年版。

〔2〕　参见范愉：《从司法实践的视角看经济全球化与我国法制建设——论法与社会的互动》，载《法律科学（西北政法学院学报）》2005 年第 1 期。

〔3〕　这里的区分主要借鉴了彭小龙的分类方式，只是由于民间纠纷的包容性更宽泛，所以，维度的设置没有细化到一般纠纷的再分类中。以下介绍部分参见彭小龙：《民众参与审判的案件类型学分析》，载《中国法学》2012 年第 3 期。

在民间纠纷领域，专门性主要是指案件发生于特定的生活工作领域。比如之前人民调解所较少面对的医疗纠纷一般就发生在医疗场所，解决起来也不是一般的知识经验可以满足的。但这类案件由于行政调解的公正性常常遭受质疑，诉讼过程的弊端又常常需要人民调解的快速介入。尽管只是新近状况，但此类案件在人民调解中的比重却日益增加。这类纠纷常常需要专门背景的调解人参与，比如洛阳市医疗纠纷人民调解委员会就由医院的退休院长、法院退休的老法官联合组成调解委员会专门解决此类纠纷。[1]调解员特定的生活工作背景蕴含了丰富的行为规范和"默会知识"，对于了解纠纷的缘起、实质以及妥善解决来说至关重要。[2]然而，由于社会分工的原因，这些信息常常不为外界人士所了解，非专业人士在处理这些案件时常常会遇到经验和知识方面的难题。

2. 私人案件与公共案件

尽管纠纷都意味着协调均衡状态或秩序被打破，但不同的纠纷打破的社会秩序及其程度却有明显的差别。作为社会调整和国家治理的一种手段，法律往往只涉及对社会正常运作具有重大影响的社会关系，而且会根据纠纷涉及的社会关系类别及其破坏程度采取不同的应对措施。由此，可以发现存在两种极端情形。在第一种情形下，纠纷本质上是私人利益纷争，国家无须主动干预，而是给纷争主体自行确定行为方式、自主解决纠纷留下足够的空间。第二种情形恰好相反，纠纷牵涉公共利益，国家积极介入甚至主动干预，目的在于确立或维护社会秩序，一般不允许当事人私下解决，介入的措施往往具有强行性和惩罚性。这两种情形可以分别称作私人纠纷和公共纠纷。在现实生活中，接近前者的纠纷有小额民事案件、一般合同纠纷等，接近后者包括严重的刑事案件、影响力较大的行政案件等，诸如交通违章、医疗事故、盗窃等其他案件则视具体情况分布于两者之间。

就案件的社会影响力而言，受纠纷数量、利害关系人的数量、

---

〔1〕 资料来源：课题组对洛阳医疗调解委员会的调研。

〔2〕 彭小龙：《民众参与审判的案件类型学分析》，载《中国法学》2012 年第 3 期。

媒体报道以及当事人社会结构等因素的影响，[1]不同案件有着较大的差异。在某种极端情况下，纠纷数量较多但涉及利害关系人较少，通常不是社会关注的焦点，处理结果对社会生活几乎没有什么影响，可以用"私人事件"来形容这类案件。另一种极端情形也许可以称为"公众焦点"，纠纷较少但牵涉众多利害关系人，是新闻媒体追踪、专家评论和社会关注的焦点，其结果会对社会生活产生重大影响。在现实生活中，诸如婚姻家庭、小额债务等就接近"私人事件"；而比较靠近"公共事件"的通常包括多受害人的侵权事件、环境侵权事件等。医疗事故、抢劫、贪污等案件则根据其发生的具体环境、媒体关注度、当事人的身份特征等因素散布在两者之间。

必须承认的是，现实中的案件极为复杂，即便规范评价相同的行为，其内在规定性和社会影响力也可能极不相同。因此，所谓专门案件和一般案件、公共案件和私人案件只是一种模糊的界定，用以对"民间纠纷"范围扩展进行描述，不能严格和现实生活对等开来。由此，我们就可以结合案件的内在属性和外在影响展开对民间纠纷的分析。而以内在属性和外在影响为坐标轴，我们可以建立起一个基本的分析框架，如图 3-9 所示。

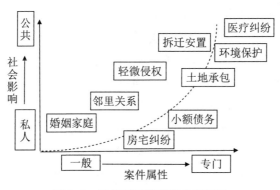

图 3-9　民间纠纷范围演化坐标图

〔1〕　布莱克在其"案件类型学"中曾就当事人社会结构对审判的影响进行了详细的论述。参见 ［美］唐·布莱克：《社会学视野中的司法》，郭星华等译，法律出版社 2002 年版，第 2~16 页。

通过以上论述，我们对民间纠纷的范围基本上形成了一个直观的认识。也就是从案件的类型学角度来看，民间纠纷的范围逐渐从私人领域走向公共领域，从一般案件走向专门案件。如果从人民调解的制度设计意义来看，这一演进无疑是人民调解制度功能增强的表征，这一表征展现出国家对民间治理的思维变化，即逐步允许民间纠纷的自我解决范围放开，国家慢慢地从一些传统的领域中退出，将秩序的形成归位于社会。这一思路也是我国"十二五"以来国家善治的一个重要变化。

同时，根据前文的数据描述，我们也看到，这一判断基本和婚姻家庭类，房屋、宅基地、债务、生产经营类，邻里、损害赔偿类以及其他类纠纷的演化趋势吻合。其他类纠纷的范围逐步扩展在这里的类型学分析中再次得到验证，也即民间纠纷的范围出现了向专业性、公共性纠纷扩展的功能发展趋势。

三、演进的原因

前文对我国民间纠纷的具体类型进行了趋势描绘，并对其发展规律进行了整合，得出其发展规律的初步结论。在这个基础上，结合我国《人民调解法》的立法背景和社会转型语境，我们从案件的内在属性和外在影响两个方面建构起来民间纠纷的类型分析工具，根据这个分析框架，我们印证了人民调解传统类纠纷出现萎缩的事实，并得出了人民调解的对象范围逐步从私人案件走向公共案件，从个人案件走向公共案件的规律。

但这种演进的规律描述并不是我们的目标，民间纠纷范围的变化需要我们给出解释。这个解释要足以涵括这些案件类型的变化，并且要经得起个案的验证。也就是说，我们必须从社会经济文化等方面为人民调解的案件类型演进提供合理性的解释，这种合理性解释要足以从宏观和微观两大基本层面指导人民调解制度今后的演进方向。如果可能，操作性的分析框架也应当尽力建构出来，用以为人民调解的解纷范围扩展划定界限，以防止制度的异化，保障这一制度的良性发展。

因而，本书将从传统的经济基础和上层建筑两分视角对这种演进进行解读。具体而言，本课题组认为，人民调解案件类型的变迁主要存在着物质生活条件变迁和政治政策变迁两方面的原因，具体如下文。

（一）物质生活条件变迁

与传统的民间纠纷不同，经过多年的改革开放，我国的民间纠纷已经不再如既往般单纯，而渗入了大量的经济利益因素。1991 年之后的人民调解衰落的原因我们已经介绍过，主要表现为在农村，家庭通过承包成了独立的经济体，集体组织对个人的控制能力减弱。而在城市，个人和单位之间的逐步演变成单纯雇佣性质的契约关系，单位的身份色彩逐步淡化，甚至出现没有单位的个体户。整个社会流动起来了，大量的农民离土又离乡，流动到一个陌生的社区成为"农民工"，城市职员从一个单位到另一个单位的"跳槽"十分容易，因为经商、务工、上学、旅游等原因，人们频繁而快速地在地区之间流动，形成了陌生人社会，相互交往的人们之间缺乏信任，缺乏感情，缺乏共同理解和接受的文化和纪律。[1]

但 2004 年之后的变化则又有着新的物质生活背景。新阶段进行的是利益调整型改革，随着社会的剧烈转型，绝大多数社会成员都必然要卷入市场经济。与市场经济进程相适应，社会整体利益结构进行了重大调整，由于介入者在利益方面得失不一，出现了一方群体利益增进，另一方群体利益受损的局面，过去那种卷入改革过程者皆为赢家的情形已不复存在。人民群众的物质文化需要不断提高并更趋多样化，社会利益关系更趋复杂，收入差距明显；受经济文化发展水平等因素的限制，各种利益群体的利益要求难以得到完全满足，统筹兼顾各方面利益的难度加大。

这一时期，有三个事件对社会物质生活条件产生影响较大，需要我们注意。第一，国企改革。国有企业改革适应市场经济规律，

---

〔1〕　范愉：《非诉讼纠纷解决机制研究》，中国人民大学出版社 2000 年版，第 496 页。

这是大势所趋，但在具体改制过程中，出现了大量的问题，形成新的社会矛盾，诸如企业破产转制中的弄虚作假、隐匿资产，造成国有资产流失；改制方案不公开，经济补偿太低引发工人不满；企业破产后，工人的社会保障等问题逐渐暴露出来。国企的并购重组必然涉及利益调整、劳动合同管理和劳动争议等矛盾。第二，城市化。在我国城市化过程中，土地拆迁补偿问题走上前台。原有的承包合同因为城市化过程中的征地而无法得到保障，农民利益因此受损。因城市化而上楼的新型农村社会缺乏维系旧有秩序的经济生活模式，秩序的维持出现问题。第三，农村税费改革。农村税费改革对农村生活影响重大，有学者认为，这是政治牺牲行政的表现。[1]经过税费改革之后，原先就已经趋于陌生的农村基层社会陌生化程度再度增强，单个家庭逐渐成为农村基层社会的独立单位，这也对农村秩序的权威建构形成阻碍。

（二）政治政策变迁

物质生活的变迁必然导致社会治理方式的变迁，对于基层社会的治理而言，这一点尤其重要。如前文所言，人民调解，甚至整个调解的兴衰历程都和特定的司法政策变迁紧密相关。因而，在解释人民调解的案件类型演进时，我们不能忽略政治政策变迁的影响。综合而言，对人民调解有影响的政治政策主要有如下几个方面：

1. 调解优先与诉讼至上

调解优先与诉讼至上主要是指导我国司法工作的政策。1991年之前，我国的人民调解工作从各个指标来看，都处于扩张时期，其社会功能也发挥较好。而这一局面的取得显然与当时的秩序恢复需要密切相关。1978年改革开放之后，我国社会生活每天都在发生着巨大的变化，而与这种物质生活变化并不相匹配的是，我国的法律法规尚未健全，很多领域处于无法可依，或者规则不够具体，没有操作性的局面，这个时候，国家秩序的维持倚重于非正式的纠纷解

---

〔1〕 董磊明：《宋村的调解：巨变时代的权威与秩序》，法律出版社2008年版，第95页。

决制度也在情理之中。这个时候，调解优先的司法政策可以将矛盾纠纷不经正式的规范处理而解决，一定程度上维系了基层的秩序，也缓解了国家立法滞后的尴尬。

但很快，司法现代化建设就将人民调解视为法治的对立物。社会转型导致人们的身份观念都发生变化，社会和法学界出现推崇诉讼的盲目趋势。诉讼被当作实现权利的唯一手段，对诉讼的利用被官方视为民众法治意识高低的标准，在"认真对待权利"的话语宣传和诉讼至上的司法政策影响下，调解被约化为"和稀泥"、放弃自己的权利。由此导致的后果是，调解协议不被司法所承认，当事人对调解协议的反悔没有任何成本，调解的衰退也就势在必行。

但 2004 年之后的司法政策变迁再次证明，国家正式的救济手段不是万能的。正义的实现方式往往需要过多的成本，秩序的打破也很难恢复。因此调解再次受到重视，但相比从前，这次的调解复兴，立法界表现出了相当的理性，坚决地将人民调解定位为群众性、民间性、自治性的纠纷解决制度，用以避免曾经出现过的，现在也仍然广泛存在于推进过程中的调解的行政化和准司法化趋势。[1]

2. 行政后撤

当然，从司法政策的变化对人民调解兴衰进行解释具备一定的说服力。但却不能给人民调解制度的复兴提供更大的解释力，也不能给人民调解解纷类型的扩展提供更为基础的合理性。因此，我们的视野必须放开到司法之外，从社会治理政策的变化中为人民调解的制度复兴寻找政策依据。这种依据在人民调解的演进历史中有所涉及，但在新的情势下，其内在的说明性也再次出现了质的变化。简单来说，如果说最初的人民调解在中国共产党根据地时期的复兴是强化基层治理，行政前伸的逻辑后果，那么，它的复兴语境则恰恰相反。新的历史时期，人民调解的再次复兴在基层社会，尤其是在农村社会中变成了对行政后撤的一种回应，成为行政后撤的一种

---

〔1〕　关于人民调解行政化和准司法化的介绍，参见范愉：《〈中华人民共和国人民调解法〉评析》，载《法学家》2011 年第 2 期。

自然逻辑后果。

中国学者对农村问题的研究指出，行政权力自 20 世纪 80 年代起即开始从农村后撤，并在新世纪的税费改革后，逐渐悬浮于农村社会之上。〔1〕尽管有学者认为，共和国初期的农村基层社会认同感要更为强烈〔2〕，但无法否认的事实却是，即便这种认同感属实，基层社会的经济水平仍然只能达到糊口水平。〔3〕这就意味着，以西方政权建设理论为支撑的现代民族国家的单线条演进规律在中国并不能完全适用，即现代民族国家的一个规律是分散的、多中心的、割据性的权威体系，逐渐转变为一个以现代民族国家为中心的结构，国家和个人之间的距离越来越拉近，〔4〕直到贴近到个人生活的方方面面。世界历史的一般规律是，后发的民族国家对于这种单线条的权威体系更为推崇，国家的权力往往推崇到极致，从中央到地方实现政权控制的方式几乎是一种垂直的覆盖方式。这个过程中与之相伴相随的往往是市民社会的极度萎缩甚至是完全萎缩，公民的权利被国家权力挤压，范围不断缩小，全能型政府以国家的合法性而渗透到基层社会的方方面面。

但无论"全能主义"〔5〕政权建设如何成功地实现对基层社会和基层社会主体的控制，一个很重要的事实却是，尽管这种控制能够实现高度的社会认同，但却有着两大方面的先天缺陷：一是与经济发展规律相背离，此种模式下的社会创造力往往非常低下，社会经济水平很低。〔6〕二是无力根本改变基层社会形态，包括经济形态和

〔1〕 周飞舟：《从汲取型政权到"悬浮型"政权——税费改革对国家与农民关系之影响》，载《社会学研究》2006 年第 3 期。

〔2〕 朱晓阳：《罪过与惩罚：小村故事：1931—1997》，天津古籍出版社 2003 年版，第 2~12 页。

〔3〕 ［美］黄宗智：《长江三角洲小农家庭与乡村发展》，中华书局 1992 年版，第173 页。

〔4〕 胡水君：《全球化背景下的国家与公民》，载《法学研究》2003 年第 3 期。

〔5〕 全能主义（totalism）是政治学中用来分析近现代中国革命和政治形态的一个关键词。它是指政治机构的权力可以随时地、无限制地进入和控制社会每一个阶层和每一个领域。

〔6〕 ［美］黄宗智：《长江三角洲小农家庭与乡村发展》，中华书局 1992 年版，第173 页。

价值形态。由于基层社会的生产方式基本处于固定的非流动状态，无论全能的国家如何进行基层组织，这一点都是无从改变的，由此所形塑的基层价值形态也无法发生改变。因此，全能政权建设过程中，其"权力的文化网络"[1]建构过程也往往被基层社会进行反建构。对于这种事实的承认使让现代国家逐步理性地放弃全能国家的覆盖模式，而逐步通过社会权力行使，找到国家权力在社会中非中心的、无规则的、非强制的渗透方式，实现对社会秩序的维持。[2]

我国的农村改革始于人民公社的取消，尽管存在着一些学者对这一取消的反思[3]，但不能否认，这种国家权力推出覆盖模式的选择是大势所趋。事实上，到 20 世纪 70 年代后期，革命的国家和人民日益呈现出疲态，革命意识形态的衰退削弱了农民对覆盖模式的认同，管理成本因此大大增加[4]。同时，到 1970 年代后期，中国已经初步建立了一套完备的工业体系，人民公社从农业提取工业化原始积累的使命也基本完成。因此到 1980 年代初期，各地先后撤社建乡，国家有形的行政力量开始从农村后撤，其对乡村社会的政治强制力逐步削弱，地方性共同体对社区内部的整合动员能力也因此开始下降。由此，乡村社会和国家—乡村关系开启了变迁的大门，覆盖模式就一步步地走上了消解之路。[5]

但我国行政权力从基层的撤出过程并非一步到位的。虽然从 1980 年代中期以来，国家越来越少地实行"超经济的政治强制"，乡村社会中一些传统的组织和文化日益复兴，但是覆盖模式并没有立即崩塌。到 1990 年代初期之前，在大多地区国家的控制能力和村庄社区的整合力依然较强。而自 1990 年代中期以后，无论是国家对乡

〔1〕　这一范式是美国学者杜赞奇提出的，相关研究参见［美］杜赞奇：《文化、权力与国家：1900—1942 年的华北农村》，王福明译，江苏人民出版社 1994 年版。

〔2〕　关于现代社会的权力运作非中心化方式的研究，可参见［法］米歇尔·福柯：《规训与惩罚：监狱的诞生》，刘北成、杨远婴译，生活·读书·新知三联书店 2007 年版。

〔3〕　朱晓阳：《罪过与惩罚：小村故事：1931—1997》，天津古籍出版社 2003 年版，第 2~12 页。

〔4〕　温铁军：《中国农村基本经济制度研究》，中国经济出版社 2000 年版，第 248 页。

〔5〕　董磊明：《宋村的调解：巨变时代的权威与秩序》，法律出版社 2008 年版，第 178 页。

村社区的控制能力还是村庄社区的整合能力均发生了巨大的变化。经过十年的巨变，国家基层政权已"悬浮"于乡村社会之上；村庄共同体则基本趋于解体。国家与乡村社会关系的覆盖模式走到了尽头。[1]

这一过程中，如果从关系—事件的角度来分析，对于国家和农村基层社会的关系，有三次大的变化是最终造成行政权力撤出农村基层的三个关键步骤。虽然并不是每一个步骤都以"直接的"方式撤离基层空间，但对于今天农村基层社会的政权悬浮状态而言，这三个步骤确是不能绕过的关键。

第一，1978年改革开放和农村生产承包责任制。1978年之前，由于宏观政策影响和集体组织内部管理体制和激励机制的缺陷，农业生产徘徊不前，人均收入呈现下降的局面。人均收入的下降事实上进一步导致平均主义倾向，而平均主义倾向反过来影响社员劳动积极性，从而又使收入进一步降低，这导致了农民对于集体经济的失望。可以说，恰恰是集体经济运行本身的低效益威胁到农民的低水平生存，才为人民公社的解体奠定了群众性的广泛基础。[2]而始于安徽凤阳小岗村的生产承包责任制由于能够调动农民的生产积极性而为国家和农村社会认同，并在整个国家层面迅速得到推广。这种生产方式的转变使乡村生产单位再次回到家庭本位，农村社会再次流动起来，村一级政权的组织力量在村级社会中的被需要程度大幅度降低。

第二，20世纪90年代中期的分税制改革。20世纪90年代的分税制改革是对之前国家管理体制分权设置的一个调整。"分灶吃饭"之后，我国整体上的财政体制又经过1985年和1988年两次变革，中央和地方出现权力越来越分化的局面。其中，1988年实行的"划分税种、核定收支、分级包干"财政包干体制，其主要精神就是包死上解基数、超收多留。与之同时，由于财政包干制沿用了1949年以来传统的税收划分办法，按照企业的隶属关系划分企业所得税，按照属地征收的原则划分流转税，把工商企业税收与地方政府的财政

〔1〕 董磊明：《宋村的调解：巨变时代的权威与秩序》，法律出版社2008年版，第178页。

〔2〕 温铁军：《中国农村基本经济制度研究》，中国经济出版社2000年版，第248页。

收入紧紧地结合在一起。这在很大程度上刺激了地方政府发展地方企业尤其是乡镇企业的积极性。同时由于乡镇企业隶属于地方政府管辖，所以乡镇企业的税收不但几乎全部落入地方政府之手，而且乡镇企业更加倾向于将税收"缩水"、向地方政府交纳"企业上缴利润"之后可以更加自由支配、不受预算约束的预算外收入，地方政府"藏富于企业"的现象由此而生。[1]分税制改革正是应此景而生的，分税制改革后，中央政府对地方税收的控制由工商业切入，并以一定的标准进行返还，由此，地方政府发展工商业的激情下降，其目标就转向了农民和城市化的新税收来源，汲取型的基层政权形态由此而生，[2]农民负担问题成为 20 世纪末期广受关注的话题。形式上，地方政权由此更加贴近乡村，农村基层政权成为"要钱、要粮、要人"的三要部门[3]，这种状况为取消农业税后基层政权的悬浮化埋下了伏笔。

第三，21 世纪取消农业税费。农村负担的沉重是 21 世纪初农业税改革的一个重要原因。学界的研究表明，新一轮农村税费改革的主要指向正是农业税费问题，目标在于减轻农民负担，力图通过取消税费，加强政府间的转移支付来实现政府财政的公共管理和公共服务职能，改变国家对农民的汲取型关系，将之改造成为服务型关系。农村税费改革无疑是中国特色社会主义建设过程中的一项重大成就，但同时，财政手段所希望达成的基层善治目标并没有逐步到位，乡镇一级政权逐渐变成一种可有可无的"悬浮型"一级政府组织。[4]同时，农村税费改革的负面效应也逐步显现出来，税费改革后的农村

---

〔1〕 周飞舟：《分税制十年：制度及其影响》，载《中国社会科学》2006 年第 6 期。

〔2〕 周飞舟：《从汲取型政权到"悬浮型"政权——税费改革对国家与农民关系之影响》，载《社会学研究》2006 年第 3 期。

〔3〕 分别是收取税费、定购粮和开展计划生育。定购粮自 20 世纪 90 年代后期已经基本名存实亡，而计划生育工作也随着社会发展和人口素质的提高变得不那么困难，最困难的"要钱"任务则被税费改革一举取消。周飞舟：《从汲取型政权到"悬浮型"政权——税费改革对国家与农民关系之影响》，载《社会学研究》2006 年第 3 期。

〔4〕 周飞舟：《从汲取型政权到"悬浮型"政权——税费改革对国家与农民关系之影响》，载《社会学研究》2006 年第 3 期。

两极分化更加严重，[1]基层社会的矛盾也因此更加频繁、更加具有季节性的特点。更有学者直接指出，2005 年之后的新农村建设，成果也更多停留在基础设施，组织建设和文化建设并没有及时跟上，基层政权的"悬浮状态"依然没能改观。[2]

在这种语境之下，农村传统的刚性治理模式逐渐失去效果，村干部不能随意、也不愿轻易介入到他人的纠纷之中，行政管理的触角无法探及基层社会，治理网络的覆盖模式至此几乎结束。行政后撤的一个结果是农村秩序缺乏官方的维持机制，而与之同时，新的秩序维持工具并未完全显现出来，一些农村基层由此出现了不良倾向，也即由一些农村基层的"赖孩子"出面解决基层纠纷。[3]此种境况正是基层空间对社会秩序需求的一个反映。如果这个空间的秩序需要不能得到满足，自然就会出现一些非法的私力秩序建构者。这种语境恰好为柔性的调解机制介入创造了氛围，人民调解所内聚的民间性、自治性和群众性特征决定了它可能会替代传统的刚性秩序建构方式，以一种内生的柔性秩序建构方式重新撑起基层农村社会的良好秩序。

3. 建构大社会

如果说行政后撤主要针对的农村基层社会空间，那么，最新的大社会建构可能更多的是指向城市基层空间。学界关于国家和个人的研究在进路上以国家—市民社会关系的范式为其主要模式。这方面的研究可谓卷帙浩繁，国内外大牌学者云集，这里不再做文献的综述。[4]

---

〔1〕 关于农村税费改革对农村内部的影响，可参见田秀娟、周飞舟：《税费改革与农民负担：效果、分布和征收方式》，载《中国农村经济》2003 年第 9 期。

〔2〕 董磊明：《宋村的调解：巨变时代的权威与秩序》，法律出版社 2008 年版，第 179～180 页。

〔3〕 董磊明对河南农村的调解揭示了这方面的实例，具体可参见董磊明：《宋村的调解：巨变时代的权威与秩序》，法律出版社 2008 年版，第 142～149 页。

〔4〕 相关学者如哈贝马斯、萨脱利、基恩、柯亨、阿拉托等人，国内法学圈的学者如吕世伦、马长山、梁治平、强世功等。相关研究成果如梁治平：《清代习惯法：社会与国家》，中国政法大学出版社 1996 年版；董炯：《国家、公民与行政法——一个国家—社会的角度》，北京大学出版社 2001 年版；马长山：《国家、市民社会与法治》，商务印书馆 2002 年版；强世功：《法制与治理——国家转型中的法律》，中国政法大学出版社 2003 年版等。

但作为一项政策导向，大社会的建构却是新近的事情。

如果不将地方性的尝试算在其中的话，那么，这一取向的表征可以在民政部取消街道办的表达中得到肯定。时任民政部基层政权司副司长王金华曾说，中国城市的管理层次比较多，一个市就有市、区、街道、社区四级，市、区里布置下来的任务，街道转手开个会，再布置给社区，街道起的只是个"二传手"的作用。王金华表示，"铜陵模式"如果最终评估效果好的话将会在全国推广，但街道办取消是一个趋势，这是肯定的。[1] 2011 年 9 月 6 日，国内各个门户网站上，取消街道办，构建大社会的新闻和相关讨论也日趋热烈，并将此作为社会管理创新的一个重要手段，作为构建法治政府的一个重要步骤。[2]

应该说，"大社会、小政府"的建构符合现代国家的发展趋势。新中国经过七十余年的建设之后，经济发展已经取得了巨大的成就，但同时，由于政府职能的"服务型"转变未能及时跟上，在面对转型时期的各种矛盾时，社会自我的调控能力以及调控空间受到官方系统的影响。但全能政府的理念并不能充分贯穿到中国特色市场经济的日常物质生活模式中去，这就导致社会矛盾中，内生的社会秩序维持模式缺失，但外来的社会秩序却不能完全满足冲突的解决。由此，大社会的理念自然由此而生。

对于城市社会来说，经过改革开放四十多年的建设，陌生人社会虽然成为城市社会的主要形态，但成熟的城市社区也在逐步稳定形成，这种新兴的城市社区中，流行于熟人社会之间的规则又重新得到适用。社区自治的功能逐步在社区居民的熟悉过程中恢复，流动性的降低使得纠纷和冲突的成本升高，人们对公力救济方式的需求程度也随着社区的成熟逐步降低。正是在这种语境下，楼门院为起点的调解体系也随之而生，并受到社区的广泛认同。而这正是城市社区中人民调解前伸的重要原因。

---

〔1〕　参见《取消街道办，当向"小政府、大社会"前进》，载中国新闻网，https://www.chinanews.com/gn/2011/09-06/3310449.shtml，最后访问日期：2024 年 3 月 7 日。

〔2〕　相关讨论可以参见新浪、搜狐、网易 2011 年 9 月 6 日的专题新闻。

四、个案支撑——河南样本

以上的宏观论述和演进的原因分析中，我们看到的是一个范围逐步扩张的人民调解网络。但是，所有这些的一个前提在于，人民调解的主要指向仍然是与日常生活最为紧密的纠纷，本章所有问题的讨论都建立在对这一前提的肯定之下。这也正是人民调解制度生命力之根本。当我们探讨人民调解制度的扩张之时，最不应该，也不能够忘却的正是这一基本的纠纷范围，其特征构成了人民调解在构建和谐社会语境中的根本合理性。这一特征也让人民调解的"第一条防线"得以在社会的层层结构中顺利铺设，并实现对社会主体基本生活领域的基本覆盖。

不仅前文国家层面的统计逻辑说明了，婚姻家庭、房宅、生产经营、邻里关系、小额债务、轻微侵权虽然在人民调解的对象范围的比例上在发生着变化，但是，其主体地位却没有发生改变，并且这样一种规模上的比例结构也不会发生重大的变化，即使有着社会经济、政策等各方力量的推动。从案件类型学角度来说，人民调解的范围有着一个专门性、公共性的界点，这一界点在前文的分析中并没有点出，其原因在于人民调解的扩张仍在继续之中，国家对这一扩张趋势的"屏障"尚未完全建构出来。正因如此，我们在分析人民调解制度的时候必须明白，人民调解的扩张不能脱离其赖以生存的案件类型基础，这一制度对社会纠纷的"侵蚀"不能，也不应走上绝对化的万能逻辑，专门性、公共性的限制都会对人民调解的扩张产生影响，这一影响最终将化为国家对纠纷范围的具体屏障的界定。

为了验证这里的逻辑，我们走出宏观的案件类型学的统计资料，[1]对郑州市金水区、荥阳市豫龙司法所、洛阳市嵩县纸坊乡、平顶山市新华区等多地进行调研考察。同时，为了辅证，本课题组还收集

---

〔1〕 当然，课题组调研的目的主要是全面掌握人民调解的具体运作，并不是刻意为检验这一命题，命题的形成是调研后初步分析的结果，资料的运用则是非目的先定的。

了河南省司法厅评选的优秀人民调解员的典型案例资料。经过对各地具有特色的人民调解工作的了解以及具体案例的介绍，本课题组得到了以下一些基本判断。

（一）覆盖日常生活的解纷网络

1. 纵到底，横到边

无论是从切实地了解，还是得自带有官方话语特征的访谈或是汇报式访谈资料，一个可以确认的信息是，人民调解在社会各个层面的复苏已是不争之实，这一点自 2009 年以来，其趋势更为明显，其原因除了前文分析的原因外，河南省推动的"司法所规范化"活动起着重要的推动作用。本课题组调研资料和访谈资料中的各种话语表述，以及本课题中所看到的各级人民调解委员会的分布样态都说明，人民调解的网络正在"横纵并荣"，这一点，我们可以从以下几段话语中看到。

河南省郑州市金水区：

> 我区现已健全"纵向到底、横向到边"的三级人民调解组织网络，形成了党委政府统一领导、部门齐抓共管、社会积极参与的矛盾纠纷排查调处工作格局。全区各级人民调解组织共 244 个、其中区级指导委员会 1 个，镇（街道调委会）16 个、村（社区）调委会 215 个，兴业调委会 4 个，个人调解室 8 个。[1]

荥阳市：

> 市里成立了人民调解协调工作领导小组，司法局设立民调中心，乡镇有综治中心、司法所和乡镇调委会，村一级有村（居）调委会，村民小组有民调信息联络员。在非公有制企业、

---

[1] 资料来源：课题组对金水区司法局的访谈，区司法局领导对访谈提供了重要帮助和支持，在此表示感谢。

大型集贸市场和外工聚居地组建调解组织。[1]

洛阳市嵩县纸坊乡：

> 健全覆盖全乡的"大调解"组织，完善乡村组三级矛盾纠纷排查调处机构。乡党委成立以党委书记为组长，政府乡长为常务副组长，分管领导为副组长，相关部门负责人为成员的工作领导小组，全面指导协调乡"大调解"工作；全乡20个行政村都成立了矛盾纠纷调解委员会，279个村民组都成立了调解小组……按15~20户产生一名劝解员的标准每个组都选定了3~5名劝解员。[2]

这三个调查对象对人民调解的描述话语中，清晰地反映出了人民调解网络覆盖的纵向与横向。以县级单位为例，在纵向上，人民调解的网络渗透力量基本上通过三个层次来实现，即县级的人民调解委员会，乡镇的人民调解委员会和村（居）一级的人民调解委员会。在横向上，则通过行业的调解委员会，特殊区域设立的人民调解委员会，以及个人的人民调解委员会来实现"纵向到边"的覆盖目标。横向网络的覆盖在郑州市金水区的情况中得到了比较系统的印证，该区的个人调解委员会和行业调解委员会都相对发达，较为规范，在基层纠纷解决方面发挥着较大作用，课题组在"张民安调解工作室"考察时，曾听张民安调解员介绍他成功调解的案例，其中就包括一起大型的侵权案件，而成功防止了群体性事件的发生。对于社会成员相对复杂的城市社区而言，应对纠纷的个人调解委员会和行业调解委员会可以实现纠纷的公正解决，也更容易为当事人所接受。网络的覆盖也因此更加容易渗入社会主体的日常生活之中。

---

[1] 资料来源：课题组对荥阳市豫龙镇司法局的考察。

[2] 纸坊乡的劝解员实际上只是调解员的一个别名，但这一名称还是体现了基层纠纷解决的一些特点，事情的解决方式往往是通过当事双方熟人的第三人采取劝说的方式解决的。

2. 家长里短情理法

网络的覆盖让人民调解这一解纷制度成为社会矛盾的第一道防线，这只是从制度的覆盖范围而言的，如果仅仅是"覆盖"，人民调解制度的价值并不能够充分体现，其制度特色也未必一定受到基层社会的肯定。事实上，新中国历史上纵到底、横到边的制度设计出现过的何止是人民调解制度，但民间性、群众性、自治性的解纷制度却是第一次出现。这种民间性、自治性、群众性的特征决定了这一解纷制度在纠纷类型方面更为贴近基层社会的生活样态。鸡毛蒜皮的纠纷应该是，也必须是这一解纷制度的主要对象，在这一基础上，逐步走向专业化、公共化的纠纷类型，才是人民调解制度的正当发展路径。

课题组在对几个考察点的考察中收集到了大量的案例资料，并进行了分类统计，结合与各层级人民调解组织者的访谈，课题组清晰地看到，日常的民间纠纷占据着极其重要的比例。为了印证这种判断，我们以豫龙司法所为例进行了考察。

豫龙司法所位于河南省荥阳市东部豫龙镇，该镇东临郑州市中原区、西临荥阳市区，辖区总面积 69.5 平方公里，人口 4.6 万余人，共有 28 个行政村，159 个村民组，5 所大中专院校，5 所中小学，160 余家大中型各类企业。司法所现有干警 4 人，均为法律本科文化程度。[1]豫龙镇的特殊地理位置使这里的人民调解工作更具有现代性和传统型交叉的特征，因此，要排除人民调解只解决基层传统纠纷，或是更能解决行业性、专业性纠纷的判断而言，这一地理位置的交叉性也更加具有说服力，为此，我们统计了豫龙镇司法所 2011年 1—5 月人民调解的解纷类型和解纷数量，经过处理得出表 3-4。

----

〔1〕　这里存在着一个基本问题，即司法所和人民调解的关系，人民调解的脱行政化是其属性所决定的，但开展人民调解工作是基层司法所的重要工作，基层司法所如何避免基层人民调解工作的行政化问题，是当前人民调解工作，尤其是乡镇一级的人民调解工作必须认真处理的。鉴于本章内容，这里不做展开。

表 3-4　荥阳市豫龙镇乡（镇）办人民调解中心
2011 年 1—5 月调解类型

时间	总数	纠纷类型											
		婚姻	邻里	合同	赔偿	劳动	村务管理	土地承包	征地拆迁	计划生育	施工扰民	房屋宅基	其他
1 月	13	4	3					2				2	2
2 月	12	2	3		3			2				2	
3 月	12	5	6									1	
4 月	12	1	3			1						2	5
5 月	15	5	3		3			1				2	1
合计	64	17	18		6	1		5				9	8

　　将这里的各类纠纷总量统计之后，我们可以制作成比例图，以便更为直观地分析人民调解所处理的纠纷类型。经过处理，我们可以得到图 3-10。

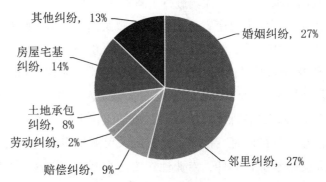

图 3-10　荥阳市豫龙镇乡（镇）办人民调解中心
2011 年 1—5 月调解类型比例

　　从豫龙镇人民调解中心 2011 年 1—5 月所调处的纠纷统计表 3-4 和比例图 3-10 中，我们可以清晰地看到，即便是处于现代性与传统性交接处的荥阳市，人民调解工作的重要纠纷对象仍然是贴近人们生活的婚姻、邻里、土地承包、房屋宅基、赔偿以及劳动纠纷。这些纠纷的数量在豫龙镇司法所 2011 年 1—5 月的调解案件中占据了绝对多数。虽然从图

3-10的调解类型比例图中，我们可以看到一个 13% 的其他纠纷类型，但这种类型的纠纷只是在 2011 年 4 月和 5 月才出现，其他月份并没有。并且，2011 年 4 月，该纠纷的数量达到了 5，占据当月纠纷总量的将近一半。[1]也就是说，从总量上来看，考虑到时间节点，其他类型的纠纷仍然只在纠纷总量中占据非常小的比例，尽管由于这一地区毗邻都市，这一类型的纠纷存在多种可能。

　　豫龙镇人民调解中心给本课题组提供了典型卷宗，该卷宗记录的记录纠纷类型正是一宗家庭纠纷。具体情形是这样的：

　　一个入赘女婿和丈人之间的口舌之争。丈人侯 X 认为女婿徐 XX 好吃懒做，还打骂老婆，于是就说了几句，结果徐 XX 不但摔锅、砸洗衣机、电视机，还打了侯 X，并闹起离婚。侯 X 申请人民调解委员会调解员高宝库以"万两黄金不为贵，一家和顺值钱多"的修辞，使得二人在"平等互利原则"下达成调解协议，不再闹事。[2]

　　这里的典型案例以及统计的纠纷类型反映的是城郊农村的生活样态，在这个城乡接合的乡镇中，社会主体之间的熟人身份使他们更倾向于息事宁人、社会成本低廉的纠纷解决方式，家丑不外扬，家和万事兴等传统社会的价值判断在这些纠纷的基本式样中得到修辞印证。纠纷类型基本上以"东家长、西家短"的鸡毛蒜皮为主，解决方式也是略加以"正式纠纷解决制度威胁"，但实际上却较为亲和，尊重双方任何地方性话语的方式，运用的是当地人所熟知的价值判断，即"万两黄金不为贵，一家和顺值钱多"。但效力辅助者却是现代法治的语词，"平等互利原则"以及过程中调解员以亲和的方式询问与纪律申明都强化了人民调解的正当性。[3]情、理、法在这

----

〔1〕　由于当时调研时对卷宗统计没有如事后般详细，对于这里的纠纷类型没有细做追究。因此，这一类型案件的集中出现很难作为人民调解扩展的依据。

〔2〕　资料来源：荥阳市豫龙镇乡（镇）办人民调解中心 2010 年 5 月调解卷宗。受理时间为 2010 年 4 月 28 日，调解日期为 2010 年 4 月 30 日，结案日期为 2010 年 5 月 25 日。

〔3〕　如调解员在调解开始时宣布调解纪律四项：①调解过程中，关闭手机，未经批准，不得录音录像；②当事人应听从指挥，按次序发言，防止乱抢；③发言中不得使用骂人挖苦语言，侮辱人格语言；④对已经达成的协议必须自觉履行。这些纪律的申明实际上强化了当事人对调解这一纠纷解决制度的认可。

里的纠纷解决过程中，有着含糊的界限。法律的规制借助于非正规的叙事和表达，而非法律的叙事和表达则通过披上法律修辞的外衣获得了被承认的合法性。而或许，这正是调解语言和调解魅力的强大合法性依托。[1]

（二）从鸡毛蒜皮到群体性事件

前文的检验目的在于强化人民调解制度的基本功能，人民调解制度的历史脉络以及价值取向都决定了它的基本功能在于贴近基层社会生活，排解纠纷类型具有轻微、小额等家常特征。从前文的宏观类型分析以及具体考查地点的样本分析中，这一点都得到了充分的印证。但同时，我们也看到，人民调解的解纷范围随着社会物质生活的变迁，随着司法政策的变迁以及社会管理方式的变化，也在发生着巨大变化。这种变化反映在宏观的案件类型上，就是婚姻家庭类纠纷，房屋宅基地纠纷、债务生产经营类纠纷比例逐渐在整个人民调解的解纷比例中走向萎缩。

经过案件类型学从公共性和专业性的分析，我们得出一个初步的判断，即人民调解的解纷范围正在越过传统的界限，从私人领域逐步扩展到公共领域，从一般领域逐步迈向专业领域。尽管我们经常看到的纠纷类型主体上仍然是家长里短的冲突。但与之同时，经济发展与社会转型过程中的一些新类型矛盾在走向社会主体生活的同时也走进了人民调解的解纷领域。其中，由于下岗失业、征地拆迁、企业改制、重组破产、其他突发事件等引发的群体性纠纷就是一个重要的类型。此类纠纷出现后，居民出于共同的利益和目标，以集群方式提出诉求，采取一种集体行动的方式，或者称为"集群行为"或"集合行为"（collective bahavior）。[2]群体性纠纷的社会影响较之一般生活纠纷要大得多，处理不好就可能引发上访，因此，

―――――――――

〔1〕 关于调解语言的研究，可参见程朝阳：《法庭调解语言的语用研究》，中国政法大学2007年博士学位论文。

〔2〕 集体行动（collective action）是指有许多个体参加的、具有很大自发性的制度外政治行为。参见赵鼎新：《社会与政治运动讲义》，社会科学文献出版社2006年版，第2页。

这种类型的纠纷形态也是社会控制的一个重要关注点。

　　当前的资料表明，人民调解网络的扩展已经渗透到这一领域，并且相当成功地化解了一些重大的群体性纠纷。尽管这里的考察样本是河南的人民调解，但人民调解制度介入群体性事件最典型的范本却是上海市长宁区的"李琴工作室"。[1]作为中国经济发展的中心之一，上海所历经的纠纷样态在一定程度上表征了中国城市化过程中的一个未来。人民调解制度在这样的纠纷样态中所扮演的角色也能够预测出这一解纷制度在未来其他城市社区所可能会起到的解纷效用。根据学者的研究，从 2006 年开始，李琴工作室共介入解决了群体性事件 14 起，主要涉及居住环境、拆迁、物业等方面的纠纷类型。[2]李琴工作室的介入使得人民调解制度成为防止此类纠纷恶化的第一道防线，成功地充当了社会安全阀的作用。[3]上海的经验有着特殊的本地元素，如工作室和当地政府、司法局、街道办事处与派出所的嵌入式关系使得李琴工作室能够成功地实现资源整合。[4]但所有这一切的实现却和政府支持和鼓励地方自治不可分离，这是李琴工作室产生的根本原因。而此种支持当前已在全国铺展开来，由此类推，人民调解网络覆盖群体性纠纷式样将会逐步推广开来。

　　课题组在考察河南省郑州市金水区人民调解后，对金水区人民调解案例汇编进行了整理分析。在金水区司法局于 2010 年编制的

---

　　〔1〕　关于李琴工作室，人民调解最近的研究中经常提到，这里出现了政府对公共服务的购买现象，而李琴调解工作室承担的正是公共服务的一种。相关研究如范愉：《社会转型中的人民调解制度——以上海市长宁区人民调解组织改革的经验为视点》，载《中国司法》2004 年第 10 期。社会学方面对李琴工作室的详细研究，可参见陆春萍：《转型期人民调解机制社会化运作》，中国社会科学出版社 2010 年版。

　　〔2〕　具体可参见陆春萍：《转型期人民调解机制社会化运作》，中国社会科学出版社 2010 年版，第 30~80 页。

　　〔3〕　美国社会学家科塞在其功能冲突论中提出的社会安全阀制度或体制是社会的一种机制，它通过潜在的社会冲突来维持一个群体。安全阀可以使过量的蒸汽不断排出，而不破坏整个结构，冲突也能帮助一个动乱的群体"净化空气"，这样一个安全阀可以冲淡发泄敌意的出口，及时排泄积累的敌对情绪。[美] L. 科塞：《社会冲突的功能》，孙立平等译，华夏出版社 1989 年版，第 75 页。

　　〔4〕　参见陆春萍：《转型期人民调解机制社会化运作》，中国社会科学出版社 2010年版，第 30~80 页。

《金水区人民调解典型案例汇编》中，共收录了 50 个典型的人民调解案例。诚如前文所言，这 50 个案例中，绝大多数是婚姻家庭、小额债务、邻里纠纷等生活琐事引发的，但其中竟有 8 项属于群体性纠纷，或可能转化为群体性事件的纠纷，在整个典型案例比例中竟然占据了 16% 之多。经过整理，我们将这些群体性纠纷的要素情形展现如表 3-5。

表 3-5　郑州市金水区人民调解介入的群体性纠纷

发生时间	纠纷原因	处理部门	处理结果
2008 年 7 月—2010 年 10 月	天然气爆炸	文化路街道俭学街社区人民调解委员会	调转诉胜诉，防止了群体性事件
2008 年 9 月	问题奶粉	东风路街道同乐花园社区人民调解委员会	超市退款
2009 年 12 月	民工集体讨薪	未来路街道锦江花园社区人民调解委员会	达成调解协议
2009 年 8 月	电梯赔偿侵权	大石桥街道天下城社区人民调解委员会	达成赔偿调解协议
2008 年解决〔1〕	物业纠纷（停水）	南阳新村街道群英社区人民调解委员会	恢复供水
2009 年 7 月	环境卫生扰民	大石桥街道优胜社区人民调解委员会	整修污染源
2009 年 5 月	施工死亡赔偿	东风路街道白庙社区人民调解委员会	达成 33 万元赔偿协议

---

〔1〕　这一纠纷的具体时间没有介绍，只是介绍了彻底解决的时间。

续表

发生时间	纠纷原因	处理部门	处理结果
2009 年 8 月	教委未备案住宅楼子女上学	东风路街道园田社区人民调解委员会	顺利入学
2009 年 5 月	工程施工扰民	未来路街道名门社区人民调解委员会	达成施工时间协议

由于这些纠纷大多发生在 2008—2009 年，在一个县级行政单位的城市社区，在一年左右的时间跨度，人民调解介入群体性纠纷并成功化解的规模使得我们可以依此做出一定的判断：人民调解的解纷范围在向群体性纠纷伸展。这一判断当然不能够反映出整个国家各个地方的特征，但对于人民调解制度的扩展脉络，作为一个代表性的规律，对于类似的城市社区，它仍然具有相当的说服力。尽管这种扩展带有国家推动的色彩，但自治性仍然得以在人民调解介入的过程中通过行动策略的运用而实现社区自治，从而推动社会自治能力的构建。如果将视野抽离这一话题区域，从更为宽泛的范围而言，人民调解解纷制度的前身，尤其是介入群体性纠纷样态迎合了转型时期国家社会管理创新的需要，作为一个治理方式的调解，以柔性的方式，通过行动策略的运用，完成群体性纠纷的消解，实现基层社会的和谐，正是我国社会管理方式转变的题中之义。

（三）从日常琐事到专业纠纷

根据法律规范的类型化设计，纠纷样态可以分为一般性纠纷和专业性纠纷。一般而言，更为专业化的纠纷要交给与之相对应的纠纷解决机制予以解决。基于此种认识，不脱离乡土空间的人民调解制度很少能够和专业纠纷联系起来。这当然有一定的历史原因，对社会组织自我解纷能力的不信任也是人民调解解纷范围受到限制，局限于特定类型纠纷的重要原因，尽管这种依托有着相当的合理性。

经济发展与社会转型带来了民众生活方式的转变，社会主体的专业性程度越来越高，民众对于一些专业性纠纷的熟悉程度甚至会超过作为裁判者的法官。由此所导致的结果是专业性的仲裁机构大受欢迎，行政调处制度深入到特定的专业纠纷之中。尽管这些解纷制度各有各的优势，但相对于人民调解而言，其成本和公正性都不能相及。仲裁的专业化特征使得它的运行成本要远远高于人民调解。行政调处虽然符合国人解决纠纷找政府的心理惯性，但是其公正性方面常常受到当事一方质疑，并且经过行政调解达成的调解协议目前在法律上的效力也没有得到规范性的认可。此外，行政调处的解纷方式由于行政主体的身份常常会给具体处理者造成责任追究的困惑，从而导致疑难案件推脱躲闪的现实困境。

这种背景之下，无论是对于纠纷当事人，还是对于行政主管部门，一种新的解纷方式的介入都是被期许的。实践中也确实得到了印证，良好的效果也证成了人民调解向专业领域扩展的可能性和可行性。在这方面，我们考察了河南省洛阳市医疗纠纷人民调解委员会，从其完全自足的运作模式以及医院、当事人、政府三方共赢的局面中，人民调解走向专业化的发展方向已初现端倪。我们来看一下洛阳市医疗纠纷人民调解委员会的产生及实践运作模式。

> 据统计，2006年至2008年，全市共发生医疗纠纷1118起，其中发生闹事、上访情况的达35%，院方因医疗纠纷赔付达1755万元，严重影响了全市的医疗秩序、和谐稳定和整体形象……
>
> 分析以上问题，我们认为存在以下三方面深层次的原因：一是向人民法院提起诉讼周期长、成本高、结果难以预料；二是通过卫生主管部门行政调解，患方容易认为卫生主管部门和医疗机构是"父子"关系，对其调解的公正性心存疑虑；三是双方在发生纠纷后对责任划分有异议，赔付数额差距较大，出现僵持或对立……[1]

为了应对这种现象，洛阳市的做法是：

---

[1] 资料来源：课题组对洛阳市司法局的调研资料。

一是组建了医疗纠纷专业调解组织。市、县分别成立了医疗纠纷人民调解委员会（以下简称"医调会"），分别负责市区及各县医疗机构医疗纠纷的调解，主要调解索赔金额在 5000 元~5 万元之间的纠纷……市医调会聘用了医学专家、法律工作者共 4 名专职人员，从事调解工作。同步成立市医疗纠纷理赔中心，选派 3 人专职从事理赔工作……二是创新医疗纠纷人民调解经费保障制度。市区二级以上医疗机构按照卫生技术人员及开放床位数缴纳医疗纠纷保险，专门用于医疗纠纷理赔，由承保保险公司采取分户式基金管理、结余滚存……2010 年，从医疗机构缴纳的医疗纠纷基金中提取 15% 作为市医调会和理赔中心的人员工资及办公经费，以后根据实际需要动态调整；医调会的办公经费按每人每年 5000 元拨付，调解员工资参照政府购买服务的标准发放。各县成立的医疗纠纷人民调解组织经费可参照上述标准执行。

一年多来，市医调会受理并调处医疗纠纷 87 件，调解 308 次，调成率为 100%，患方提出索赔金额 1257 万元，调解后实际赔偿 274 万元……2010 年，全市发生医疗纠纷 272 起、同比减少 27%，赔付金额 427.6 万元、同比减少 23%，聚集围闹医院的医疗纠纷突发事件 8 起、同比减少 61%，没有出现堵路等严重扰乱社会秩序的现象。[1]

河南省洛阳市医疗纠纷人民调解委员会的产生和实际运作正好验证了人民调解由乡土社会的一般纠纷走向专业领域的可行性和可能性。其可行性和可能性是通过人员保证、资金保障和社会需要三个方面来实现的。从洛阳市医疗纠纷人民调解委员会运作一年取得的效果来看，它不仅为纠纷当事人（包括患者和当事医院）节省了社会成本，还为作为主管部门的卫生行政部门解决了相当大的业务困难。并且，这一机制的运作还为保险公司和当事医院省下了用于

---

〔1〕　资料来源：课题组对洛阳市司法局的调研资料。

理赔的经济资源，从而实现了多方共赢的局面。

由此，人民调解解纷制度介入专业性纠纷也成为一种可以验证的趋势。这种介入有着现实的社会需要，并且这种介入没有脱离人民调解民间性、自治性、群众性的基本属性，只是将这些基本属性进行了扩张，充分动员起社会的自治能力，从而将政府和社会的距离在特定的纠纷类型上拉开。这种倾向当然不仅是在医疗纠纷方面，劳动争议、消费者纠纷等本来专属一些特定机构处理的纠纷类型现在也常常出现由人民调解先行介入的情况。这种现象正好印证了人民调解解纷制度走向专业性领域的发展趋势。

（四）从私人领域走向公共空间

前文的类型学分析表明，人民调解的解纷范围存在着从一般纠纷走向专业纠纷的趋势。这一点在实践中得到了印证。从社会学意义上的类型学来看，人民调解的解纷范围还有着另外一个特征，那就是，越来越跨出私人领域而走向公共空间。当然，走向公共空间并不意味着公民的隐私权利遭受侵犯，这一问题在立法的过程中也备受争论，现代人民调解越来越重视保护公民的隐私权利，这在规范上的体现就是当事人要求不公开调解的权利。[1]当事人的此种权利以及当事人对此种权利的需求恰恰是人民调解这一解纷系统迈向公共空间的一个重要条件。

现代人生活方式和生活场域的流动性大大加强，尽管新的基层社区正在形成，但受到传统工作单位制约，居住生活在固定区域的单位人不复存在已是不争之实，社会主体的流动化并不能阻却带有集团性特征纠纷出现的可能。走出制约流动的单位后，社会主体之间的公共生活仍然存在着相当大的空间交集，比如共同的居住社区，共同的消费地点，共同的娱乐场所等。尤其重要的是，尽管个人归属的单位不再如过去那般全能，但新的行业归属感却也在形成的过

---

〔1〕 关于不公开调解的理由和立法机关如何处理这一权利的问题，可参见王胜明、郝赤勇主编：《中华人民共和国人民调解法释义》，法律出版社 2010 年版，第 78 页；范愉：《〈中华人民共和国人民调解法〉评析》，载《法学家》2011 年第 2 期。

程中，行业的冲突带有较多的公共属性。这些社会空间交集的存在使得公共性的社会冲突有着现实的土壤。但和单位相比，这些公共场域却无力控制参与其中的社会主体行动。在这种情形下，公共空间的冲突或者带有公共属性的冲突出现后，纠纷解决系统就需要有一种能够取代过去单位制约力的体系。在这一点上，尽管行政和司法纠纷解决系统能够解决一部分纠纷，但其固有的经济、时间等高昂社会成本常常会将纠纷的正义程度降低。也正因为这种情形，人民调解制度的介入才有了恰当的时机。

实际上，在从鸡毛蒜皮走向群体性事件，从日常琐事走向专业纠纷的分析中，如果从社会学角度来审视，私人领域跨向公共空间的轮廓已经基本显示出来。同时，前文在宏观案件类型演化趋势的分析中，我们也看到，民间纠纷的范围形成了逐渐从私人领域走向公共领域的趋势。如果说群体性纠纷中人民调解的介入表征了这一解纷制度对公共领域的渗透，那么河南人民调解网络向公共生活领域的渗入则在微观层面上印证了这一判断。本题组在河南的人民调解工作调研中，看到如下的情形：

> 建立区域性、行业性人民调解组织，在大中型企业、集贸市场、流动人口聚居区、旅游景区、商贸区建立人民调解委员会，建立了医疗纠纷、交通事故、物业纠纷等人民调解委员会，驻人民法院、公安派出所人民调解工作室和以人民调解员个人名字命名的人民调解工作室等新型人民调解组织。目前，全省现有人民调解委员会 56 097 个，其中村（居）人民调解委员会 56 670 个，乡镇（街道）人民调解委员会 479 个，企事业单位人民调解委员会 1673 个，行业性、专业性人民调解组织 893个，构建了跨行业、跨地区、全覆盖的人民调解组织网络。[1]

这里所反映出的信息当然不仅是人民调解由私人领域迈向公共

---

〔1〕 参见张文静：《司法行政机关参与基层社会管理创新的地方经验综述》，载《中国司法》2012 年第 8 期。

空间，实际上，在专业化道路上，这里的信息也有重要的证成意义。我们可以清晰地看到，河南省的调解网络中，企事业单位[1]、区域性、行业性人民调解委员会已经初具规模。陌生人生活出现交集的物理空间和社会空间都分别成立起对应的调解委员会，从而实现这些空间管理方式的转变，提高纠纷解决的质量，减少纠纷解决的社会成本。旅游景区、商贸区等人民调解委员会的建立恰好在个案层面上证成了人民调解制度向现代公共领域的扩展。

五、结语

经过宏观案件类型的分析和整理，以及微观层面河南样本的检验，我们印证了人民调解制度复苏的合理性。诚如前文所言，这种制度复苏的合理性可以从历史的演进脉络中找寻，这一点国内相关研究已有所点明。[2]恰其如此，本书更关注社会语境对人民调解制度复兴所建构出的现实条件。这些现实条件的产生既是社会管理创新的先机，也是社会管理创新的需要。人民调解制度在社会转型期的制度复兴一定程度上迎合了我国社会管理思路的转向，即国家要赋予社会越来越多的自治力，激发社会的创造力。这一过程是历史性的，其演进有着递进的脉络，但这一过程中的规律却已经所凸显出来。如果用一句话概括，我们可以称之为行政后撤与调解前伸。这一规律转型不仅能够得到宏观案件和微观案件类型分析的证成，它还符合我国农村基层社会和城市基层社会转型过程中，国家对秩序价值的追求需要。

---

〔1〕 企事业内部设立人民调解组织始终遭到工会系统的反对，最后达成的妥协是"企业事业单位根据需要设立人民调解委员会"。具体分析参见范愉：《〈中华人民共和国人民调解法〉评析》，载《法学家》2011年第2期。

〔2〕 国内最具有代表性的研究学者为范愉，她很早就预见了中国多元化纠纷解决体系的建构为中国的纠纷解决系统的应然路径，人民调解制度应当是这一体系中的一环，具体可参见范愉：《非诉讼纠纷解决机制研究》，中国人民大学出版社2000年版，第17~27页。实际上，调解的复苏已经是全球趋势，关于各国调解复苏情形的介绍，可参见［澳］娜嘉·亚历山大主编：《全球调解趋势》（第2版），王福华等译，中国法制出版社2011年版，第1~35页。

具体来说，行政后撤与调解前伸分别迎合了农村社区和城市社区的基层秩序需要。

第一，在农村，人民调解能够产生柔性的秩序力量。经过几轮税费改革，农村基层政权越来越悬浮于农村基层上空，成为一个空架子。"政治牺牲行政"在一定程度上导致了农村社会秩序的失范。在这种情形下，社会冲突的解决失去了合理的排压路径，旧有的权威不能，也不愿轻易介入到农村东家长、西家短的纠纷中去，取而代之的秩序建构力量没有及时介入，或是由于社会距离太过遥远造成介入不及时，导致轻微的社会冲突常常出现恶化。当公共的秩序供给不能满足社会需求时，灰色的秩序供给力量就会出现。在这种情形下，人民调解借政策推动，以一种亲和的第三方面孔出现在农村基层社会之中，一改过去秩序维护者的"由上而下"面孔，采取"借力打力"的行动策略，尊重基层社会主体的权利，实现基层社会秩序的自生能力培养，恰好填补了行政后撤所造成的秩序失范空间。这种填补的方式是以一种柔性的方式进行的，以一种"自治的、民间的、群众的"秩序力量重新建构起国家和基层社会间的秩序桥梁，这正好契合了国家"十二五"时期以来社会管理模式创新的题中之义。

第二，在城市社区，人民调解能够缓解政府公共服务的供应不足。中国城市发展的过于迅速也造成了城市社区建设过程中各种公共服务无法及时跟上的问题，[1]城市新旧居民群体面临着各种各样的矛盾冲突。在城市化过程中，城市居民的就业问题，新旧居民之

---

〔1〕　根据最新数据，中国城市化率将超过50%，学者连玉明指出，随之而来的就是"五大矛盾正处于从潜在风险向公共危机转化的临界点上"：一是贫富差距正在进一步扩大，基尼系数超过0.5，逼近社会容忍线；二是社会深层次矛盾日益凸显并有激化的趋势，通货膨胀、社会分配不公、贪污腐败现象乃当前之首；三是社会治安形势严峻，无直接利益关系的群体事件或恶性事件呈现上升趋势；四是仇富、仇官、仇权的社会心态问题日渐突出，极易借助现代传播媒介迅速放大为社会危机；五是非传统安全危机正在成为公共安全的主要威胁。在这种形势下，社会管理的创新需求已经成为一个极为迫切的现实需求。参见连玉明：《关于社会管理创新和社会体制改革的几点认识》，载《大连干部学刊》2012年第6期。

间的群体偏见问题，新兴城市社区未及时跟上的物业服务，医疗、卫生、教育、交通设施等公共服务引发的问题等都需要有解纷的公共服务介入。遗憾的是，社会转型过程中，我国公共管理职能的转换并没有完善地处理好这些新生的问题。于是，政府对于民间应对纠纷的能力就有了需求，这一点从政府购买各式各样公共服务的实例中得到了验证。人民调解承担的功能是纠纷解决，并且是一种脱离政府的纠纷解决体系，这种纠纷解决体系能够及时应对城市基层社会出现的一定矛盾，激发城市社区自我修复的自组织能力，完成城市社区的秩序建构，从而缓解了政府公共服务供应不足的问题。上海"李琴工作室"，洛阳医疗纠纷调解委员会的产生正是例证。

当然，最后必须再次强调的是，人民调解只是我国整个纠纷解决体系中的一环，虽然它能够激发基层社会自我修复的自治能力，但这一制度并不是，也不可能是万能的。它只是提供了现代纠纷解决的一种思路，即社会管理创新过程中，行政后撤后的秩序维持该当如何？人民调解的柔性特质使得它能够担当起一定的解纷责任，但我们仍应该看到，社会纠纷的公共性和专业性程度不断提高后，到了一定的程度，必须有正规的纠纷解决方式介入才可能实现秩序的维护，在这一点上，我们必须保持清醒的认知，不可一味地万能化任何一项解纷制度，包括但不限于正在运动化扩展的人民调解制度。

第 4 章

修辞、隐科层与软暴力：
人民调解策略分析

——以北京市第三调解室为中心

一、问题的提出

作为纠纷解决的手段，人民调解指向的是基层社会中最常见的民间纠纷，其民间性、自治性和群众性特征也正是在对民间纠纷的规制中找到存在价值或意义。在对宏观意义上的特征进行概括和总结后，在微观层面上，作为一种纠纷解决方式的人民调解为什么会被纠纷双方所接受？

学界对此的研究，大体从人民调解制度的理念[1]、价值[2]及网络分布[3]展开。一般而言，指向的原因都是从宏观层面展开的，

---

[1] 相关研究参见苏力：《关于能动司法与大调解》，载《中国法学》2010 年第 1 期；常怡：《中国调解的理念变迁》，载《法治研究》2013 年第 2 期；雷磊：《德国的调解观念及其启示》，载《法商研究》2014 年第 2 期；刘坤轮：《人民调解制度的理念与价值》，载《财经法学》2015 年第 6 期。

[2] 相关研究参见董小红、韩自强：《论人民调解制度价值的渊源》，载《社会主义研究》2011 年第 3 期；唐茂林、张立平：《论人民调解的价值》，载《社会科学家》2009 年第 6 期；拜荣静：《人民调解制度的价值新论》，载《青海社会科学》2009 年第 1 期。

[3] 如陆思礼指出，"事实上，在中国，仅有少数的不满，人们才通过法院经由审判得以解决，更多的案件则通过法院内外的调解来抚平。造成这种情形的原因在改革开放以前被归结为党的意识形态、经验和实践，归结为代表国家的调解委员会对人们日常生活的无所不在的渗透"。转引自陆思礼：《毛泽东与调解：共产主义中国的政治和纠纷解决》，载强世功编：《调解、法制与现代性：中国调解制度研究》，中国法制出版社 2001 年版，第 117~203 页。也有学者指出，中国的乡土社会的确在一定意义上处于较为脱离管控的境况。正是这种状况使中国共产党强调发动群众，走群众路线，建立人民调解网络。也正是由于这一战略，才从总体上改变了中国农村社会先前的状况，中国的国家政权网络开始从清代的县进入到现在的乡和村。因此，传统人民调解的形成与发展是由社会诸多具体制约条件所共同促进的。参见宋明：《人民调解的正当性论证——民间纠纷解决机制的法社会学研究》，载《山东大学学报（哲学社会科学版）》2008 年第 3 期。

诸如自治、平等、自由、经济、效率、群防等大而化之的原因。然而，作为一种具体切入双方的纠纷解决制度，在微观层面上，人民调解制度要为纠纷当事人所接受，在技术层面上必然有其独特特点。学界在关注这些特点的时候，常常从人民调解的组织者或主体，也就是人民调解员角度切入分析，[1]也有从人民调解的对象，也即民间纠纷的类型分析，[2]还有从人民调解对纠纷调解的效果展开分析的论述。[3]尽管有些分析也会借助于个案予以支撑，但通常都是将其作为一种支撑性的材料，对于调解运行于纠纷之中的策略鲜有深入的挖掘，从而使得解纷策略要么被乡土社会的亲情礼法所吞噬，[4]要么演化为一种"送法下乡"[5]"迎法入乡"[6]或与之逆向论证的政治法律策略分支[7]，从而使得人民调解自身的特性淹没在这些分析仍稍显宏大的叙事之中，不能将人民调解介入民间纠纷的完整策略体系性展示清晰，从而影响作为一种解纷途径的人民调解策略的理论高度。

---

[1] 相关研究参见张西恒：《人民调解专业化问题探讨》，载《理论探索》2019年第4期。

[2] 相关研究参见刘坤轮：《行政后撤与调解前伸——基于人民调解的宏观与微观分析》，载张艳丽、徐昕主编：《北理法学》（第6辑），法律出版社2017年版，第1~41页。

[3] 相关研究参见刘家良：《论人民调解制度的实效化》，载《法商研究》2013年第4期。

[4] 如费孝通先生就指出，乡土社会的礼不是靠外在权力来推动，而是在教化中养成了个人的敬畏之感，使人服膺，人服礼是主动的，参见费孝通：《乡土中国 生育制度》，北京大学出版社1998年版，第49~51页。田成有指出，"在传统乡土社会，一旦村民们发生了纠纷与冲突，首先想到的当然不是法律，往往是请社区中声誉较高的长老、族长出面，以家族和乡邻为基础的人情、礼俗和习惯规矩来进行调解和缓和，正常使用的就是所谓的'都是一个姓，一个祖宗一家人''看在乡里乡亲的情分上''早不见晚见，等一类具有浓厚血缘家族和乡土意识的民间法进行指导，在这里，国家法是很少派上用场的"。参见田成有：《法律社会学的学理与运用》，中国检察出版社2002年版，第91页。

[5] 代表性研究如苏力：《为什么研究中国基层司法制度——〈送法下乡〉导论》，载《法商研究（中南政法学院学报）》2000年第3期。

[6] 参见应星：《"迎法入乡"与"接近正义"——对中国乡村"赤脚律师"的个案研究》，载《政法论坛》2007年第1期。

[7] 如学者就认为，现代社会"在处理乡村纠纷时，地方性的文化共识中的调解规范开始让位于现代法律，地方小传统的魅力逐渐被国家大传统的侵蚀力所消磨"，转引自赵晓力：《基层司法的反司法理论？——评苏力〈送法下乡〉》，载《社会学研究》2005年第2期。

正是在这个意义上，本书试图通过建构起一整套人民调解策略的理论框架，综合分析人民调解的压力策略、效力策略和语言策略，对切入民间纠纷的人民调解过程展开具体分析，以求对人民调解的策略理论实现知识增量的智识贡献。

二、分析框架和对象设定

基于本书研究的目的考虑，本书的分析框架主要是基于对人民调解可接受性的关注而建构，而这种可接受性主要来自对具体人民调解个案的过程观察，综合分析过程中所反映出的主体策略、语言策略和行为策略，以及这些策略背后的支撑力量，通过对相关理论研究的借鉴，对照建构起中国人民调解的策略理论。

（一）三维分析框架

如果把具体的人民调解个案当作一个具体过程的实践，那么，最好的分析策略应是社会学层面上的。一般而言，理论切入具体过程实践的策略包括两种方式，一种是抽象性的，也就是宏观结构和制度层面来解释社会实践，也就是所谓的结构—制度分析法。[1]另一种则是具体性的，梳理事件发生的整个流程，关注影响事件发生的各个要素及其背后的力量，从而建构起解释性理论及其逻辑要素，也就是所谓过程—事件分析框架。[2]但是，在切入过程中，两种分析方法常常互相交织，交错存在，形成混合型的分析框架，很难真正区分开来。[3]事实上，孙立平先生开创了过程—事件分析方法之后的研究而将这种分析框架调整应用于市场转型的分析时，过程—

---

[1]　关于社会实践的结构—制度分析框架，可参见谢立中主编：《结构—制度分析，还是过程—事件分析？》，载《中国农业大学学报（社会科学版）》2007 年第 4 期。

[2]　关于过程—事件分析框架，可参见孙立平：《"过程—事件分析"与当代中国国家—农民关系的实践形态》，载清华大学社会学系主编：《清华社会学评论》（特辑①），鹭江出版社 2000 年版，第 1~20 页。

[3]　关于结构—制度分析框架和过程—事件分析框架之间关系的研究，可参见谢立中：《结构—制度分析，还是过程—事件分析？——从多元话语分析的视角看》，载《中国农业大学学报（社会科学版）》2007 年第 4 期。

事件分析框架被分解为对市场实践过程、机制、技术和逻辑四个环节的结构，已经和结构—制度分析框架融为一体了。[1]

由此可见，对于某种具体的制度实践，两种分析框架尽管关注点不同，但在解释性的走向上，最终仍然有着异曲同工之处，这种糅合正是本书所要借鉴之处。本书意图通过对人民调解个案事件的关注，通过拆解个案调解的过程要素，以期在微观层面完成对调解策略的理论升华，同时对作为一种制度的人民调解，形成结构合理性的理论回应。从这个意义上说，在宏观的分析框架上，本书采取的是一种类似社会学的过程—事件分析框架，但在具体的分析策略上，受赵晓力先生的关系/事件分析方法之启发[2]，本书则借鉴桑托斯先生对巴西里约热内卢市一个贫民区（桑托斯将之虚构为"帕萨嘎达地区"）做的关于纠纷预防和纠纷解决的法人类学分析，在对纠纷预防的可诉性、纠纷处理和法律修辞的整体分析框架下，细致推敲、厘清了纠纷处理过程中的论题、程序和形式之间的纠缠关系，展示了纠纷处理过程中语言和沉默的功能和作用，进而结合该地区的纠纷解决个案的过程描述予以印证，并由此回溯分析出该地区特殊的纠纷解决方式构成了与国家正式法的相互交错，具有非职业性、易接近性、参与性和共识性四个特征。[3]

通过对以上宏观和微观层面分析策略的借鉴，考虑到人民调解处理纠纷的民间性特征，本书在整体的分析框架上，采用的偏向于过程—事件的分析框架，但在具体的分析要素上，本书尝试建构起修辞、隐科层和软暴力的分析框架，以此来分析人民调解的解纷个案。这里无意陷入概念的细节争论，因而，首先对修辞的内涵略作

---

〔1〕 参见孙立平：《实践社会学与市场转型过程分析》，载《中国社会科学》2002年第5期。

〔2〕 赵晓力先生指出："在这种进路看来，事件并不是一个封闭体，而是一系列复杂的关系构成，他得以使我们可以凑近事件去观察人们在事件中展开的各项策略以及这些策略得以施展的条件。"参见赵晓力：《关系/事件、行动策略和法律的叙事》，载王铭铭、王斯福主编：《乡土社会的秩序、公正与权威》，中国政法大学出版社1997年版，第520~541页。

〔3〕 参见［英］博温托·迪·苏萨·桑托斯：《迈向新法律常识——法律、全球化和解放》，刘坤轮、叶传星译，中国人民大学出版社2009年版，第121~199页。

说明，所谓修辞，采用的最广泛最通常意义上的内涵，既包括"说服的艺术和技能"[1]，又包含"通过象征符号的使用影响他人的思想、感情、态度、行为的实践"。[2]既有法律层面的话语艺术，也有非正式话语的民间表达。在纠纷解决的过程中，它可以是知识形式，也可以是一种语言艺术，抑或是二者的杂糅体。但无论如何，作为分析框架的修辞，指向的是传播沟通意涵的语言及象征性符号。

所谓"科层"是马克斯·韦伯所创设的一个对现代政治社会的分析范式，是一种以规则为主体的现代组织体系与管理方式，它具有以下四个方面的特征：一是劳动分工和专业化；二是等级权威；三是规章制度；四是非人格化取向。[3]现代政治治理体系现代化的重要表征均体现在马克思所分解出的科层制的四个维度或面向上，并且具有弥散性的特征。但是，作为处理民间纠纷的制度，人民调解切入个案的分析框架中，并不完全适用马克斯·韦伯的现代科层理论，比如在职业化和非人格化取向方面，就与现代科层体系具有不尽相符之处。但是，作为实践中可被纠纷当事双方接受的解纷方式，人民调解也确实具有可以为之背书的规章制度，能够形成一定的等级权威和实践效力，[4]而同时，尽管人民调解员具有非职业化的规范特征，但在实践之中，大城市或特定形态人民调解室的空间场域和特定的规范着装，已经建构起剧场化的纠纷处理效果，具有准职业化的特征。从这个意义上，人民调解对于纠纷处理的可接受性方面，承载着非典型性科层治理的特征，这一特征的提炼对于个案分析具有指导意义，因而，笔者将之概括为"隐科层"，泛指人民调解运作过程中为催生调解效力发生或实效产生而采取的一系列技

---

〔1〕 Aristotle, *Rhetoric*, trans. by W. Rhys Roberts, New York: Random House, 1954.

〔2〕 刘亚猛：《追求象征的力量：关于西方修辞思想的思考》，生活·读书·新知三联书店 2004 年版，第 2 页。

〔3〕 苏运勋：《科层化：基层治理转型的实践及其反思——基于鄂西贫困农村的调研》，载《中共宁波市委党校学报》2018 年第 6 期。

〔4〕 比如，《人民调解法》第 33 条第 1 款规定："经人民调解委员会调解达成调解协议后，双方当事人认为有必要的，可以自调解协议生效之日起 30 日内共同向人民法院申请司法确认，人民法院应当及时对调解协议进行审查，依法确认调解协议的效力。"

术性手段或特定外在表现形式。

与以上两个分析维度相关联的是人民调解切入个案时所运用的软暴力。在法人类学学者鲍贝尔看来，法律是暴力的授权行使，现代的法律观一般也认为，物化的强制是法律效力的重要保障，并且一般而言，这种强制是以国家名义展开的。[1]因此，如果要分析纠纷解决制度的可接受性，不切入该制度背后的暴力特征显然并不合适，但是，作为一种民间自治的群众性解纷制度，人民调解的暴力并不直接带有国家名义的物化暴力特征，而是需要一种中介性力量，也就是当事双方申请下的确认程序。从这个意义上，当对人民调解切入个案进行过程—事件分析时，就不能以纯粹法律上的暴力要素来展开，而要重新建构起一个新的术语，这也就是"软暴力"，本书在这里将之界定为非直接或非需要介质的暴力方式，软暴力通常需要国家正式暴力机关的肯定或纠纷当事双方的配合才存在发生的可能，并不能直接产生强制的力量。

由此，本书对人民调解介入个案的策略建构起来修辞、隐科层和软暴力的三维过程—事件分析框架，这一分析框架构成一个纠纷解决的体系（如图4-1所示），围绕着民间纠纷，通过各自所涵括的分解性要素释放解决性力量，最终完成对民间纠纷的化解，并进而强化人民调解制度的根本属性和制度价值，因此，从这个意义上，这个分析框架也就同时构成人民调解对个案纠纷的解纷维度。

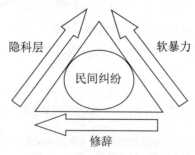

隐科层　　　　软暴力

民间纠纷

修辞

图4-1　人民调解策略框架图

─────────────

〔1〕　参见刘星：《法理学导论》，法律出版社2005年版，第37~47页。

　　笔者认为，在这三维框架中，修辞处于底座的位置，它集中反映出人民调解员在切入民间纠纷过程中所采取的语言艺术和劝服技能，是一种由人民调解群众性衍生出的支撑性策略，与其他两个维度相比，修辞通过移情策略、说理策略和论法策略，构成了成功解纷的策略基础，也是其他两种相对隐性策略的外化表现。隐科层则通过专业化或准职业化策略[1]、合法性策略，间接地隐射出人民调解的公正策略，进而树立它切入具体纠纷的权威策略，从而影响当事双方达成并接受调解协议，这一策略在整个纠纷解决过程中指向的纠纷争议焦点和依据，具有跟踪性的点题地位。软暴力则通过心理专家、法律人身份、着装等符号性策略，辅之以特定场域的剧场化效应，引导纠纷双方对纠纷最终解决结果可能性的内心认同或畏惧，但同时又在不过度强调最终结果特别有利一方的基础上，引导纠纷当事人形成对调解结果的内心认同，因此，这一分析维度下的策略具有目标达成的重要地位。

　　经过整理，三个分析维度及其策略、所居地位如表 4-1 所示：

表 4-1　三个分析维度的策略及其地位

分析/解纷维度	外化策略	地位
修辞	1. 移情策略 2. 说理策略 3. 论法策略	基础性地位
隐科层	1. 专业化或准职业化策略 2. 合法性策略 3. 公正策略 4. 权威策略	点题地位

---

　　[1]　一如前文所言，笔者并不支持人民调解过程中的专业的法律工作者角色出现，但在人民调解过程中，专业化的心理专家以及特定问题的专业人员，则是人民调解所并不排斥的。所以，这里的专业化一般是指法律职业之外的专业人员，尽管第三调解室引入了律师参与。而准职业化则是针对人民调解员的，可以具有一定的法律知识，但又不应当是严格意义上的律师。

续表

分析/解纷维度	外化策略	地位
软暴力	1. 符号性策略 2. 剧场化策略 3. 认同策略	目标达成地位

（二）个案分析对象

本书所希望追求的是对人民调解介入具体纠纷个案的过程—事件考量，因此，从研究效果的角度来说，最后的研究方法应采用法人类学的田野调查法，深入人民调解介入个案纠纷的解决现场。然而，因为身份的限制，笔者在对大量人民调解委员会和调解员的调研过程中，都无法实现进入真实现场的目的，无法有效体验人民调解的剧场化实效。同时，鉴于近年来"枫桥经验"重新受到重视，[1]人民调解的经验推广活动此起彼伏，尤其是在经济发达地区的发展演进，一些带有新型特征的人民调解形式不断出现，也催发了笔者关注的动力。因此，本书选取同时具备剧场效应、发展前景、崭新形态的人民调解个案作为分析对象，而北京市第三调解室的个案解决，恰好能够满足这些特征。根据百度百科的介绍，北京市第三调解室是国内第一档具有法律效力的排解矛盾、化解纠纷的电视节目，节目将司法局的人民调解室，公安局的联合调解室，人民法院的庭前调解室搬进演播室，节目现场将有人民调解员、律师[2]、心理专家为当事人答疑解惑、梳理思绪，促使各方当事人达成调解。节目当场签订人民调解协议书并加盖人民调解公章，协议具有法律效力，当场生效，追求给法律赋予亲情温度，给人心注入柔软的

---

[1]　比如中国法学会青年论文，中政委的活动等。

[2]　在笔者看来，律师的出现对于人民调解而言，实际上并不合适，因为从法律属性来看，人民调解具有典型的民间性、群众性和自治性，而根据《人民调解法》第14条第1款规定："人民调解员应当由公道正派、热心人民调解工作，并具有一定文化水平、政策水平和法律知识的成年公民担任。"尽管，从条文层面并不严格排斥律师群体的介入，但律师强烈的职业化特征对于人民调解的群众性特征构成了扭曲，因而笔者并不完全赞同。

力量。[1]

通过笔者的观察，第三调解室中所展示的民间纠纷个案，常常带有一定的不合法特征，这恰好契合了人民调解"不违法"的"合法性特征"。[2]同时，电视所具有的特殊公开性将当事人的纠纷置于社会大众的视野之中，瓦解了印刷品在社会群体之间产生的社会等级体制，[3]扩大了社会整合的规模，[4]从而重新建构起一种隐形的科层体系压力和软暴力压力，使得具有基础性地位的修辞能够更好地通过移情、说理和论法策略对纠纷当事人形成认同压力。正是在这个意义上，第三调解室的调解个案，适合于本书所欲建构的民间纠纷的解纷维度，也构成了本书选取其中个案的主要原因。

三、个案与切入

尽管近年来一直在追求转型，但不可否认，北京是中国的政治文化中心。正是在这个意义上，北京的民间纠纷既承载着民间纠纷的传统特征，比如邻里、婚姻、继承、赡养以及轻微侵权等传统纠纷类型，但更带有社会转型时期的典型经济特征，尤其表现在财产权的归属问题上，前现代与现代，传统与当代，情感与法理之间的冲突最为激烈。从这个意义上，对于北京市民间纠纷的介入，最能反映人民调解之于当代社会的制度意义。

下文中，笔者随机选择了一例第三调解室现场调解的民间纠纷，

---

〔1〕 详细介绍参见"第三调解室"，载百度百科，https://baike. baidu. com/item/%E7%AC%AC%E4%B8%89%E8%B0%83%E8%A7%A3%E5%AE%A4/7168214？fr＝aladdin，最后访问日期：2024 年 3 月 7 日。

〔2〕 人民调解的合法性依据为《人民调解法》第 3 条第 2 款，具体规定为："人民调解委员会调解民间纠纷，应当遵循下列原则：……（二）不违背法律、法规和国家政策……"

〔3〕 J. Meyrowitz, *No Sense of Place*：*The Impact of Electronic Media on Social Behavior*, Oxford University Press, 1985, p. 23.

〔4〕 参见 ［美］戴安娜·克兰：《文化生产：媒体与都市艺术》，赵国新译，译林出版社 2001 年版，第 30 页。

试图运用过程—事件的分析方式，探析人民调解切入具体纠纷的剧场化过程。在这个过程中，验证人民调解解纷三维框架的具体策略应用。

案例 1

基本案情：赵家大哥 1955 年 18 岁离家去甘肃玉门工作，照顾家庭，2013 年因孙子到北京 XX 大学上大学，返回北京照顾孙子，这时大哥已经 80 多岁了，接纳弟弟的帮助，借住在弟弟家的在清河的产权房里，那时弟弟弟媳家清河的房子闲着，大哥和大嫂说借住 3~5 年，自己承认没说一直住下去，结果到第五年时，琐事堆积导致矛盾爆发，弟媳因想要回房子导致和弟弟发生矛盾，协议离婚，房屋归弟媳所有。弟媳所有的房子目前由大哥借住，照顾北京的孙子，大哥和大嫂不腾退房子。老人希望兄弟和睦。弟弟为照顾哥哥一家，差点因没带速效救心九丢了命，但哥哥嫂嫂只是要求弟弟感恩，对弟弟的遭遇的反应，让弟媳不满。2003 年，赵家母亲去世，留下一处承租的红桥的两居室房子，但是，赵家母亲在世时，留下了一份全家人签字的协议，将红桥的房子大屋给大哥的儿子，小屋给小弟的儿子。目前，这处红桥的房子因当时由弟弟弟媳居住，现在小弟这边不愿意分割。大哥大嫂一家不满。弟弟、姐姐、妹妹和弟弟儿子的户口在那。哥哥的户口不在那，但哥哥先对此提出要求。姐姐妹妹不参与纠纷。清河的房子目前由大哥的孙子居住。在这个案件中，弟媳的诉求是：要回房子，因为大哥一家说住 3 年，现在住了 5 年，另外再要 2 年房租外加折旧费。哥哥的诉求是：要求弟弟给哥哥 150 万元，才搬出去；或者搬回红桥的房子。

经过现场调解最终，调解员提出方案：仅解决居住问题。然后，调解团队通过背对背调解对大哥提出，腾出产权房，由弟弟每月给哥哥拿出 1000 元租金。但大哥要求每月提出最低每月给 1500 元。但弟弟提出：要求小弟全部出租金，但小弟要求租金补贴上限是 800~1000 元，自己工资不高。最终，调解协议达成：①大哥一家 30 日内腾出私产房。②腾出后，每月小弟给大哥方提供 1500 元租房补贴。③弟弟维持居住现状，直到房子拆迁再分割相关利益——协议双方确认。[1]

案例 1 所涉及的纠纷形式是亲情破裂，这是纠纷的外在表现形式，但是，实际上，真正的争议则是两处房屋的分割问题，这一纠纷掩盖在兄弟二者及其家庭成员外在的亲情争议之下，分别构成了显在和隐在的问题。对于纠纷实质的认知，决定了调解程序的顺利展开和纠纷调解的最终效果，这既是作为第三方的调解团队需要把握的，也是分析人民调解切入具体纠纷个案所要首先明确的。当然，这是一起典型的成功范例，这个案件的调解过程，除了主持人外，共有三名调解员和另外一名身着制服的工作人员[2]参与，分别为心理专家毕金仪、律师安翔、北京市人民调解员郭秀华。其中，主持人和心理学家毕金仪着便装外，其他三人均着制服正装，其中，北京市人民调解员郭秀华制服上衣配有徽标，形成一种隐形的科层化符号，隐含着纠纷解决方式的见见暴力支撑。通观整个案例的切入与解决，修辞、隐科层和软暴力均有着各自的存在和运行方式，它们互相作用，共同决定着整个纠纷的解决。

案例 2

毛女士和继母的矛盾。当事人毛女士，继母陈女士。

毛女士叙述：父亲去东北认识陈女士，几天后结婚，于 2001 年 8 月 10 日领取结婚证。陈女士直接被父亲带了回来。介绍过陈女士的情况，说是带一孩子，要上大学，经济情况不好。父亲的初衷是照顾奶奶。但是，陈女士来了之后，父亲就不照顾奶奶了，搬到了毛女士家，最后父亲在毛女士家去世。陈女士比父亲小了 16 岁，只比毛女士大了 11 岁。奶奶的去世情况给毛女士造成了影响，毛女士

---

[1]　本案例选自北京市第三调解室 2018 年 9 月 7 日和 9 月 8 日两期节目，节目名称"落叶归根 何处是家"。鉴于节目时长的问题，案例仅选取关键性的对话，提供分析材料。

[2]　整个节目过程中，未显示该工作人员的具体身份。

一直不认可父亲和陈女士的婚姻，原因是他们的结婚证不是在北京领取的，而是在齐齐哈尔领取的，二人也经常吵架打架。毛女士难以释怀，认为父亲委曲求全，另有原因，陈女士逼着父亲给办进京户口，并取得成功。

陈女士叙述：毛先生说来北京不要和大姑娘多来往。但陈女士无怨无悔对待毛女士，比如帮着开饭店等。毛女士不认可。毛先生去世住院的1个月，都是陈女士照顾的，毛女士回来后照顾了2天父亲去世。陈女士埋怨毛女士不回国。毛女士埋怨陈女士不签字耽误病情。

矛盾焦点：父亲留下一处位于酒仙桥的两间公租房。房屋是毛女士父母离婚时留下的。毛女士及其女儿孙子户口在该房屋外。现在房屋要拆迁，需要变更承租人，需要两人配合，但无法达成协议。陈女士有毛先生遗嘱：一旦自己先逝，房屋由陈女士继承。心理学家毕金仪和律师孟宪勤指出：遗嘱处置公租房，没有效力。

重回纠纷：陈女士是毛女士的第二任继母，第一任继母去世，自己后海有一处房，换到了十二街坊两间房，第一任继母有一个女儿韩女士。2010年5月22日老人去世，之后，在毛女士主持下，陈女士已经得到了十二街坊一间房子，现在父亲酒仙桥的房子要拆迁，陈女士要继续主张权利。

调解过程：调解团队指出，承租房法院不会受理，只能调解解决。调解程序一：将毛女士和陈女士请到一起，开始面对面处理。心理学家毕金仪要求陈女士明确诉求。再次分离背对背：陈女士方提出，毛女士还有一个亲妹妹，毛先生离婚时判给了母亲，但陈女士及其子主张她也应该参加。毛女士说，自己亲妹妹不会参与，同意姐姐分配方案。但调解团队联系到妹妹时，她对毛女士的说法不予认同，要求主张自己的权利。调解团队：建议参照遗产调解各方矛盾。但因各方诉求不一致，但当时没有达成合意。

事后反馈：调解协议双方不予认可。[1]

与案例 1 相比的成功解决相比，案例 2 最终并没有实现调解的成功运作。从形式上来说，这里的调解团队，与案例 1 并没有太多的差异，依然是心理学家、律师、人民调解员和节目主持人。调解的程序同样充分尊重了纠纷双方的陈述权利，但这里涉及场外人员的介入问题，也就是说，同样涉及表象的争议和实质的争议之间的张力问题。表面上，矛盾是毛女士和陈女士之间的，但实际上，毛女士避开了同样具有主张权的非亲生妹妹韩女士，她的存在在一定程度上将争议矛盾由双方变成了三方矛盾，也由此影响了调解方案的达成和协议获得认同的可能性。

案例 3

聂家姐弟 4 人，因父亲名下的一处 17.4 平方米的公租房拆迁引发矛盾。大姐和三弟主张，小弟将拆迁补偿全部占据了。2001 年，聂家父亲将在东城区的公租房承租人更名为聂家小弟，大姐认为父亲是不同意的，其他姐弟都不知道。老三在公租房旁边自建了一间房子，拆迁办只针对承租人，小弟要了两套回迁房，52 万元拆迁款。之后，小弟将一套回迁房赠予给了三哥，并给了三哥 8 万元。但小弟主张，变更承租人时，父亲母亲健在，一起变更的承租人。姐姐的依据：这房子是父母的，拆迁款必须四个子女平分。父母健在时，一直和小弟生活在一起，但大姐和老三主张，小弟是啃老族，从 2009 年到现在没工作，所以不同意分拆迁款。小弟说，母亲半身不遂，父亲 2007 年腿摔折了，平常都是自己照顾。聂姐二姐不直接参与，但意见和大姐和三弟一致。分拆迁房的时候，三哥和小弟签了一个协议，三哥接受小弟赠予的一套回迁房，放弃拆迁补偿款。

---

[1]　本案例选自北京市第三调解室 2018 年 8 月 21 日节目，节目名称"女人何苦为难女人"。同样，案例仅选取关键性内容，提供分析材料。

调解团队方案：三哥放弃向小弟主张权利，大姐和二姐没有权利，拆迁补偿权属上属于小弟，回归亲情。

老三和小弟接受，大姐和二姐表示不接受。调解方案没有缓解大姐、二姐和小弟之间的关系，但在老三和小弟之间取得实质成功。[1]

案例3同样属于典型的民间经济纠纷，大姐、二姐、老三和小弟之间表面相互指责对方不孝顺父母的背后，仍然是对于拆迁补偿的权利主张。相对而言，由于本案各种书状证据完整，经济权利的归属问题较为明确，因此，处理过程中，调解团队的方案也较为简单明了，调解的策略也因之更偏向于以修辞策略修复亲情关系，以软暴力策略要求大姐、二姐和老三接受调解方案。但结果显示，法律背书的公正化方案在实际的案例中并不能同时完成情感修复和争议解决的双重目的。在这个案例中，大姐、二姐最终对于调解方案的不认可就表明了这一点，尽管实际上她们二人并不是合法的权利主张方。经过调解团队的说理和论法，老三明确了自己的权利界限，接受了调解方案，从这个角度来说，实质的纠纷得到了解决，也就是说，合法性的介入使得纠纷的争议在正式意义上得到了权利边界的确定。但形式上显在的纠纷，兄弟姐妹之间因经济纠葛而导致亲情淡漠，并没有因此得到缓解。

案例4

27岁的周先生和52岁的张女士婚姻出现了问题。二人结识是因为周先生生病遇到了医生张女士。周先生主动追求的张女士，但二人年龄悬殊没有能够通过婚姻的考验，婚后产生大量矛盾。周先生陈述：自己早期被原生家庭嫌弃，长期在外漂泊，打工又受了伤，后来遇到了张女士，以找依靠的初衷和张女士在一起。周先生认为，直接对年龄这么大的张女士付出这么多，但没有得到相应的报酬，

---

[1] 本案例选自北京市第三调解室2018年9月11日和9月12日两期节目，节目名称"哥俩的矛盾"。同样，案例仅选取关键性内容，提供分析材料。

她给自己的儿子每月1500元钱，给自己只有300元，周先生认为不公平，张女士将房子和钱都给自己儿子，自己的付出没有意义，经常在张女士每个月发工资的28号，就各种闹腾，半夜离家出走。张女士陈述：自己给周先生摩托车买了2辆，电动车买了1辆，电脑2台，手机6个，但因为儿子上大学，所以每个月给他1500元，给周先生每月300元，周先生是无理取闹。

画外音：张女士出于内心担心对丈夫行为严格规定：担心对方拈花惹草，规定周先生不许出门，不许下坑，不许乱花钱。实际上等于是包吃包住加每月300元。这让周先生感到尴尬，但周先生同时表示，自己因为身体有伤不能工作。

周先生的处境和主张：不能工作，不想真的离开张女士，但需要张女士给更多的钱，为以后生活找到保障。

张女士的处境和诉求：希望周先生留在自己身边。

调解团队方案：建议张女士给他每月由300元增加到500元。如果周先生愿意出去打工的话，也允许他去打工。双方予以接受。[1]

这个案例是一个婚姻纠纷，表面上和之前的三个案例都有所不同，但实际上仍有相通之处，也就是都带有经济诉求的属性，区别仅在于这个案例中，是一方对另外一方的经济索取和对方付出之间的张力。张女士对周先生的索取是一种情感索取，这在一定程度上引入了自由的问题，这也是导致周先生不满意的地方，同时，因为参照系，也就是张女士儿子的存在，使得这种经济和自由的限制问题更加影响到了周先生对于婚姻的态度，也就产生了表象上的情感危机。这个案例之所以能够成功解决，实际上和二者对于对方地位的依赖有着直接关系，周先生和张女士都不想和对方真正割裂关系，这是二人纠纷解决的实质落脚点，而调解团队敏锐地抓住了这一点，并对双方的行为形成民间话语层面的评价，最终促使双方各退一步，完成了关系的修复。

---

〔1〕　本案例选自北京市第三调解室2018年9月10日节目，节目名称"大女人和小丈夫的婚姻问题"。同样，案例仅选取关键性内容，提供分析材料。

这里的四个案例都是随机抽取的，观看之前，笔者并不知道案件的具体内容，综合起来，这里的案例具有经济较为发达地区的典型特征，关涉的多是财产性争议，案例 1、案例 2 和案例 3 直接是关涉到房屋分配的问题，案例 4 形式上为婚姻问题，实际上仍然关系到经济主张的配置。应该说，正是这种与经济权属过多的捆绑构成了经济发达地区民间纠纷的底色，也构成了其解纷制度创新发展的基础，这里的调解团队的正式着装、专业心理人员和专业律师的出现，在一定程度上反映的正是这种陌生化关系渗透于熟人社会的一个解纷特征。从这个意义上说，对于这些案件具体切入策略的展开，更能够梳理人民调解制度的发展趋势可能走向，这也正好暗合了本书选取北京市第三调解室案例的初衷。

四、修辞：移情、说理与论法

（一）移情策略的展开

人民调解解纷对象的特殊属性决定了，在切入纠纷的过程中，要充分展开修辞的作用。要发挥好修辞维度的解纷效用，那么，首先要做的就是移情。移情要求良好的倾听技巧，以及表达理解另一方需要、利益和看法，但却并不必然同意的能力。[1]一般而言，移情策略的应用起到话语缓和的作用，也就是语言学中常说的语用移情（pragmatic empathy），指的是交际双方都设身处地地为对方着想，理解对方的心态意图，通过视角转换、实现情感趋同，达到情感相通之目标[2]，从而尽力满足对方的需求[3]。

移情策略的展开，需要语言和沉默交错发挥作用。事实上，要充分将纠纷双方从争议中的对立情绪中解放出来，需要调解员恰当掌控语言和沉默在纠纷处理过程中的复杂作用。比如，调解团队在

---

〔1〕 ［美］罗伯特·芒金：《谈判致胜》，刘坤轮译，中国人民大学出版社 2011 年版，第 128 页。

〔2〕 何自然：《言语交际中的语用移情》，载《外语教学与研究》1991 年第 4 期。

〔3〕 冉永平：《指示语选择的语用视点、语用移情与离情》，载《外语教学与研究》2007 年第 5 期。

本案中肯定性语言和否定性语言的交错使用，就承载着肯定兄弟两人各自合理诉求，也压制着二人超越合理合法的诉求。在这方面，主持人发挥着纠纷话语的引导作用，更多地促成了兄弟二人对于自己真实意图的明确表达，将亲情之下的对于经济利益的纠纷揭示出来，同时又要维护二人的基本情感，不能不说，在这方面，电视直播的剧场化效应，起到了遏制纠纷双方过分索取的原始欲望。与之同时，调解团队的沉默，也起到了重要的肯定和否定作用，掌控着调解的节奏和纠纷双方对于调解结果的预期。沉默，在整个案件中，被切割成了程序性沉默和实体性沉默。程序性沉默大体是由主持人和调解团队共同完成的，功能在于为纠纷双方保留双方诉说的权利和时间，大体是为了让当事人完成有利于己方的叙事。实体性沉默则反映着调解团队对于纠纷当事双方某一观点或认知的肯定性或否定性看法，纠纷的结果，在某种程度上，甚至可以通过细究至沉默的程度反映出来，也就是对于纠纷当事双方，作为第三方的调解团队对其各种主张的沉默，究竟是在表达何种含义：接受、拒绝、同意、斥责、威胁、完全反对、不情愿地接受、出于情感的赞同、违抗、无力和放弃、尊重或不尊重、爆发性的紧张或需要冷静及更多的深思。[1]

如本书案例1，在第三调解室主持人的主持下，纠纷各方采取分别叙事的方式展开自己对纠纷的看法，表达自己的诉求。在这个过程中，调解团队对于关系修复的目标始终是明确的，这就构成了节奏控制和语言引导的重要基础，也就是在形式上的正规程序之下，将纠纷当事人之间的经济纠纷置换到人情礼俗的文化场域之中。因为，礼俗作为一种社会秩序，最适合于血缘秩序，反过来讲，任何血缘秩序只能以礼俗来维持。[2]当调解团队，通过调解修辞的引用，完成了纠纷属性的这种置换后，移情策略在纠纷解决中的功能也就

---

〔1〕 参见［英］博温托·迪·苏萨·桑托斯：《迈向新法律常识——法律、全球化和解放》，刘坤轮、叶传星译，中国人民大学出版社2009年版，第133~137页。

〔2〕 梁治平：《清代习惯法：社会与国家》，中国政法大学出版社1996年版，第117~118页。

完成了基本的奠基工作。这也正是本案中调解团队在案例 1 中不断强化 "只要亲情在，其实家永远都在" [1]、在案例 2 中不断强化 "女人何苦为难女人[2]"，在案例 3 中不断强化 "你们哥俩是有情分的" [3]、在案例 4 中不断强化 "你们都是以对方为中心的[4]" 的目的所在，也就是不断引出双方对于旧有情感关系的共鸣，比如案例 1 中引导兄弟二人达成 "我们哥俩不争……" [5] 叙事的意义所在。

（二）互为表里的说理与论法

移情策略的应用是为了引导纠纷当事人对争议的基本事实达成共识，这里成功解决的三个案例中，共识的达成是在电视直播的剧场化效应之下实现的，通过这种效应，引导当事人对纠纷解决所牵涉的论题达成共识，从而构建起解决纠纷的基础。对于民间纠纷的真正解决，真正重要的是整个过程中的说理与论法，这构成了人民调解切入个案的修辞维度之基石，也牵引出人民调解解纷的隐科层和软暴力维度，实现凸显纠纷结果的合法性问题。

说理与论法，都牵涉到解纷结果的可接受性问题。一般而言，说理适用的通常是民间话语，多采用类似地方性知识的语言表达来引导纠纷当事人对争议的事实达成共识，这种共识的达成又往往有赖于纠纷当事人对于地方性知识所围裹的真理的认同。以本案的说理为例，调解团队的说理过程中，常常综合运用地方性的话语修辞和法律修辞，实现将法律融贯于说理思维之中，综合法律、价值、社会关系于论辩、论证之中，以此来形成对案件争议实质以及纠纷当事人行为的判断。[6] 因为法律知识的贯穿，调解团队的调解语言并未出现或许合理的规范隐退[7]，相反，比如案例 1 中，专业律师

---

〔1〕 北京市第三调解室 2018 年 9 月 7 日和 9 月 8 日两期节目。

〔2〕 北京市第三调解室 2018 年 8 月 21 日节目。

〔3〕 北京市第三调解室 2018 年 9 月 11 日和 9 月 12 日两期节目。

〔4〕 北京市第三调解室 2018 年 9 月 10 日节目。

〔5〕 北京市第三调解室 2018 年 9 月 7 日和 9 月 8 日两期节目。

〔6〕 参见陈金钊：《把法律作为修辞——讲法说理的意义及其艺术》，载《扬州大学学报（人文社会科学版）》2012 年第 2 期。

〔7〕 参见陈金钊：《法律人思维中的规范隐退》，载《中国法学》2012 年第 1 期。

安翔和心理学家毕金仪对于本案中小弟一家所采用的离婚策略，在聆听其苦情倾诉之后，都明确点明了小弟夫妻"以离婚之行为，行两处房屋均占"[1]的实质目标，并在此基础上，引出不与兄弟二者相争的姐妹态度，将小弟一家的占据红桥非产权房的行为置于其家族"礼法"亲情秩序的拷问之下，以一家人旧有亲情秩序的"道德话语"，实现了对于小弟一家行为的否定性评价。同时，因为事件发生过程中，大哥拿出了一份家庭成员都签字认可的房屋分割协议，借助于民事法律的话语修辞，又否定了小弟一家不认可协议效力的行为逻辑。在这个时候，通过日常话语和法律修辞的相互勾连，调解团队的解释技术也就经由说理的修辞实现了法律修辞的转换，将其对纠纷的解释技术转换为对于纠纷当事人的一种话语权力，日常说理话语和法律修辞的技术进一步上升成为法律本身，[2]借助于电视直播的剧场化效应，获得了合法性的外衣，从而对纠纷当事人形成了认同压力，进而为纠纷解决方式的可接受性奠定了基础。

说理是论法的资料铺垫，论法是对说理的法律背书。在本案的解纷过程中，电视台的单独采访构成了纠纷事实的主要叙事逻辑，这一叙事在调解的场景中构成纠纷的认知背景，经过调解团队成员的引导，在调解现场分别和纠纷各方的确认、质疑或是否定，经过共同话语的整合，资料的沉淀形成了纠纷各方对话的事实基础，也逐步建构出调解团队予以作出判断的事实资料基础，完成了解纷的资料铺垫作用，逐步构建出一个修辞可以释放能量的修辞情境[3]。当引导性场景累积到足以明晰各方诉求，在法律的阴影之下，[4]寻

---

〔1〕　北京市第三调解室 2018 年 9 月 7 日和 9 月 8 日两期节目。

〔2〕　参见陈金钊：《把法律作为修辞——讲法说理的意义及其艺术》，载《扬州大学学报（人文社会科学版）》2012 年第 2 期。

〔3〕　关于修辞情境的研究，可参见刘亚猛：《西方修辞学史》，外语教学与研究出版社 2008 年版，第 62 页。

〔4〕　参见［美］罗伯特·H. 芒金、刘易斯·A. 康豪斯：《法律阴影下的交易：离婚案件》，刘坤轮译，载冯玉军选编：《美国法学最高引证率经典论文选》，法律出版社 2008 年版，第 262~296 页。

求恰当的解决方式也就获取了充分的资料支撑。从这个意义上，调解团队对于四个案例中纠纷当事人所作所为的正、反评价，和整个节目的受众一起，形成了一种说理的社会空间，纠纷当事人的行为都要承受社会共识的评判，这种评判通过调解团队的说理在电视节目中以一种切割的方式呈现出来，避免了私下的冲突升级，构成了之后可能出现法律背书的前提。随着各方利益的逐步明确，调解团队的说法也逐渐走上前台，比如案例 1 中，律师安翔和心理学家毕金仪对于兄弟二人各自所采取的一些诸如分割红桥房屋、私下离婚的行为，案例 2 中，对于毛女士私下避开异母妹妹韩女士和陈女士处理房产的评价，案例 3 中对于大姐、二姐介入兄弟房产之争和老三过度要求经济权利的否定性评价，都分别从法律修辞的角度进行了评判，并以家庭协议、法律规定、合同禁止等层面对这些行为的非法性进行确认，在心理上颠覆了权利过度主张者对于现实利益的合法性认知，从而实现愿意各退一步，恢复关系的解纷目标。

需要指出的是，在这些调解案例中，整个过程的说理与论法，并不以司法文书的样态出现，[1]也就是不以事实描述和法律条文适用的顺序出现，在一定程度上，人民调解的说理与论法，互为表里且相互交错。说理策略更多是为了实现认同的修辞目标，而论法策略则更偏向于劝服的修辞目标。[2]但需要指出的是，无论是说理的日常话语修辞，还是论法的法律修辞，形式上，或是包裹在道德正确或是法律正确的外衣之下，但实际上，对于论法的修辞并不追求绝对的合法化支撑，一如案例 1 中当事人分割红桥非产权房屋的协议本身，在制度意义上，并不是完全合法的，但律师安翔在指出这一点时，同时运用日常话语的修辞，肯定了兄弟二人遵守协议的现

---

〔1〕 关于司法文书中的说理问题，学界有大量的研究，参见胡云腾：《论裁判文书的说理》，载《法律适用》2009 年第 3 期；罗灿：《司法改革背景下裁判文书说理的规范与加强》，载《人民法治》2015 年第 10 期；潘自强、邵新：《裁判文书说理：内涵界定与原则遵循》，载《法治研究》2018 年第 4 期。

〔2〕 二者目标分别对应于古典修辞学派的代表性观点，也就是"劝说观"和修辞学派的"认同观"，参见刘亚猛：《追求象征的力量：关于西方修辞思想的思考》，生活·读书·新知三联书店 2004 年版，第 2 页。

实意义。纠纷解决的主体或过程只是部分专业化时，这种"合法性"才能够凸显其现实意义，它借助对于日常语言和专业语言的含糊处理，将争议焦点拖离明确的法律规范之外，在"不违法"的修辞情境中，实现旧有关系的恢复，而这一点，也恰恰反映出人民调解的合法性价值，也就是定位为"不违法"的立法智慧。[1]

五、隐科层：专业化或准职业化、合法性、公正与权威

（一）专业化或准职业化：隐射与显在的合法性

第三调解室的人民调解节目，并不是完全的新生事物，类似的节目其他电视台中也存在，比如河南电视台的百姓调解[2]以及江西电视台的金牌调解[3]。但是，社会经济的发达使得北京市第三调解室的调解节目具有独有的特征，笔者将其总结为"隐科层"。这种隐科层和经济相对落后地区的电视调解节目存在着明显的差异，比如河南电视台公共频道的百姓调解与这里的调解就存在着显著的不同，其中，一个主要的标志就是调解场域的不同。河南电视台的百姓调解栏目采取的调解方式是调解员进入纠纷当事人的生活现场，而北京市第三调解室所采取的方式则是纠纷当事人来到电视节目录制现场。从人民调解制度的设置初衷来看，河南电视台的百姓调解栏目更符合人民调解制度群众性、自发性、自治性的特征，相较之下，北京市第三调解室则更代表着传统调解制度与现代性社会的结合与协调，也就出现了人民调解切入民间纠纷的崭新特征，笔者根据现代政治社会的科层理论，将之总结为隐科层，表征为专业化、合法性、公正与权威策略的应用和呈现，泛指人民调解运作过程中为催

---

〔1〕　关于人民调解工作合法性原则的论述，可参见范愉：《非诉讼纠纷解决机制研究》，中国人民大学出版社 2000 年版，第 84 页；范愉：《〈中华人民共和国人民调解法〉评析》，载《法学家》2011 年第 2 期。

〔2〕　相关内容可参见"百姓调解"，载好看视频，https://haokan.baidu.com/author/1742207927653439? pd=wisenatural，最后访问日期：2024 年 3 月 7 日。

〔3〕　相关内容可参见"金牌调解"，载 360 影视，https://www.360kan.com/va/Y8glbalv7Jc6DD.html，最后访问日期：2024 年 3 月 7 日。

生调解效力发生或实效产生而采取的一系列技术性手段或特定外在表现形式。

调解团队的专业化或准职业化隐射了解纷的合法性。第三调解室切入民间纠纷的科层化策略中，首先呈现出的就是专业化或准职业化。如在案例1的调解中，调解团队，除了主持人外，形式上一共有四人，其中除了主持人和心理学家毕金仪老师之外，律师安翔、调解员刘秀华和另外一名调解员均着正式服装，四人并排坐在长桌前。从身份上来说，主持人对于调解团队成员身份的介绍，自始就透露着一种职业化或准职业化的信息。心理学家是职业的，律师是职业的，两位人民调解员在主持人的话语传递中，也模糊了职业与非职业的界限。同时，两位调解员的正式着装以及上衣所佩戴的"徽标"也都传递着调解团队职业化或准职业化的讯息。根据科层理论，这种专业化或准职业化特征赋予了调解团队一种隐在的合法性。这种合法性类似于现代社会组织的科层化治理的理想架构，每个人在社会中占据自己应当占据的理想化角色，[1]这些角色形成类似金字塔似的层级结构，每一层的社会角色都有它的权利和使命，只要遵循等级制度原则，所有岗位的组织人员都必然会受到来自高一级职员的控制与监督，[2]最终实现社会政治组织的良好运作。本案中，调解团队在长桌旁正装齐坐，形成一种类似司法裁判的仪式效应，对于纠纷当事人建构起了科层化的控制与监督，隐射出了解纷行为的合法性，无形之中强化了纠纷当事人内心认同的压力。

调解团队的解纷合法性通过法律规范的背书呈现出显在的合法性。理想科层制需要有规章制度，实现组织中各个角色的遵章行为。在本书所列举的案件中，这种规范制度外化为调解团队通过法律规范的援引，对纠纷当事方行为的评价和引导，同时，通过这些评价和引导行为，调解团队成功通过规范依据给自己的调解行为建构起

---

〔1〕 参见［德］韦伯：《韦伯作品集Ⅲ：支配社会学》，康乐、简惠美译，广西师范大学出版社2004年版，第22页。

〔2〕 参见［德］韦伯：《韦伯作品集Ⅲ：支配社会学》，康乐、简惠美译，广西师范大学出版社2004年版，第25页。

了显在的合法性，增强了调解结果的效力和可接受性。当然，调解过程中的评价和引导同样和法律规范的严格规定存在着平行关系，意图并不是明确引入法律规范正式地对纠纷当事人的行为形成正式的评判，这里调解团队援引正式法律规范的行为，逆向地类似于孙立平教授所谓的正式权力的非正式运作，[1]形成所谓"非正式权力的正式运作"的外在表征，也就是借助于国家正式的规范制度，对于纠纷当事人在纠纷过程中的具体行为，形成肯定性或否定性评价，并指出规范意义上具体的行为后果，从而引导纠纷当事人对自己行为适当调整，趋向接受调解团队最终调解方案的效果。就此而言，在调解过程中，调解团队对于案例 1 纠纷中兄弟二人家庭协议对家庭协议效力的部分认可[2]，对小弟假离婚的否定性评价，对大哥占据私房的否定性评价，以及最后调解协议的达成，都渗透着法律规范依据的背书力量。通过这一过程，调解团队以自己的专业或准职业化身份，成功建构起了调解方案的显在合法性，并最终获得了纠纷当事人的共同认同。

（二）公正与权威：互为支撑的解纷策略

在由个人利益冲突所引起的纠纷中，隐科层需要透过公正性策略完成权威的确立。公正性既是一种科层的策略，同时也渗透于调解语言的修辞策略之中，形成一种引导双方达成话语共识的论题。它所追求的是一种权利与责任间真实或虚拟的平衡，也就是说，公正策略的目标在于引领解决争议，认可调解团队解决纠纷的正当性及合法性。北京市第三调解室所展示的人民调解过程，一般理论上

---

〔1〕 对于正式权力的非正式运行，孙立平指出："在正式行政权力的行使过程中，基层政府官员对正式权力之外的本土性资源巧妙地利用，即将社会中的非正式因素大量地运用于正式权力的行使过程之中，从而使国家的意志能够在农村中得到贯彻执行。" 参见孙立平、郭于华：《 "软硬兼施"：正式权力非正式运作的过程分析——华北 B 镇定购粮收购的个案研究》，载清华大学社会学系主编：《清华社会学评论》（特辑①），鹭江出版社 2000 年版，第 21~46 页。

〔2〕 对于分割非产权房屋协议的效力，调解团队采用的是部分认可的态度，从正式规范意义上，这种分割协议并不符合国家的强行性规范。

与司法理论所常常论及的实体公正观[1]和程序公正观[2]存在严格的界限。究其根源在于，人民调解制度正义的特殊性决定了其解纷的程序不同于准司法或司法程序，可以具有多样化的形式，[3]其采用的方式也并非严格的法言法语[4]，不适用严格的解纷程序和方式。[5]调解依据和调解程序的多样化，使得人民调解形成了一种具有杂糅属性的特殊解纷方式，实现了纠纷双方当事人在调解过程中的自愿、平等和形式上的自治。在此基础上，辅之以仪式化的其他隐科层要素，人民调解解纷的权威性也就得以树立起来。

剧场化的调解场景和过程建构了人民调解解纷的公正维度。在四个案例中，当事人的纠纷都是通过剧场化的电视节目呈现出来的，这种剧场化的调解场景具有多重功能，除了前文提到的一些功能外，从公正视角来看，它还直接促成了公正的维度建构，这首先反映在它能够保证纠纷调解的公开性。尽管纠纷各方的陈述权利都有着制度保障，采取了背对背的录制，但播放的过程却是可视的，也就是说，纠纷争议的各方对于他方的认知和情感，都是可以互相体验的，尽管这一过程并不存在严格的程序顺序，但却同样能够实现类似于司法公正的公开性，也即程序本身的可视性和可体验性。[6]在这个

---

〔1〕 关于法学界的实体正义观理论，可参见刘作翔、雷贵章：《试论司法公平的实现》，载《政法论坛》1995 年第 3 期。

〔2〕 关于法学界的程序正义观理论，可参见 [日] 谷口安平：《程序的正义与诉讼》，王亚新、刘荣军译，中国政法大学出版社 1996 年版，民事诉讼的程序、实体和程序保障代译序。

〔3〕 如《人民调解法》第 17 条规定："当事人可以向人民调解委员会申请调解；人民调解委员会也可以主动调解。当事人一方明确拒绝调解的，不得调解。"第 18 条规定："基层人民法院、公安机关对适宜通过人民调解方式解决的纠纷，可以在受理前告知当事人向人民调解委员会申请调解。"

〔4〕 如《人民调解法》第 22 条规定："人民调解员根据纠纷的不同情况，可以采取多种方式调解民间纠纷，充分听取当事人的陈述，讲解有关法律、法规和国家政策，耐心疏导，在当事人平等协商、互谅互让的基础上提出纠纷解决方案，帮助当事人自愿达成调解协议。"

〔5〕 如《人民调解法》第 2 条规定："本法所称人民调解，是指人民调解委员会通过说服、疏导等方法，促使当事人在平等协商基础上自愿达成调解协议，解决民间纠纷的活动。"

〔6〕 参见孙笑侠：《两种程序法类型的纵向比较——兼论程序公正的要义》，载《法学》1992 年第 8 期；张令杰：《程序法的几个基本问题》，载《法学研究》1994 年第 5 期。

过程中，纠纷各方得以分别陈述自己的"道理"和诉求，对于对方观点的认同或否定，也展示出整个调解过程所具有的平等对抗属性。同时，调解团队的中立地位也贯穿于整个调解过程，调解团队引导纠纷双方陈述事实、表达自己意愿和诉求、尊重对方权利以及调解方案的公开制作过程，并于节目结束时当着纠纷当事双方和观众公布，都反映出整个调解过程的中立性。电视播出将整个调解过程置于社会公众的监督之下，使得案件的调解本身具有高强度的外在压力，能够自然形成持续性的控制和监督，从而保障调解过程和调解结果的公正性。这些显在和隐在的公正要素，渗透或贯穿于本书所列案例之中，构成了程序实体区分含糊，但却要素相对齐全的公正体系，进一步强化了纠纷解决的权威性。

人民调解的制度权威源于解纷的公正策略并强化其公正策略。公正和权威是纠纷解决机制有效性的两面，公正以实体和程序创造权威，[1]权威则以心理、规则、仪式、经济等强化公正。人民调解对于本案解纷方案的权威性首先来源于兄弟双方对于解纷机制的信赖，纠纷本身代表着相互冲突的利益诉求，如案例1、案例2和案例3中，纠纷各方对于房屋权属的要求冲突一样，但是，无论纠纷任何一方，对于北京市第三调解室都具有信赖共识，这种信赖建立在对于第三调解室解决纠纷的公平正义基础之上，并形成了一种内心信念，构成了人民调解解纷制度权威性的心理要素。对于成功解纷的案例1和案例3，在整个纠纷解决过程中，调解团队对情、理、法的综合运用和话语策略，使得处于实质纠纷角色的当事人都没有感到自己受到和自己地位相似的人的对待，也就是对方不同，从而形成了类似规则意义上的平等性。[2]除此之外，纠纷中当事双方主动选择第三调解室来调解纠纷本身就表明了对于居间纠纷解主体的认可，案例2中，更是点明了"三调公道"。同时，团队中心理专家、专任

---

〔1〕 参见〔美〕欧文·费斯：《如法所能》，师帅译，中国政法大学出版社 2008 年版，第 18 页。

〔2〕 参见〔英〕彼得·斯坦、约翰·香德：《西方社会的法律价值》，王献平译，中国人民公安大学出版社 1990 年版，第 2 页。

律师、人民调解员的构成，使得纠纷各方的主张和诉求既能够在情理上顺利表达，也能够得到法理上的确认或否定，能够继续强化纠纷双方对于人民调解解纷主体的内心信赖。剧场化的调解场景、符号化的调解装束、仪式化的调解方案制定过程，在整个调解过程中不断强化人民调解制度的权威，辅之以纠纷双方对于解纷成本的考量、隐性存在的社会舆论以及不解纷调解而可能产生的隐形强制，[1]人民调解机制的权威性最终得以完整确立，获得了纠纷当事双方的最终认同。

六、软暴力：符号、剧场与认同

人民调解具有民间性、自治性和群众性的特征，所处理的纠纷类型也主要是民间纠纷，尽管民间纠纷的内涵并不严格对应民事纠纷，而是具有更为复杂的类型学含义，并处于不断演化过程之中，[2]但一般而言，其结构要素中的暴力成分是较少的，但是，这并不否定支撑这种纠纷解决方式的暴力因素的存在，只是它是以一种隐在的方式，通过符号、剧场而呈现。在心理专家、律师身份、着装符号等策略的夹裹之下，辅之以特定场域的剧场化效应，引导纠纷双方对纠纷最终解决结果可能性的内心认同或畏惧，并最终建构起独特的强制暴力，也就是本书所称的软暴力。

符号策略是人民调解解纷机制的隐形暴力。以本书所列案例为例，从纠纷当事人的入场开始，镁光灯、长桌、律师正装、人民调解员的制服和所佩戴的"徽标"都将纠纷双方的当事人置于一种符号性暴力的夹裹之中。这些场景符号的设置，使得北京市第三调解室的调解机制区别于河南电视台百姓调解便服走上田间地头处理民间纠纷的传统人民调解，也有别于江西卫视多排就座、层次不分的调解现场，它成功建构起一种类似于布迪厄所谓的符号暴力的场景

---

〔1〕 关于纠纷解决机制的权威要素，可参见王亚明、杜万松：《纠纷解决机制的权威生成要素探究》，载《公安学刊（浙江警察学院学报）》2008年第1期。

〔2〕 相关研究参见刘坤轮：《行政后撤与调解前伸——基于人民调解的宏观与微观分析》，载张艳丽、徐昕主编：《北理法学》（第6辑），法律出版社2017年版，第1~41页。

影像，使得这种软性的符号暴力能通过特殊的动员手段，获得那种只有通过强力（无论这种强力是身体的还是经济的）才可以获得的东西的等价物，[1] 通过作用于人们对于时间、空间、因果关系等方面的感觉、知觉或认识范畴乃至分类系统，建立了符号秩序，揭示了事物的"法定"意义。[2] 根据布迪厄的理论，电视媒介本身就是一种符号暴力，当然，除此之外，电视媒介剧场中的调解团队、调解人身份、调解语言、调解方案的仪式化制作过程，都具有符号暴力的特征。此外，作为一种媒介手段，电视节目过程中所运用的配乐构成了媒介所特定的音乐符号暴力，而间或播出的关于兄弟日常生活和纠纷争议的视频则构成了新式的视频暴力。对于调解团队来说，符号暴力的存在强化了自己解纷过程和解纷结果的合法性和合理性。对于纠纷当事人的兄弟二人而言，符号暴力的存在则以移情或威胁的方式，将二者之间不遵守人情礼法而遭到破坏的关系，重修修复到情理法的正当限度之内。

符号暴力、剧场建构了调解对象对于调解纠纷正当性的认同。第三调解室作为一种媒介，具有一种特殊的"表现事物并使人相信这些表现的相应的象征性权力"[3] 电视作为调解的载体，本身就拥有一种隐形的媒介权力，主持人在调解过程中，要求纠纷双方表达意见和诉求的影像叙事本身彰显着主持人、调解员、律师、心理学家在整个社会结构中社会地位和社会权力，这在调解团队和纠纷当事人之间架构起一种崭新的社会关系，隐射出社会结构和社会权力所表征出的支配和被支配关系。尽管调解团队并未直接使用现在的暴力威胁，但这种崭新社会权力关系的符号化表达实际上同样赋予了调解团队意见表达的合法性和权威性，作为受支配者的纠纷当事

〔1〕　See Pine Bourdieu, *Language and Symbolic Power*, Cambridge：Polity Press, 1991, p. 170.

〔2〕　参见朱国华：《权力的文化逻辑》，上海三联书店 2004 年版，第 108 页；另见 Pine Bourdieu, *Language and Symbolic Power*, Cambridge：Polity Press, 1991, p. 170.

〔3〕　参见贺建平：《检视西方媒介权力研究——兼论布尔迪厄权力论》，载《西南政法大学学报》2002 年第 3 期。

人，常常会因循这种社会权力的压力，逐步调节自己的行为模式，接受调解团队的意见，对自己的意见和诉求予以调整，最终接受调解方案，将自己的行为整合到社会秩序之中，完成自我合法性的塑造。在这个过程中，调解团队和纠纷当事人往往有意或无意地忽略或掩饰自己的社会身份和社会权力等级，或确实感受不到自己在施加和承受，[1]所有的意志，都通过对于符号信息的借助，在剧场化的情境中，温和隐形地传递着社会权力和社会规则所要求的秩序信息，传递一种与纠纷情形相匹配的合法合理参照，并经由一系列具有导向性的符号实现符号信息的沟通交往，由调解团队最终完成对解纷机制合法性和权威性的塑造，实现纠纷当事人借由对符号暴力和剧场效应的心理认同，完成对解纷结果公平公正的价值认同。

七、结论：解纷策略与解纷主题

经过细致的切入分析我们看到，在整个纠纷的调解过程中，案例中所涉及的实质纠纷都是在调解团队修辞、隐科层和软暴力的策略引导下慢慢浮现出来，在这个过程，显在的纠纷和隐在的纠纷交相呈现，如在案例 1 中，小弟的离婚冲突，兄弟二者情感的破裂，案例 2 中，毛女士和陈女士对于对方对父亲的照顾问题的互相指责，案例 3 中姐弟四人对父母赡养问题的相互不满，案例 4 中张女士和周先生对于对方付出的不满，作为纠纷的外在表现形式，所掩饰的都是隐的纠纷，也就是经济权利的配置问题，或是房屋的分配问题，或是经济支付的问题，这些实质的经济纠葛构成了四个纠纷的真正焦点。对此，调解团队的认知也从一开始的移情、肯定、引导逐步过渡转化为对纠纷各方叙事和诉求的肯定或否定性评价，有时，这种评价是修辞性的，有时这种评价是科层性的，更多的时候，这种评价带有软暴力的特征，经由符号、剧场和认同，完成最终的解纷目标。修辞、隐科层和软暴力构成了整个纠纷解决机制的三维框

---

〔1〕 参见［法］皮埃尔·布尔迪厄：《关于电视》，许钧译，南京大学出版社 2011 年版，第 16~17 页。

架，经由各自的运行策略，最终完成对人民调解本质的回归和塑造。这种解纷的本质至少包括如下四个层面：

第一，解纷主体的非职业化和准职业化。人民调解机制存续的合法性和合理性基础在于其民间性、自治性和群众性，由此而言，这种纠纷解决制度本身是排斥职业化的。但是，在本书的纠纷实例中，解纷主体却并不完全符合这一调解主体的运行逻辑，在剧场化的情境中，调解团队的构成反而彰显出一定的准职业化的特征，专业律师、专业心理学家的存在，人民调解员的特定着装和"徽标"的佩戴，都传递出一种正规的、职业化的解纷信息。尽管如此，从过程—事件的视角审视，我们仍然能够看到，第三人民调解室的解纷过程，并没有彻底脱离非职业化的属性，这种结论的得出，乃是依据调解程序的非严格性、调解方案的合意性以及调解依据的不违法性。事实与真理和严格程序公正的司法或准司法程序有着显在的差异，尽管在形式上，出于获得纠纷当事人认同之目的，它具有掩饰这一特征的属性。这种界限模糊的特征，或许也正是人民调解制度适应特定经济社会发展的崭新形态。

第二，解纷程序的易接近性与公正性。人民调解一直被认为是社会纠纷的第一道防线，这一地位的确定来自解纷机制的易接近性、解纷过程和解纷结果的公正性。以第三调节室所处理的这些纠纷为例，当事人之所以选择这种纠纷解决方式有着明确的成本考量，纠纷放在这里解决，对于纠纷当事人而言，既能够节省经济成本，减少诉诸正式纠纷解决途径所需要花费的咨询和诉讼费用，同时也能够节省时间成本，难断的家务事经过影像资料的事实和证据的牵引，得以在现场迅速达成解决方案，避免了更多代价的付出。同时，电视媒介的剧场化效应，也使得整个解纷过程处于一种公正的压力之下，并且纠纷当事人无须为自己各自不合法的行为付出成本，在人民调解不违法的合法性要求之下，就较为理想地解决了纠纷当事人对于产权房屋和非产权房屋的分配问题，并得到了正式权力的认可，也使得纠纷当事人对这一结果达成了共识性认同。

第三，纠纷当事人在解纷过程的主体性或参与性。从调解和社会相互作用的相似程度而言，人民调解鼓励在调解中采用各种民间社会规范作为依据，发挥其变通、协商、选择的价值和作用空间，在调解方式上，人民调解员根据纠纷的不同情况，可以采取多种方式调解民间纠纷。在正式层面上，国家对于纠纷当事人参与解纷过程，对调解过程尊重当事人在调解过程中的主体性或参与性都有着明确的规定，充分体现国家秩序对民间秩序的认同，同时也以一种隐性的方式实现着民间秩序中国家秩序的渗透。以本书中的纠纷为例，在主持人的主持下，当事人自主进行有利于自己的叙事，无论是道德层面的抑或是法律层面的，他们无须借助职业的法律专业替代自己表达诉求，也不会把自己装在形式规则的套子里而被其束缚，他们能够表达任何困扰他们的问题，因为并不严格的解纷程序只要求双方获得陈述的权利，并不严格限制相关性。[1]因而，苦情表达、事实诉求和法律叙事，在这个纠纷中，没有明确的界限，而是可以共同存在，充分实现纠纷当事人的主体性或参与性。

第四，解纷过程和解纷结果以隐在的主导性达成显在的共识性。如本书纠纷所示，调解情景的设置，在一定程度上建构起了隐在的支配关系，调解团队在这个过程中，实际上扮演着主导调解过程的角色。纠纷当事人无意中对调解形式、调解过程和调解结果的认同，实际上完成的是一种双方主张又放弃的妥协过程。纠纷当事人的主张或放弃常常附随于调解团队对其各自诉求和叙事的肯定性或否定性评价。调解团队模仿正式解纷方式的情境配置在一定意义上，成功建构起了一种具有中心地位的权力类型，剧场化效应和符号暴力的存在又将纠纷当事人自己的行为模式置于自己所处社会群体的拷问压力之下。因此，尽管调解不以强制，甚至是没有实现强制的能力或权力，但隐在的社会权力和支配地位仍然贯穿于纠纷解决的整个过程，形成隐形存在的事实上的主导地位，在这种以法律的肯定或否定评价为背书的主导权力之下，当事人不能不随时矫正或调整

---

[1] 参见［英］博温托·迪·苏萨·桑托斯：《迈向新法律常识——法律、全球化和解放》，刘坤轮、叶传星译，中国人民大学出版社2009年版，第196页。

自己的行为策略和诉求表达，并最终妥协，以认同调解协议的形式达成显在的共识，最终将人民调解的正当性和合法性落地生根。

当然，我们并不能夸大任何一种解纷机制的实际效果，人民调解制度在解纷策略上，虽然综合了正式和非正式纠纷解决机制的优势，能够充分激发调解主体和纠纷当事人的自治机能，但是，需要再次明确，这一解纷机制并非万能，它的效果实现仍然有赖于纠纷争议的强度，当社会纠纷的公共性和专业性程度不断提高后，到了一定的程度，必须有正规的纠纷解决方式介入才可能实现秩序的维护，一如这里的四个案例中，最终成功调解的只有三个案例，未成功的案例原因在于纠纷关系的复杂，恰好印证了笔者关于人民调解处理民间纠纷的类型学所分析的判断，也就是，对于任何一项纠纷机制，我们都必须保持清醒的认知，不可一味地万能化任何一项解纷制度，包括但不限于人民调解制度。

第 5 章

异化或升级:"枫桥经验"与人民调解关系的冷思考

一、问题的提出

2018 年 1 月 22—23 日,党的十九大后首次召开的中央政法工作会议,在总结我国社会主要矛盾变化及政法领域的"四个转变"之后,随即提出以"历久弥新'枫桥经验'提升基层治理现代化水平"。[1] 随着这次会议的召开,"枫桥经验"成为各方关注的热点。2023 年,纪念毛泽东同志批示学习推广"枫桥经验"60 周年暨习近平总书记指示坚持发展"枫桥经验"20 周年大会召开,"枫桥经验"在社会治理体系的地位再次被提到一个新的高度。[2]"枫桥经验"形成于社会主义建设时期,发展于改革开放和社会主义现代化建设新时期,全面创新发展于中国特色社会主义新时代,是本土生长的中国智慧、东方经验。坚持和发展新时代"枫桥经验"、推进调解工作高质量发展,对于更好统筹高质量发展和高水平安全,建设更高水平的平安中国、法治中国意义重大。

随着大会的召开,政法系统中,关于人民调解的活动此起彼伏,[3]

---

〔1〕 参见《推动新时代政法工作有新气象新作为——十九大后首次中央政法工作会议传递六大新信号》,载新华网,http://www.xinhuanet.com/politics/2018-01/23/c_112230 3911.htm?from=groupmessage&isappinstalled=0,最后访问日期:2024 年 2 月 29 日。

〔2〕 参见贺荣:《坚持和发展新时代"枫桥经验" 推进调解工作高质量发展》,载《人民调解》2024 年第 3 期。

〔3〕 除了各地试点推广"枫桥经验"外,中国法学会更是专门组织了主题为"新枫桥经验与社会治理创新"为主题的征文活动。得到了广大法学法律工作者的积极响应,共收到来稿 4100 余篇,剔除重复投稿的文章,有效稿件共 3980 篇。参见《【民主与法制时

关于"枫桥经验"的研究，以及关于人民调解和"枫桥经验"间关系的研究也开始雨后春笋般涌现出来。以中国知网所收录的文献为例，2018 年之前，除 2013 年外，[1]关于"枫桥经验"的研究是稀缺的，关于"枫桥经验"和人民调解关系的研究更是少之又少。以 2009—2023 年的数据为例，我们可以看到具体的研究情况如表 5-1 所示。

表 5-1　2009—2023 年中国知网关于"枫桥经验"和人民调解的研究[2]

年份（年）	文献数量	
	"枫桥经验"	"枫桥经验"与人民调解
2009	18	0
2010	14	0
2011	21	0
2012	5	0
2013	151	1
2014	57	3
2015	31	1
2016	9	0
2017	27	0
2018	316	22

报】让"新枫桥经验"理论研究为中国特色社会主义理论治理注入更强动力》，载中国法学会网，https://www.chinalaw.org.cn/index.php/portal/article/index/id/19955/cid/，最后访问日期：2024 年 3 月 7 日。

[1]　2013 年，关于"枫桥经验"的研究突然增加的原因在于，习近平总书记再次对"枫桥经验"作出了重要指示，他指出："各级党委和政府要充分认识'枫桥经验'的重大意义，发扬优良作风，适应时代要求，创新群众工作方法，善于运用法治思维和法治方式解决涉及群众切身利益的矛盾和问题，把'枫桥经验'坚持好、发展好，把党的群众路线坚持好、贯彻好。"《习近平指示强调：把"枫桥经验"坚持好、发展好》，载中国政府网，https://www.gov.cn/guowuyuan/2013-10/11/content_2586729.htm，最后访问日期：2024 年 3 月 7 日。

[2]　表格数据来自中国知网，分别以"枫桥经验""枫桥经验+人民调解"作为篇名进行搜索得出。

续表

年份（年）	文献数量	
	"枫桥经验"	"枫桥经验"与人民调解
2019	353	32
2020	213	17
2021	336	33
2022	291	45
2023	973	8

从以上的文献可以看出，在学界的研究中，"枫桥经验"作为一种社会治理的方式，并没有得到太多的专门关注，和其出现的纪念活动，呈现较为匹配的峰值。同样，在关于"枫桥经验"与人民调解的关系问题上，也存在着这样一种现象，并且更是缺乏理论上的深度挖掘研究。事实上，直到 2013 年因习近平总书记的批示，才出现第一篇介绍性研究文献[1]。自此，相关研究才重新进入学界视野，但其热度也只是维系到 2014 年的 3 篇文献和 2015 年的 1 篇文献，而其中具有学理意义的只有 1 篇[2]。到了 2018 年，"枫桥经验"出现了重新复苏的气象，知识界直接以"枫桥经验"为题的相关研究文献暴增到 316 篇，其中关涉"枫桥经验"与人民调解关系的政策及相关研究也激增到 22 篇，出现了少量从不同视角切入具有一定厚重度的研究[3]。2018 年以后，"枫桥经验"日益受到学界研究重视，"枫桥经验"相关研究及关涉"枫桥经验"与人民调解关系的研究在数量上总体呈上升趋势，"枫桥经验"相关研究的数量在

〔1〕 当然，之前的 2004 年和 2007 年也各有 1 篇文献，限于本书的研究期间问题，仅列举 2013 年的 1 篇，具体参见本刊特约评论员：《坚持和发展"枫桥经验"加强和创新人民调解工作》，载《人民调解》2013 年第 12 期。

〔2〕 参见祁雪瑞：《纠纷解决机制：民间法与人民调解及枫桥经验》，载《民间法》2014 年第 2 期。

〔3〕 例如褚宸舸、李德旺：《近十年人民调解"枫桥经验"研究的回顾与展望（2008—2017）》，载《民间法》2018 年第 1 期；朱继萍、樊晓丹、郑燕冬：《历史与现代：人民调解的"枫桥经验"之形成与创新发展》，载《民间法》2018 年第 1 期。

2023 年出现了井喷式的增长。作为关注人民调解的研究者,不能不对这一现象产生兴趣,于是也就有了本书的问题,这就是,"枫桥经验"究竟能否构成人民调解创新发展的资源? 将其引入人民调解制度,究竟在何种层面是一种升级? 是否存在异化的可能或已经发生了异化的现实? 概言之,也就是本书的核心问题:当前人民调解的创新发展和"枫桥经验"的政治话语之间究竟是什么关系? 而要回答这一问题,就必须梳理清楚一系列相关问题,比如"枫桥经验"的现实表征主要是什么? "枫桥经验"究竟是什么? 从何而来,向哪里去? 人民调解的本质是什么,是否存在发展界限,界限是什么? 带着对这些问题的思考,笔者收集整理相关材料,拟通过对现实"枫桥经验"表现形式的凝练总结,从历史发展脉络中寻找该模式的使命和价值,对照当前人民调解与之纠葛甚深的相互勾连,探讨新形势下"枫桥经验"之于人民调解工作的制度意义,并尝试厘清二者之间的应然关系,对未来基层治理工作提供一定的理论支撑。

二、"枫桥经验"的现实样态

2023 年,纪念毛泽东同志批示学习推广"枫桥经验"60 周年暨习近平总书记指示坚持发展"枫桥经验"20 周年大会召开,"枫桥经验"在社会治理体系的地位再次被提到一个新的高度。司法部开辟专栏,介绍各地学习开展"枫桥经验",创新社会治理的新样态。[1] 其中,各地动态栏目中,共有 51 条介绍信息,除了 9 条为各地党政领导的会议外,共有 42 条关涉"枫桥经验"的各地动态。基于人民网报道的权威性,这些介绍基本代表了官方认可的"枫桥经验样态",也正是基于这一原因,本书将这 42 条地方动态分类整理(如表 5-2),尤其是在其关涉的领域方面,将"枫桥经验"在新时期的外在表现形态梳理出来,以期从中探寻规律,为进一步探索"枫桥

---

〔1〕 参见《新时代 新征程 "枫桥经验" 新实践》,载中华人民共和国司法部网,http://www.moj.gov.cn/pub/sfbgw/zwgkztzl/2023zt/231105fqjyxsj/,最后访问日期:2023 年 12 月 27 日。

经验"在新时期与人民调解之间的关系奠定材料基础。

表 5-2　人民网"枫桥经验"专题条块内容〔1〕

工作领域	公安工作	综合治理	法院工作	检察工作	（人民）调解
样本数量	8	19	1	5	9

从表 5-2 中，可以看出，在"枫桥经验"的创新推广过程中，全国各个地区的着力点其实并不相同，涉及的工作部门也多有差异，尽管有些是综合统筹部门，覆盖了表格中所列的各个领域，但整体来说，"枫桥经验"的内涵似乎并不专门对应某一机构的专门工作。对于这一点，表格中的信息已经反映得非常明确了，在人民网"各地动态"栏目中，"枫桥经验"的创新样态，关涉最多者首先为"综合治理"，共有 19 条；其次为涵括了（人民）调解在内的各种调解工作，共 9 条；再次为公安工作，主要是基层派出所的工作，共有 8 条内容。司法机关中，检察工作共有 5 条，法院工作有 1 条。这些样态的分布给我们直接提出的问题就是，"枫桥经验"究竟是什么？它从哪里来？发展向何处？和人民调解之间的关系究竟如何？在所谓的创新样态上，之于人民调解，创新之处及其意义何在？在当前"枫桥经验"再次成为热点的情势下，如何将深埋在"枫桥经验"之中和人民调解密切关联的法理提炼出来，形成一种知识体系予以沉淀，使之不成为运动化的政治宣传，是法律研究者，尤其是关注人民调解的研究者必须承担起来的历史任务。也正是基于这种使命感，笔者尝试以一种知识社会学的进路，对"枫桥经验"的发生、内涵、历史变迁予以梳理，并尝试解读它介入人民调解的制度进路，以期在智识推进方面，将人民调解制度和当代政治政策之间的关系更加清晰地展示出来，为未来人民调解制度的健康和创新发展提供一种思路。

---

〔1〕　本表格信息参见"各地动态—专题报道"，载人民网，http://cpc.people.com.cn/GB/67481/422249/422251/index1.html，最后访问日期：2024 年 3 月 7 日。

三、"枫桥经验"：产生、发展与本质

要澄清"枫桥经验"与人民调解之间的关系，首先要做的事情就是要厘清"枫桥经验"究竟是什么？它是如何产生的？为什么会得到肯定并推广，它在现实中究竟获得了怎样的发展，其制度内核是什么？它之于当代又有何种意义和价值？之于人民调解，它能够提供何种给养，是否存在界限？

（一）由社教到综治的"枫桥经验"

"枫桥经验"的最初产生是作为社会主义教育的一种方式。"枫桥经验"最初产生于国内国际形势异常复杂的 1963 年，当时，国内经济层面，刚刚经历了 1959—1961 年的三年困难时期，本就底子薄弱的新中国经济形势面临着恢复发展的迫切任务。国际层面，中苏关系走向摩擦破裂，同时，中印边境发生冲突，一些国内外反动势力伺机抬头，都使得国内政治经济形势出现了紧张的局面。为了应对这一局面，1963 年 2 月，中共中央决定在全国农村普遍开展社会主义教育运动，以打击反动势力的猖狂进攻。1963 年 5 月 2 日—12 日，毛泽东主席在杭州召集有部分中央政治局委员和大区书记参加的小型会议，讨论起草了社教运动的纲领性文件《关于目前农村工作中若干问题的决定（草案）》，[1] 提出要把绝大多数"四类分子"（地主分子、富农分子、反革命分子、坏分子）改造成新人。[2] 中共浙江省委选择诸暨、萧山等县作为"社会主义教育"试点地区，遵照党中央和毛泽东主席的指示，对地富反坏分子基本上采取"一个不杀，大部不捉"的做法，规定在农村社会主义教育运动和城市"五反"运动中，除了现行犯外一律不捕人；运动后期，必须捕的，也要报请省委批准。1963 年 7 月，中共浙江省委枫桥工作队政法组、

---

〔1〕　参见蒋国长：《"枫桥经验"的本质与当代价值》，载《铁道警察学院学报》2015 年第 3 期。

〔2〕　参见吴锦良：《"枫桥经验"演进与基层治理创新》，载《浙江社会科学》2010 年第 7 期。

省公安厅工作组，在枫桥区的枫桥、新枫、视北、视南、栋江、檀溪、东溪 7 个公社开展社会主义教育运动对敌斗争阶段试点。这 7 个公社共有 6.7 万人口，地、富、反、坏分子 911 名，其中有比较严重破坏活动的 163 名，要求逮捕 45 名。工作队的同志坚决执行省委的规定，充分发动和依靠群众，开展说理斗争，没有打人，更没有捕人，就把那些认为非捕不可的"四类分子"制服了。10 月底，枫桥区社会主义教育运动对敌斗争阶段基本结束。公安部领导来浙江视察，发现了枫桥区没有捕人的经验，就立即向正在杭州视察的毛泽东主席作了汇报。主席听后十分高兴，肯定地说："这叫矛盾不上交，就地解决"，并指示要好好进行总结。[1]根据毛主席的指示，公安部调查组来枫桥调查核实，之后主持起草了《诸暨县枫桥区社会主义教育运动中开展对敌斗争的经验》，这就是最初形态的"枫桥经验"。[2]其主要精神是少捕，矛盾不上交，依靠群众，以说理斗争的形式把绝大多数"四类分子"改造成新人。[3]1964 年 1 月 14 日，中共中央专门发出了《关于依靠群众力量，加强人民民主专政，把绝大多数四类分子改造成新人的指示》，其中，明确了"在依靠群众力量制服反革命分子和其他犯罪分子方面，现在我们已有了很成功的经验。……特别是诸暨县社会主义教育运动试点的经验是一个很好的典型"。[4]1965 年 1 月 16 日，中共中央又一次作出指示，强调推广"枫桥经验"的重要性。[5]从此，由浙江诸暨土生而出的"枫桥经验"，经毛泽东主席的肯定和倡导，在全国推广开来。[6]在最

---

〔1〕 参见余钊飞：《"枫桥经验"的历史演进》，载《人民法院报》2018 年 3 月 30 日，第 5 版。

〔2〕 参见朱志华：《"枫桥经验"两种根本不同的解读——评尹曙生〈谢富治与"枫桥经验"〉一文》，载《公安学刊（浙江警察学院学报）》2014 年第 5 期。

〔3〕 参见李亮：《游刃于公权力和私权利之间：非诉纠纷解决模式的另类解读——基于枫桥经验》，载《黑龙江省政法管理干部学院学报》2010 年第 10 期。

〔4〕 政协诸暨市文史资料委员会、诸暨市公安局编：《枫桥经验实录》，中共党史出版社 2000 年版，第 11 页。

〔5〕 参见《诞生：毛泽东同志发现了"诸暨的好例子"》，载《绍兴晚报》2018 年 9 月 20 日，第 A08 版。

〔6〕 参见陈善平：《枫桥经验价值浅论》，载《公安研究》1994 年第 2 期。

初产生到 1971 年前的这段时间里,"枫桥经验"完成了从对"四类分子"的社会主义教育到对"流窜犯"的改造等社会功能,展现出的是一种对"敌我矛盾"的解决之道,这一功能定位决定于当时社会的政治立场。这种立场既是"枫桥经验"得以推广的前提条件,同时也为其存续的合法性留下了风险。

"枫桥经验"诞生之初在政治场域的左右摇摆中维持了对人性的基本尊重。研究者将"枫桥经验"的产生到 1971 年视为其产生阶段,1971—1993 年为前进阶段[1],反映出其发展并非一帆风顺,政治场域的风暴会左右其发展和变迁,一如它一开始出现就存在的"文斗好,还是武斗好"争论。[2]"文革"时期,关于"枫桥经验"对于敌人过于温和的论调也就开始涌现出来。这时的"枫桥经验"就面临着政治立场的拷问,如果只是停留在对"敌对分子"的改造层面,那么,无论是政治氛围变得更加紧张,抑或是政治氛围变得更加宽松,作为一种以"一个不杀,大部不捉"为产生核心要义的社会主义教育模式,都要经受或左或右的纠葛与挣扎,稍有不慎,"枫桥经验"的推展工作就会中断,也确实发生了中断。[3]值得庆幸的是,"枫桥经验"在政治风暴中并没有偏离产生之初的制度要义,仍然坚持着"依靠群众,实现治安好、捕人少"的基层治理策略,"面对像'四类分子'这样一个政治上的边缘群体,选择了改造、提供出路的社会秩序建设思路。在当时的历史条件下,给农村社会的边缘群体一个上升的出口"[4],通过改造流窜犯等功能的发挥,维护了对人性的基本尊重,成为维护农村社会稳定的重要力量。

前进过程中,"枫桥经验"完成了由社会主义改造到社会治安综合治理的功能扩展。经历了政治漩涡的起伏后,"枫桥经验"维持了

〔1〕 参见陈善平:《枫桥经验的历史发展》,载于《枫桥经验与法治建设理论研讨会论文集》2007 年。
〔2〕 参见谌洪果:《"枫桥经验"与中国特色的法治生成模式》,载《法律科学(西北政法大学学报)》2009 年第 1 期。
〔3〕 参见陈善平:《"枫桥经验":中国基层社会治理的范本》,载《社会治理》2018年第 6 期。
〔4〕 赵义:《枫桥经验:中国农村治理样板》,浙江人民出版社 2008 年版,第 47 页。

持续旺盛的生命力和对社会治理需求的适应度。经过 1971 年 3 月第十五次全国公安会议上中共中央的进一步肯定，"枫桥经验"，形成了"动员"和"蹲点"两个着力点的基层治理经验，并得到了毛泽东主席的再次批示，"枫桥经验"这个时候，已经衍生为"依靠群众，对阶级敌人进行有效改造；依靠群众，教育改造有犯罪行为的人；依靠群众，查破一般性案件；依靠群众，搞好防范，维护社会治安"的初级综治经验。[1]"文革"结束后，枫桥地区的干部又率先开始为"四类分子"摘帽，至 1978 年底，枫桥区绝大部分"四类分子"均已摘帽。[2]到了这一时期，"枫桥经验"产生之初的敌我矛盾已经基本消失，党和国家的工作重点也转移到了以经济建设为中心上，"枫桥经验"存在的合法性也开始面临新的挑战。值得庆幸的是，历史的智慧再次闪耀在"枫桥经验"的发展过程，"枫桥经验"依然适用，"农村治安问题依然复杂，依然要依靠群众，实行帮教的顶层态度"[3]决定了"枫桥经验"从敌我矛盾的化解功能到人民群众内部矛盾治理功能的升级转型，这一转型的标志性事件也就是"1982 年诸暨司法局的简报在介绍'枫桥经验'时，提到要运用'枫桥经验'重视调解工作，'枫桥经验'纳入了民事调解的经验，其组织设置也从治保组织发展到建立各种调解组织"。[4]也正是在这个节点，人民调解第一次在官方层面和"枫桥经验"建立起了某种命中注定却又姗姗来迟的关联。到了 1993 年"枫桥经验"30 周年纪念大会之时，党中央已经将"枫桥经验"明确定位为社会治安综合治理的典范。1998 年，"枫桥经验"实现了"党政动手、依靠群众、立足预防、化解矛盾、维护稳定、促进发展"的内

---

〔1〕 参见俞红霞：《"枫桥经验"的形成和发展历程》，载《中共党史资料》2006 年第 2 期。

〔2〕 参见陈善平：《"枫桥经验"：中国基层社会治理的范本》，载《社会治理》2018 年第 6 期。

〔3〕 参见谌洪果：《"枫桥经验"与中国特色的法治生成模式》，载《法律科学（西北政法大学学报）》2009 年第 1 期。

〔4〕 参见诸暨市公安局关于"枫桥经验"的档案材料：《"枫桥经验"大事记（1963—1992 年）》。

涵延展〔1〕，并在 2003 年形成了"小事不出村、大事不出镇、矛盾不上交"的核心理念〔2〕，在时代变迁的滋养下，不断完善发展为一整套"以预防和调解解决社会矛盾纠纷为切入点、以社会治安综合治理为主要治理技术、以平安创建打造稳定的社会环境为目标，强化党委、政府对村民自治的领导和监督，通过加强党的领导和村级组织建设，以规范基层社会治理，实现社会和谐稳定的一种经验"，〔3〕2003 年和 2013 年，"枫桥经验"两次得到习近平同志的批示肯定，并在 2018 年的全国中央政法工作会议、全国人民调解工作会议和纪念毛泽东同志批示学习推广"枫桥经验"55 周年暨习近平总书记指示坚持发展"枫桥经验"15 周年大会中，再次焕发活力，实现了向社会治安综合治理的转型，完成了自身生命力和合法性的塑造和建构。

（二）"枫桥经验"的本质：变与不变

关于"枫桥经验"的演进路径，不同的学者有不同的总结，但大体方向都是治理内涵的扩张、治理形式的丰富和治理体系的完善。〔4〕在一些研究者看来，"枫桥经验"甚至已经成为一种万能的社会治理路径〔5〕，但是，研究者的中立立场要求当我们面对一项制度时，必须保持理性的态度，以完成对于制度本身内在价值的挖掘，实现制

〔1〕　参见谌洪果：《"枫桥经验"与中国特色的法治生成模式》，载《法律科学（西北政法大学学报）》2009 年第 1 期。

〔2〕　参见张伟光：《公安工作与"枫桥经验"与时俱进》，载周长庚、张锦敏主编：《"枫桥经验"的科学发展》，西泠印社出版社 2004 年版，第 29~33 页。

〔3〕　汪世荣主编：《枫桥经验：基层社会治理的实践》，法律出版社 2008 年版，第 7 页。

〔4〕　参见谌洪果：《"枫桥经验"与中国特色的法治生成模式》，载《法律科学（西北政法大学学报）》2009 年第 1 期；陈善平：《"枫桥经验"：中国基层社会治理的范本》，载《社会治理》2018 年第 6 期。

〔5〕　比如诸暨市"枫桥经验"研究会会长陈善平在总结"枫桥经验"的发展演进时就认为，"进入新时代，'枫桥经验'正在发生变化：基本理念从以维护社会稳定为重点向以人民为中心的理念转变，基本定位从基层预防化解矛盾的做法向基层社会治理模式转变，基本路径从群防群治向构建自治、法治、德治融合的基层社会治理机制转变，基本手段从以人防、物防、技防为主的'三防'到建立健全人防、物防、技防、心防'四防并举'的社会风险防控体系转变，基本方式从传统方式向传统方式+智慧治理转变，基本目标从'小治安'到'大平安'转变"。转引自陈善平：《"枫桥经验"：中国基层社会治理的范本》，载《社会治理》2018 年第 6 期。

度发展的路径推动。在对"枫桥经验"的发展脉络进行初步梳理后，沿着本书开头所提出的问题，一个个随之而来的问题就是：如此惊艳的治理模式，为什么关注者并不多？为何总是在相对固定的节点才会出现研究的热潮？为何其制度生命力呈现出一种运动化的发展进路？由此也就自然衍生出对于"枫桥经验"治理模式本质的追问：它究竟是什么？决定其存在、发展的本质要素是什么？哪些是可变的？哪些是不变的？

本着对这些问题的追问，笔者将"枫桥经验"成为焦点的年份和影响其发展相关的政治事件关联起来，整理政治事件对于"枫桥经验"的作用，尝试在此基础上提炼其存在发展的内在要素，既为其未来的发展寻找内生动力，也为它与人民调解之间的关系奠定智识基础（如表5-3）。

表5-3 "枫桥经验"演进历程

年份（年）	所属阶段	形式	内涵	政治事件
1963	产生阶段	改造"四类分子"。	社会主义教育运动，"矛盾不上交，就地解决"。	毛主席批示。
1971	前进阶段	改造"四类分子"和"流窜犯"。	"依靠群众，对阶级敌人进行有效改造；依靠群众，教育改造有犯罪行为的人；依靠群众，查破一般性案件；依靠群众，搞好防范，维护社会治安。"	公安部肯定。
1978		率先给"四类分子"摘帽。	"摘掉地富反坏帽子，给予公民权"，"摘掉一顶帽，调动几代人"。[1]	公安部肯定"这是一个好经验"。

〔1〕 参见丁雪萍、罗昌华：《摘掉一顶帽，调动几代人——记浙江省诸暨县枫桥区落实党对四类分子的政策》，载《人民日报》1979年2月5日，第4版。

续表

年份 (年)	所属阶段	形式	内涵	政治事件
1982	前进阶段	纳入民事调解。	"党政动手、依靠群众、立足预防、化解矛盾、维护稳定、促进发展"。	
1993	发展阶段	社会治安综合治理的群防群治的体系。	"群防群治"。	中央政法委、公安部、浙江省有关领导在诸暨召开"枫桥经验"30 周年纪念大会,指出"枫桥经验"是社会治安综合治理的典范。
1998	深化阶段	平安创建。	"坚持发展是硬道理的同时,切实维护社会稳定,加强社会主义精神文明和基层民主法制建设,切实走出经济与社会协调发展"。	《人民日报》肯定。[1]
2003	深化阶段	以"四前工作法"为代表的各种工作方法。	"小事不出村、大事不出镇、矛盾不上交。"	公安部肯定。
2008	深化阶段	"发挥政治优势,相信依靠群众,加强基层基础,就地解决问题,减少消极因素,实现和谐平安"。	以人为本,从社会治安综合治理进一步延伸至基层治理与"善治"的领域,它必将会涉及经济、政治、社会、文化、生态环境等方方面面。	中央批示肯定。[2]

〔1〕 参见《"枫桥经验"值得总结和推广》,载《人民日报》1999 年 12 月 1 日,第 1 版。

〔2〕 参见詹肖冰:《风雨嬗变 历久弥新——"枫桥经验"的 46 年创新和发展路》,载《人民公安》2009 年第 18 期。

续表

年份（年）	所属阶段	形式	内涵	政治事件
2013	深化阶段	运用法治思维和法治方式解决涉及群众切身利益的矛盾和问题。	扭住做好群众工作这条主线，为经济社会发展提供了重要保障，成为全国政法综治战线的一面旗帜。	习近平总书记批示。
2018	新时代创新阶段	"三治结合""四防并用""传统+智能"。	打造共建共治共享社会治理格局，实现"矛盾不上交、平安不出事、服务不缺位"，"法治化、智能化、科学化"。	中央政法工作会议、全国人民调解工作会议肯定。
2023		实现自律和他律、刚性和柔性、治身和治心、人力和科技相统一。	适应时代要求，创新群众工作方法，善于运用法治思维和法治方式解决涉及群众切身利益的矛盾和问题。	

如果将以上表格和本章开头的表格信息对照比较，我们就能够发现，"枫桥经验"在60年的变迁过程中，其内涵发生了巨大的变迁，其解决的矛盾由敌我矛盾演变为人民内部矛盾，其解决的方式由教育说服演变为多元化纠纷解决策略，其解决问题的思路也逐渐由政治途径转向多元法治途径。应该说，目前来看，"枫桥经验"已经成为覆盖基层治理各个方面的体系化治理模式，这一点正如"枫桥经验"的多样化表征一样，涉及综合治理、公安工作、法院工作、检察工作和调解工作。但无论形式如何变化，作为一种社会治理方式，它必然要"以解决社会矛盾为目的"[1]，因此，决定其内涵变迁的，乃是不同时期社会主要矛盾的变迁。当社会基本秩序建构起来之后，作为一种社会治理方式的"枫桥经

---

[1] 参见申欣旺：《淘宝互联网纠纷解决机制——结构化维权及其司法价值》，载《法庭内外》2016年第3期。

验"，其内核也就会维持在相对稳定的状态，而这一点恰是我们需要挖掘的。

笔者认为，除了之上提到的历史变迁外，"枫桥经验"中，至少有三点决定性要素是维持稳定的，这也正是这一制度的强大生命力所在。

第一，群众性。无论是一开始动员群众对"四类分子"进行社会主义教育活动，还是后来群防群治及综合治理体系的搭建，"枫桥经验"最本质的经验都是"群众性"，只不过，这一群众性并非完全自发的，相当程度上，它是由基层管理者探索，而由上级主管部门自上而下推动的。也正因为如此，"枫桥经验"的群众性带有"动员"的特征，它发生发展过程中所借以生长的矛盾，早些时候，也多披着政治运动的外衣。但是，随着中国经济社会的转型，"枫桥经验"又在新的时代中通过致力于经济建设和服务于小康社会建设重新找到了生命力的源泉，继续保持着其群众性的内核，在自上而下和自下而上的纠纷解决路径中，开拓出了一种独特的群众参与国家治理内卷化的治理经验[1]，这一过程中的生长，同时实现了国家威权下主流意识形态对社会民众的规训，也被基层社会赋予了治理的柔性技术，从而使得"枫桥经验"在社会转型的浪潮中与时俱进，实现了多种维度的历史演进。[2]

第二，综合性。截至目前，"枫桥经验"已经演化为政法系统社会综合治理的一个样板，这一样板的形成自始即存在，其内容的演进是随着社会主要矛盾的变迁而逐步变迁的。当敌我矛盾仍居社会主义建设的主流之时，其教育感化的功能自然就是最主要的。而当社会主要矛盾向人民群众日益增长的物质文化需求和落后的社会生产之间的矛盾转化时，[3]"枫桥经验"也开始走向服务经济建设和

---

〔1〕　参见张小军：《理解中国乡村内卷化的机制》，载《二十一世纪》1998 年总第45 期。

〔2〕　参见张杨：《社会运动研究的国家—社会关系视角》，载《学海》2007 年第 5 期。

〔3〕　参见王向明：《社会主要矛盾转化的历史逻辑与现实依据》，载《人民论坛》2018年第 11 期。

小康社会建设。当新时代的号角吹响，人民日益增长的美好生活需要和不平衡不充分的发展之间的矛盾成为新时代我国社会的主要矛盾时，"枫桥经验"走向良善的社会治理也就成为必然。无论从当前典型的地方样态来看，还是从"枫桥经验"所涉及的条块内容来看，"枫桥经验"的综合性都时刻鲜明地反映在各个时空场域之中。这种综合性使得它内生地建构起自己成长的包容性，能够吸纳各个时期政治、经济、社会、文化中有利于其成长的给养，完成其内涵的自我修复、创新，甚至是革命，从而适应各个时空场域的实践需求。

第三，政治性。政治性是"枫桥经验"得以存续成长的重要动力，无论是基于地方政绩的考量，还是基于社会治理的转型升级的需要，如表 5-3 所示，在"枫桥经验"成长的各个重要节点，政治性都充分体现在其形式和内涵方面。每个节点都有对应的顶层态度，改造、摘帽、服务经济建设、服务小康社会建设、以人为本、和谐社会、善治、现代治理体系、法治思维和法治建设、共建共治共享社会治理格局等无一不是政府主导下自上而下的政治推动，无一不是当时最新的政策体现。这里需要指出的是，尽管政治性所凸显的是国家对于社会及公民的教化与覆盖，但社会和公民并未在这个过程中丧失主体性，甚至可以说，国家在"枫桥经验"内涵扩张的过程中，扮演了对于社会及公民主体性的引路者角色，从而既实现了"枫桥经验"主流意识形态的传播教化，也激发了公民社会自我治理和调节的活力。正是在这一点上，如有学者所言，"枫桥经验"实际上为我们提供了某种新型的"国家—社会"关系类型，[1]在这种新型关系下，"枫桥经验"的政治性和群众性达成了一种相互促进的妥协，完成了一种治理模式的创新。

除此之外，"枫桥经验"还具有诸如发展性、矫正性、特色性、综合性、包容性等诸多各色各样的特征，但究其本质而言，这些特征都是基于以上三个本质特征衍生而来的，这三个特征支撑起了

---

〔1〕 参见张杨：《社会运动研究的国家—社会关系视角》，载《学海》2007 年第 5 期。

"枫桥经验"强大的生命力和适应性,也构成了其不可突破的制度隔离,这种生命力和适应性,意味着在成长扩展的道路上,"枫桥经验"可以建构起一整套包括人民调解在内的基层纠纷解决网络,也为它与人民调解之间可能存在的制度间隙留下了侵蚀的可能性,既可能丰富人民调解的内涵和外延,也可能因为过于注重政治性、综合性而对人民调解的制度本质产生侵蚀,而这正是下文所要考察的重点。

四、人民调解的本质和界限

在"枫桥经验"发展的历程中,随着其内涵外延的不断扩展,调解也被纳入到其治理框架之内。1982 年诸暨司法局的简报在介绍"枫桥经验"时,提到了要运用"枫桥经验"重视调解工作,[1]但是,需要明确的是,"枫桥经验"的调解是一种大调解机制,是在各级党政机关领导下将人民调解、行政调解和司法调解有机结合起来的纠纷排查调处方式[2],它仍然夹裹在社会治安综合治理的体系之中。但是,人民调解无疑在这里和"枫桥经验"产生了交汇,这不仅反映在学界关于人民调解和"枫桥经验"关系的研究中,[3]也反映着顶层设计对于二者关系的态度上。[4]"人民调解"以一种介入商业、金融、保险、医疗、劳动、物业等场域的方式引入了"枫桥

---

〔1〕 参见诸暨市公安局关于"枫桥经验"的档案材料:《"枫桥经验"大事记(1963—1992 年)》。

〔2〕 参见陈柏峰:《乡村司法》,陕西人民出版社 2012 年版,第 14 页。

〔3〕 相关研究如朱继萍、李桂勇:《人民调解"枫桥经验"的创新发展》,载《人民法治》2018 年第 Z1 期;祁雪瑞:《纠纷解决机制:民间法与人民调解及枫桥经验》,载《民间法》2014 年第 2 期;孟婷婷:《"枫桥经验":在人民调解中传承光大》,载《人民调解》2014 年第 1 期。

〔4〕 如司法部部长贺荣强调,各级司法行政机关、广大人民调解组织和人民调解员要认真贯彻落实习近平总书记关于调解工作的重要指示精神和党中央决策部署,落实纪念毛泽东同志批示学习推广"枫桥经验"60 周年暨习近平总书记指示坚持发展"枫桥经验"20 周年大会和全国调解工作会议精神,准确把握新时代"枫桥经验"的科学内涵和实践要求,加快构建新时代大调解工作格局,努力把矛盾纠纷化解在基层和萌芽状态,真正从满足人民群众多元化、个性化需求出发,切实增强调解工作责任感和使命感,谱写新时代人民调解工作新篇章。转引自贺荣:《坚持和发展新时代"枫桥经验"推进调解工作高质量发展》,载《人民调解》2024 年第 3 期。

经验"，[1]也从多个角度繁荣地展示了"枫桥经验"和人民调解之间的良性或互为资源的关系。[2]

然而，根据前文分析，我们可以明确，"枫桥经验"的演进过程带有强烈的政治色彩，顶层设计的推动对于其发展起着至关重要的作用，这使得它在发展过程中不断拓展介入到新的领域，但其本质特征仍然是群众性、政治性和综合性。这一点和人民调解的产生有着形式上的相似与交叉之处，比如人民调解也具有群众性的特征，并且从一开始就是作为一种基层治理机制产生[3]，因而也带有一定的综合性。但同时，作为制度存在的人民调解和作为实践经验存在的"枫桥经验"仍然存在着很多偏差，这一点在"枫桥经验"所关涉的领域中可以直观体现出来，同时，在人民调解和"枫桥经验"的本质特征中也能够反映出来。在"枫桥经验"再次作为一种顶层设计的宣示被重新赋予时代使命的同时，梳理人民调解的本质和界限，明确它和"枫桥经验"的关系，对于基层治理体系的脉络就更具有澄清的意义。

（一）人民调解的本质

关于人民调解的本质，学界的直接研究并不多见，极个别明确这一问题的学者基本没有触及或实质偏离、虚化了人民调解的本质。[4]

---

〔1〕 参见范愉、李泽：《人民调解的中国道路——范愉教授学术访谈》，载《上海政法学院学报（法治论丛）》2018年第4期。

〔2〕 比如孟婷婷的研究指出，"自2009年以来，浙江省行业性专业人民调解组织和派驻人民调解工作室蓬勃发展、硕果累累。医疗纠纷、交通事故纠纷、劳动争议、物业纠纷、保险合同纠纷、学生伤害纠纷调委会等行业性专业性人民调解组织，以及驻基层人民法院（法庭）、驻公安派出所、驻基层人民检察院人民调解工作室等，如雨后春笋般不断涌现。目前，全省已建各类行业性专业人民调解组织1300余个，涉及十余个行业领域。其中医疗、交通、劳动、保险等行业或领域已基本实现全覆盖。2012年，全省行业性专业性人民调解组织共调处纠纷224 218件，调解了占全省总数近40%的纠纷"。转引自孟婷婷：《"枫桥经验"：在人民调解中传承光大》，载《人民调解》2014年第1期。

〔3〕 参见范愉、李泽：《人民调解的中国道路——范愉教授学术访谈》，载《上海政法学院学报（法治论丛）》2018年第4期。

〔4〕 虽然以人民调解本质为题，但实际上根本没有触及这一问题者如商忠强：《坚持人民调解的本质属性 完善医患纠纷化解机制》，载《人民调解》2018年第1期；虽然触及人民调解的本质，但属于明显的过度或虚化解读者如孙彬、王燕军：《人民调解的本质——利益调解》，载《湖北广播电视大学学报》2006年第4期。

就目前来看，人民调解的本质主要依据其宪法定位和专门法律的定位，也就是我国《宪法》和《人民调解法》等法律法规对于人民调解制度的直接规定。而立法的直接规定则来源于对人民调解产生发展源头，及其所承担的社会治理及政治、文化传承和解纷功能的尊重。[1]

人民调解的本质首先来源于《宪法》的传统定位。根据我国《宪法》的规定，人民调解是基层群众民主自治的重要组成部分，其主体是村民委员会和居民委员会内设的人民调解委员会。[2]这一地位首先意味着人民调解是植根于基层社会的，从现代治理的角度来说，也就是国家政权伸展过程中最为脆弱的末端，这一定位的确定源于人民调解历史上的演进逻辑。中国共产党基层政权的建立过程和治理技术紧密连接，通过各种深入基层的组织化运作，将和旧制度下国家政权分离的个人纳入新的权力组织体系中，完成对基层社会的政治整合功能。[3]人民调解制度的产生逻辑意味着其必然承担除纠纷解决之外的其他功能，其中首要的就是政治功能，借由其深入到社会最底层角落调解网络的广开覆盖面，完成主流意识形态向基层输送的重任。[4]这种逻辑在某种程度上蔓延着李昌平先生所言的"社会全能型政府"的理念，[5]但囿于人力、物力等成本，只能在政权运作的末梢采取一种准政府的运作逻辑，让人民调解制度在承载政治功能的同时，保持对国家公权力的相对距离。应该说，这种

---

〔1〕 参见范愉：《非诉讼程序（ADR）教程》（第4版），中国人民大学出版社2020年版，第180~181页。

〔2〕 《宪法》第111条规定：城市和农村按居民居住地区设立的居民委员会或者村民委员会是基层群众性自治组织。居民委员会、村民委员会的主任、副主任和委员由居民选举。居民委员会、村民委员会同基层政权的相互关系由法律规定。居民委员会、村民委员会设人民调解、治安保卫、公共卫生等委员会，办理本居住地区的公共事务和公益事业，调解民间纠纷，协助维护社会治安，并且向人民政府反映群众的意见、要求和提出建议。

〔3〕 参见《中华苏维埃共和国临时中央政府颁布的劳动互助社组织纲要》，载史敬棠等编：《中国农业合作化运动史料》（上册），生活·读书·新知三联书店1957年版，第85~87页。

〔4〕 参见陆思礼：《毛泽东与调解：共产主义中国的政治和纠纷解决》，载强世功编：《调解、法制与现代性：中国调解制度研究》，中国法制出版社2001年版，第120~121页。

〔5〕 参见李昌平、游敏：《加快社会建设必须改革"社会全能政府"》，载《理论动态》2012年第11期。

制度预设的政治距离对社会治理而言是难能可贵的，它以一种自上而下的视角在维持人民调解制度社会、政治、文化等功能能够有效发挥的同时，借由人民调解所涉及的地方性知识和民间规范体系，完成了人民调解对于国家正式权力的非正式运作，[1]将人民调解制度适度隔离在国家正式权力之外。因而，从这个意义上而言，从《宪法》语义的严格解读来看，人民调解对于基层自治组织的依附性角色，并因而保持的群众性和自治性，乃是其首要本质。

人民调解的本质直接受制于《人民调解法》的开放定位。尽管人民调解的本质因循其历史发展样态，并且在《宪法》中确定了最基本的形式，仍然是依附于基层社区的纠纷解决制度，但是，一如其发展过程中所遭遇的各种实践问题的多样化，其生命力也会随着基层民间纠纷的复杂化而趋向多元化。这一点在《人民调解法》的制定过程中体现得非常明显。一方面，处于权力分割和现实解纷的需要，司法行政机构试图扩张人民调解制度所覆盖纠纷的类型和层次，[2]另一方面，相关利益群体对于人民调解的扩展保持警惕态度，使得立法之初法律界扩张人民调解的努力付之东流。[3]尽管如此，《人民调解法》仍然将人民调解的制度设置保持了一定的开放性定位，这集中体现在该法关于人民调解委员会和附则的规定。在关于人民调解委员会的规定中，立法者首先肯定人民调解委员会的群众性组织定位，要求居民委员会和村民委员会内设人民调解委员会外，[4]还补充了"企业事业单位根据需要设立人民调解委员会"的规定，[5]

---

〔1〕 关于正式权力非正式运作的论述，参见孙立平、郭于华：《"软硬兼施"：正式权力非正式运作的过程分析——华北 B 镇定购粮收购的个案研究》，载清华大学社会学系主编：《清华社会学评论》（特辑①），鹭江出版社 2000 年版，第 21~46 页。

〔2〕 事实上，人民调解运动化发展过程中，其所覆盖的纠纷类型和专业化水平也确实得到了扩展，但这种扩展首先来自的并不是其宪法定位，而是《人民调解法》关于民间纠纷对象的范围扩展。关于人民调解所处理民间纠纷的类型变化和专业化程度变化，可参见刘坤轮：《行政后撤与调解前伸——基于人民调解的宏观与微观分析》，载张艳丽、徐昕主编：《北理法学》（第 6 辑），法律出版社 2017 年版，第 1~41 页。

〔3〕 参见范愉：《〈中华人民共和国人民调解法〉评析》，载《法学家》2011 年第 2 期。

〔4〕 参见《人民调解法》第 7 条、第 8 条的规定。

〔5〕 参见《人民调解法》第 8 条。

从立法技术上避免了企业事业单位内部纠纷解决制度，尤其是工会对于人民调解扩权的敌对态度。同时，出于层级网络设置构建的初衷也最终通过附则超越了《宪法》所要求的人民调解对于基层自治组织的依附，从而以实用主义的进路，将人民调解的内涵实质扩充到了"民间调解"的内容，[1]由此，"人民调解"的本质基于《人民调解法》在横向和纵向两个维度实现了对于《宪法》定位的超越，保持了对于"民间调解"的覆盖可能，这也恰是"枫桥经验"得以多维度切入人民调解的制度缺口。

（二）人民调解的界限

从规范的角度来解读人民调解的本质，我们看到是宪法视角的规范主义定位以及部门法规角度的实用主义定位，而这两种定位之间存在着某种类似规范主义和功能主义的张力。严格依据宪法解读的人民调解本质有些类似于法教义学立场，而依据《人民调解法》等部门法规[2]解读则具有社科法学的立场，二者之间的张力恰好在人民调解解纷对象方面，也就是"民间纠纷"这一概念的内涵方面

〔1〕《人民调解法》附则中第34条规定："乡镇、街道以及社会团体或者其他组织根据需要可以参照本法有关规定设立人民调解委员会，调解民间纠纷。"

〔2〕据笔者查阅，关于人民调解制度，在国家层面，现行有效的法律法规主要有，《人民调解法》法律1部，《人民调解委员会组织条例》行政法规1部，《最高人民法院关于人民调解协议司法确认程序的若干规定》《最高人民法院关于人民调解协议司法确认程序的若干规定》《最高人民法院、司法部关于进一步加强新形势下人民调解工作的意见》司法解释3部，《人民调解工作若干规定》《人民调解委员会及调解员奖励办法》《司法部关于进一步加强行业性专业性人民调解工作的意见》《司法部关于加强行业性专业性人民调解委员会建设的意见》《最高人民法院、司法部关于认真贯彻实施〈中华人民共和国人民调解法〉加强和创新社会管理的意见》《公安部、司法部、中国保险监督管理委员会关于推行人民调解委员会调解道路交通事故民事损害赔偿工作的通知》《司法部、卫生部、保监会关于加强医疗纠纷人民调解工作的意见》《财政部、司法部关于进一步加强人民调解工作经费保障的意见》《最高人民法院、司法部关于进一步加强人民调解工作切实维护社会稳定的意见》《司法部关于加强人民调解员培训工作的意见》《司法部关于企业、事业单位建立、健全人民调解组织的几点意见》《司法部关于开展"人民调解化解矛盾纠纷专项攻坚活动"的意见》《司法部关于加强人民调解工作积极推进社会治安综合治理的意见》部门规章13部，《中央政法委、最高人民法院、司法部等关于加强人民调解员队伍建设的意见》党内法规1部，《中华全国人民调解员协会章程》行业规定1部。综上，关于人民调解的相关规定，宪法层面共计1部，法律法规层面共计20部。

发生了实践交汇，从而使得关于人民调解的研究，必须因循一种实践法哲学的进路，为其现实中的变迁寻找正当性标准。[1]但与此同时，纳入人民调解制度的社会立法事实必须是能够涵摄到人民调解制度之中的，也就是说，这种正当性寻找可能会存在某种界限，这一界限恰好架构出人民调解制度的界限，以此考察现实社会中所发生发展的人民调解变迁，如果不能采用一种不超越这一界限的解释进路，那么，人民调解的现实发展，如本书所提到的"枫桥经验"对于人民调解的介入，就有可能是人民调解制度所发生的异化。反之，如果这一界限的架构能够将实践中人民调解变迁涵摄到立法规范，尤其是宪法规范的原初意涵之中，那么，变迁中的人民调解制度就可能在实践中升级，从而超越了立法者的主观意图，完成了实践客观意图的转向。[2]本书认为，人民调解制度的界限需要从《宪法》和《人民调解法》等相关部门法的交叉汇合之处去寻找，这一交汇处，恰好建构出人民调解制度的规范面向和实践面向的交融，也是判断当前人民调解制度发展性质，预判未来发展趋势的核心依据。

经过比照，本书认为，无论是《宪法》还是关于人民调解的法律法规，都对其本质有着如下的判断：

第一，群众性。无论是宪法，还是关于人民调解的法律法规，规范交汇处首先是其群众性。我国《宪法》规定的人民调解制度是依附于基层两委而存在的，而基层两委的宪法地位明确为群众性自治组织，这就从根本上决定了人民调解委员会是群众性自治组织。[3]对人民调解制度的这一地位，有学者从宪法和部门法律法规所规定的人民调解的任务、组织、特征、本质和作用等五个方面进行过概

----

〔1〕 相关研究参见郑永流：《"中国问题"及其法学辨析》，载《清华法学》2016年第2期。

〔2〕 这一视角借鉴于郑永流教授的观点，参见郑永流：《法律的"交叉"研究和应用的原理》，载《中国法学》2018年第4期。

〔3〕 参见《宪法》第111条的规定。

括总结。[1]从群众性维度判断，这些总结基本仍未过时，如2010年制定的《人民调解法》对于人民调解委员会群众性组织的重新界定，对于人民调解员、调解程序和调解协议的具体规定，都沿袭了宪法规范的这一脉络而未发生重大变革。但是，需要指出的是，部门法律法规的设定，缺失了另外一个限定词，也就是"自治性"的规定，尽管相关立法解释仍然坚持维持自治性属性，但事实上，无论是1954年《人民调解委员会暂行组织通则》[2]，还是1989年《人民调解委员会组织条例》[3]，或是新近的法律法规，事实上，对于"自治性"都没有明确的规范态度，基本没有明确表明人民调解委员会的自治性属性，在2010年《人民调解法》制定的过程中，也沿袭这一形势，没有明确肯定人民调解的自治性。对此，尽管顶层设计和基层实践在各个时期可能存在不同的认知，但却是我们分析人民调解制度演变过程中必须注意的，尤其是在人民调解制度面对如"枫桥经验"之类的经验切入之时。虽然作为《人民调解法》的亮点之一，自治性仍然为官方所强调，[4]也为多元化纠纷解决机制的专家所承认，但同时，法学研究者视角下，并没有明确点明"自治性"这一特征作为《人民调解法》的主要亮点，而只提到了"群众性"，[5]虽然这可能只是偶然忽略。

　　第二，基层性或草根性。人民调解的制度优势在于其触角能够深入到基层广阔的社会空间，能够覆盖到正规政权所不能或无力覆盖的边角社会，也正因如此，学者指出，人民调解从诞生之日起，就不仅限于一种单纯的纠纷解决制度，而是一种重要的基层治理机制，集社会政治动员、民众参与、道德教化、基层组织、纠纷解决

---

〔1〕　参见余汲浪：《人民调解与基层群众性自治》，载《中国法学》1987年第3期。

〔2〕　1954年《人民调解委员会暂行组织通则》第2条规定："调解委员会是群众性的调解组织，在基层人民政府与基层人民法院指导下进行工作。"

〔3〕　1989年《人民调解委员会组织条例》第2条第1款规定："人民调解委员会是村民委员会和居民委员会下设的调解民间纠纷的群众性组织，在基层人民政府和基层人民法院指导下进行工作。"

〔4〕　参见《盘点人民调解法七大亮点》，载《司法业务文选》2010年第31期。

〔5〕　参见范愉：《〈中华人民共和国人民调解法〉评析》，载《法学家》2011年第2期。

和治安于一体，"初心"就是实现自治、法治和德治相结合的治理效果。[1]这种基层性或草根性在宪法层面，体现为人民调解委员会对于居民委员会和村民委员会的依附地位，在其他法律法规层面，则体现在人民调解的重点和基础仍然是基层自治组织的民调组织。[2]尽管自从2010年《人民调解法》颁布后，行业性、专业性、区域性的人民调解委员会基于该部法律的开放定位，必将成为人民调解发展的新生增长点，甚至可能出现一些背离人民调解基本属性的准司法、准行政、准职业化人民调解委员会，但从法律规范角度而言，人民调解的基层性或草根性仍是立法者维系其本质属性的重要依据，也是防止人民调解可能出现的运动化发展，维持其天然的亲和力和可接近性的基本界限。[3]

第三，合意性。在人民调解发生发展的过程中，由于国家角色总是若隐若现，其解纷过程中的另外一个重要规范特征，也就是合意性，常常在实践中遭到忽略，尤其是关于法院确认人民调解协议效力的规定出台之后。[4]但从规范层面上来解读，调解的本质是当事人的合意，而不是公权力行为和调解组织的决定，其效果应有利于自觉履行，因此调解协议的法律约束力重在维护私法自治，强调当事人诚信和自动履行，应尽量减少调解协议进入强制执行的比例；而调解组织对调解协议履行的监督，属于其责任或义务，对当事人

---

〔1〕 参见范愉、李泽：《人民调解的中国道路——范愉教授学术访谈》，载《上海政法学院学报（法治论丛）》2018年第4期。

〔2〕《人民调解法》第8条第1款规定："村民委员会、居民委员会设立人民调解委员会。企业事业单位根据需要设立人民调解委员会。"

〔3〕 事实上，从规范层面来看，这一趋势也已经发生了，《司法部关于加强行业性专业性人民调解委员会建设的意见》《司法部关于进一步加强行业性专业性人民调解工作的意见》《公安部、司法部、中国保险监督管理委员会关于推行人民调解委员会调解道路交通事故民事损害赔偿工作的通知》《司法部、卫生部、保监会关于加强医疗纠纷人民调解工作的意见》《司法部关于企业、事业单位建立、健全人民调解组织的几点意见》以及《司法部关于加强人民调解工作积极推进社会治安综合治理的意见》等部门规章的出台，都印证了这一趋势。

〔4〕《人民调解法》第33条第1款规定："经人民调解委员会调解达成调解协议后，双方当事人认为有必要的，可以自调解协议生效之日起30日内共同向人民法院申请司法确认，人民法院应当及时对调解协议进行审查，依法确认调解协议的效力。"

亦不具有强制性。[1]《宪法》层面上，人民调解委员会依附于基层自治组织居民委员会和村民委员会解决民间纠纷的规范设置，本身就包含合意性的指涉。《人民调解法》等法律法规对于人民调解概念以及人民调解原则和程序的设定，也都充分包含了对于人民调解纠纷解决全过程合意性的肯定。从民间纠纷进入人民调解机制开始，合意性就已经正式启动，直到人民调解协议的确认执行，合意性贯穿了人民调解的整个过程，也因此被学者认为是人民调解制度之本。[2]

从规范层面来解读，人民调解的根本属性可以确定为群众性、基层性或草根性以及合意性，需要注意的是，这和官方一般所宣传的群众性、自治性和民间性略有差异，[3]尽管这一总结并不构成对官方口径的必然否定，但规范层面的语义解读，在一定程度上回应了人民调解的开放定位，极有可能为未来人民调解制度在实践中脱离自治性和民间性留下规范缺口，而这种脱离在规范层面上却隐性地埋下了伏笔，为实践中人民调解的开放发展提供了某种合法性。但是，这里所概括的三个界限特征，既是规范层面所设定的，也是经过长期的历史沉淀，深刻在人民调解机制之中的根本性决定要素，因而本身是“三位一体”的，当面对现实中人民调解的各种创新发展时，它构成了我们判定其是否合法、是否符合人民调解制度规律的重要依据，也是我们关注“枫桥经验”切入人民调解是否能够形成有效解纷资源的根本标准。

五、“枫桥经验”如何切入人民调解

在梳理“枫桥经验”的演进脉络时，我们看到，不同时期的“枫桥经验”具有相对居于核心地位的形式和对应的内涵，这些形式和内涵往往因获得某种政治事件的确认或肯定而实现生命力的延续

---

〔1〕　参见范愉：《〈中华人民共和国人民调解法〉评析》，载《法学家》2011 年第 2 期。

〔2〕　参见刘显鹏：《合意为本：人民调解协议司法确认之应然基调》，载《法学评论》2013 年第 2 期。

〔3〕　参见王胜明、郝赤勇主编：《中华人民共和国人民调解法释义》，法律出版社 2010 年版，第 4~9 页。

或适应，而"枫桥经验"也借助这一不断创新演进的路径发展创新变化，一直存续到今天，并在最新的政治事件中再次获得生命力。但在这个过程中，我们同样看到了"枫桥经验"固有不变的三个基本属性，这三个基本属性使得它能够不断切入到社会治理的各个环节，并最终建构起具有"枫桥"特色的治理体系，并融合于中国治理现代化的时代需求之中。因而，要理解"枫桥经验"如何切入人民调解制度，就应从"枫桥经验"的不变特质和人民调解"三位一体"的界限特征中去寻找，探求出二者可能发生的理论和实践交融之处，而将这个具体交融的场域特征提炼出来，将相关顶层设计和实践发展对应检验，从而判断出"枫桥经验"究竟应当如何切入"人民调解"，在何种层面上能够成为当代社会中"人民调解"的解纷资源，从而探索出二者之间关系的应然图景。

（一）"枫桥经验"与"人民调解"应然交汇

如果将"枫桥经验"作为一种现代社会的综合治理经验，那么，从内涵外延的广度上来理解，"枫桥经验"就应该能够覆盖作为基层纠纷解决机制的"人民调解"。但是，这种粗放意义上的认知，无法厘清这种覆盖关系的细节，也就是说，我们可能无法理解"人民调解"在以"枫桥经验"为特征的综合治理体系中占据多大的比重或分量，甚或是无法理解其所处的地位。"枫桥经验"在何种程度上或是何时何地会对"人民调解"所覆盖的解纷场域实现拉伸或压缩[1]，这种拉伸或压缩有没有界限，如果有界限在哪里，这都是我们所无法回答的问题。因此，要在理论层面梳理清楚二者之间的关系，我们仍然首先需要从合法性的角度来解决二者之间的交汇。因此，行文到此，本书看似分割了关于"枫桥经验"和"人民调解"本质和

---

〔1〕 历史上，人民调解的解纷范围层级遭遇到过压缩，但其压力主要来自诉讼层面，与"枫桥经验"关系不大。关于人民调解遭到压缩的例证如 1989 年《人民调解委员会组织条例》在人民调解范围去除了 1954 年《人民调解委员会暂行组织通则》中的轻微刑事案件，并限制调解法人间的经济纠纷。参见范愉：《〈中华人民共和国人民调解法〉评析》，载《法学家》2011 年第 2 期；周永坤：《论强制性调解对法治和公平的冲击》，载《法律科学（西北政法学院学报）》2007 年第 3 期。

界限的梳理，也就再次显现出交融的重要价值，当我们将二者之间的规范特征予以设定分析，并架构出二者在规范或合法性层面的应然交汇场域之后，就可以在理论层面，对二者的关系实现提升，并以此来对实践中二者之间的关系进行判断，将符合这一场域特征的实践赋予理论营养，继续创新发展，对于那些超越这一场域的拉伸或压缩关系的实践，则同样可以依据这一理论提炼与检验，为其健康发展提供智力支持。

　　前文整理"枫桥经验"发展的不变特征主要有三个，分别为综合性、政治性和群众性。人民调解的三维界限特征则分别为群众性、基层性（草根性）和合意性。我们将二者各自所具有的特征绘制成交汇图，如图 5-1 所示：

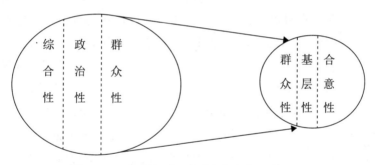

图 5-1　"枫桥经验"与人民调解切入关系图

　　图 5-1 较为清晰地展示了"枫桥经验"与人民调解之间的关系，尽管较为宏观，但却极为有利于我们的理解，这种关系是经过对"枫桥经验"和人民调解发生发展的实践经验，从规范层面进行理论提升而得出的，对此，笔者解读如下：

　　第一，拉伸或压缩。如前文所述，"枫桥经验"已经成为现代社会治理的一种模式，这种模式所具备的"综合性"特征，使之从"小事不出村、大事不出镇、矛盾不上交"[1]的基层治理经验，逐

----

　　〔1〕　参见戴大新：《追溯、廓疑与前瞻——新时代坚持和发展"枫桥经验"的若干探讨》，载《公安学刊（浙江警察学院学报）》2018 年第 1 期。

步完善形成了"党政动手，依靠群众，立足预防，化解矛盾，维护稳定，促进发展"[1]的治理体系，并与新时代经济社会发展新形势，尤其是信息化、智能化相结合，建构起共建共治共享社会治理格局，进一步落实"矛盾不上交、平安不出事、服务不缺位"，以及"法治化、智能化、科学化"的发展格局。在这一过程中，"枫桥经验"已经从最初与基层纠纷解决的对应，逐步完善为包括基层社会治理组织、社会治安防控、社会矛盾化解、乡村文化价值、法律服务保障五大方面的"社会治理体系"，[2]并出现了都市升级版。[3]鉴于人民调解承载着社会治理和政治功能，文化传承、道德和组织功能，以及纠纷解决功能，[4]二者具有天然的交汇优势。但是，这种交汇乃是以人民调解作为"枫桥经验"的一种功能实现的工具而发生的，因此，在不同的历史时期，"枫桥经验"常常会对"人民调解"所承载的社会功能以及所发生实效的场域起到拉伸或压缩作用，这一点从人民调解历史上各个时期的起伏发展即可窥见一斑。[5]

第二，群众性。无论是"枫桥经验"，抑或是人民调解，其理论层面都具有"群众性"特征，"依靠群众"是中国共产党执政之本，它渗透于社会治理的各个环节，贯穿于社会治理的整个体系。在"枫桥经验"发生发展创新的历程中，无论其形式和内涵如何变迁，群众性的特征都以刚性或柔性的面向呈现于这种治理模式之中。同样，作为产生依附于基层两委的人民调解制度，在历史上的所有时刻，也都无法脱离群众性的根本特征。群众性建构起了"枫桥经验"和人民调解交汇的基本场域，从应然的层面来说，只要"枫桥经验"

〔1〕 参见吴锦良：《"枫桥经验"演进与基层治理创新》，载《浙江社会科学》2010年第7期。

〔2〕 参见谌洪果：《"枫桥经验"与中国特色的法治生成模式》，载《法律科学（西北政法大学学报）》2009年第1期。

〔3〕 参见浙江省杭州市中级人民法院课题组：《都市版"枫桥经验"的探索与实践》，载《法律适用》2018年第17期。

〔4〕 参见范愉：《社会转型中的人民调解制度——以上海市长宁区人民调解组织改革的经验为视点》，载《中国司法》2004年第10期。

〔5〕 相关论述参见周永坤：《论强制性调解对法治和公平的冲击》，载《法律科学（西北政法学院学报）》2007年第3期。

在群众性方面能够实现对于"人民调解"的覆盖和切入，那么，它就能够成为"人民调解"创新发展的资源。值得注意的是，无论是"枫桥经验"，还是人民调解，其不变的三维特质都是一体性的，因而，在二者的关系中，当"枫桥经验"切入"人民调解"之时，必须保持对于人民调解另外两个特征，也就是基层性以及合意性的覆盖，由此引出的另外一个问题就是，"枫桥经验"中所形成的"发动群众"，在切入人民调解过程中，就有可能并不能完全符合人民调解健康发展的需求，因为它更多承载的是"枫桥经验"综合性和政治性的功能，对此，我们判断人民调解的创新发展是否健康时，必须对"枫桥经验"的这两大特征保持适度的警惕，防止其综合性和政治性过度介入到人民调解机制中，出现过度压缩或拉伸人民调解应然功能的情形发生。

（二）"枫桥经验"与"人民调解"实然交汇

当从理论层面梳理了"枫桥经验"和"人民调解"之间的关系后，我们就完成了理论工具的锻造任务，这一工具就可以被我们用来判定现实二者的交汇，通过描绘二者之间的交汇的现实样态，描绘二者之间的理想样态，支撑各自的健康发展。这里所采取的分析对象来源于前文所总结的"枫桥经验"典型性样态中涉及人民调解者，并通过知网的收集，对当前二者之间关系的典型样本予以总结。

经过整理，在实践中，"枫桥经验"切入人民调解的路径主要包括如下类型：

第一，夯实基层人民调解。在实践样态中，"枫桥经验"切入人民调解的最典型资源是依靠群众，实现矛盾不上交、就地解决。在这方面，"枫桥经验"切入人民调解的方式是发挥基层党政机构的角色作用，从人民调解的组织网络、队伍建设、财政支持、监督评估等方面夯实人民调解制度。应该说，在这方面，作为一种基层治理方式的"枫桥经验"能够充分运用其动员力量，充分发挥党政机构对于基层调解的覆盖作用，但在具体介入时，又能够恰当保持一定的距离，不突破人民调解本身的规律性，发挥其引导和指导性作用，而不是直接的参与者作用。比如一些地方引导设立的个人调解室，[1]一些地方建设成多元化调解网络体系，[2]一些地方利用大数据等现代科学技术实现了人民调解的智慧化和网络化等。[3]应该说，作为一种顶层设计和基层社会互动而产生的社会治理经验，"枫桥经验"在某种程度上仍然保留着基层治理的特征，这一特征也常常被学界视为"枫桥经验"的生命线，由此出发对于人民调解的切入，在相当程度上契合了人民调解群众性、基层性的特征，也因而得以覆盖其合意性特征，就此而言，只要"枫桥经验"对于人民调解的切入和覆盖没有偏离其基层性的特征，它在很大程度上就能够成为新时代人民调解的本土资源，而无论这种资源的利用在人民调解的平行组织网络设置、人民调解员队伍建设、经费支持，还是监督评估方面。

　　第二，纵横拉伸人民调解的层级和覆盖面。由于"枫桥经验"的发展渐次走出了一条社会治理的路径，党政联合，发动群众的维度在纵横两方面都有所升级。当和人民调解交汇时，这种扩展的经验也往往随即介入，形成对人民调解纵横双向的拉伸实践。纵向而言，在借鉴"枫桥经验"，"大事不出镇，矛盾不上交"的"枫桥经验"就演化成了层级化的人民调解网络，具有科层性的行政特征，从纵向层面大大拉升了"人民调解"的解纷层级。比如"枫桥经验"的发源地浙江诸暨枫桥镇人民调解经验介绍中，就谈到建立了三级治安调解组织：村（居、企业）调解委员会（以下简称"调委会"）、协作站（由镇派出的办事处）调委会、镇调委会；[4]天津

---

　　〔1〕　参见《大理州践行新时代"枫桥经验"创新发展边疆民族特色调解——"金花调解室"多元解纠纷》，载人民网，http://yn.people.com.cn/n2/2023/1108/c372451-40632878.html，最后访问日期：2024年2月29日。《庄浪："晓丽姐"的"金牌调解室"》，载人民网，http://gs.people.com.cn/n2/2023/0904/c183341-40556884.html，最后访问日期：2024年2月29日。

　　〔2〕　参见张雅芝：《"小"团队释放诉源治理"大"效能——陕西平利法院"1+5"团队推动诉源治理工作见闻》，载《人民法院报》2023年12月19日，第4版。

　　〔3〕　参见戚祥浩、杨沁：《温州：织密调解网 下活治理棋》，载《浙江日报》2023年11月15日，第16版。

　　〔4〕　参见李敏：《"枫桥经验"发新芽——浙江省诸暨市利用村规民约与人民调解定纷止争见闻》，载《中国审判》2007年第6期。

坚持和发展新时代"枫桥经验"，探索创建了市、区、街乡镇三级社会矛盾纠纷调处化解中心，形成"一站式受理、一揽子调处、全链条解决"的矛盾纠纷化解模式。[1]就横向覆盖面而言，以"枫桥经验"为资源拉伸人民调解覆盖面的例证也不断涌现。比如龙里县司法局建立了医疗纠纷、婚姻家庭、交通事故等 18 类行业性专业性调委会。[2]百色市劳动争议纠纷实现一站式调解，[3]福建厦门则拓展建立了覆盖医疗卫生、交通事故、劳动争议、知识产权、港口航运等行业领域，以及重点商贸区、外来人口聚居区、工业园区、旅游景区等 92 个企事业、301 个行业性、专业性人民调解组织网络。[4]而其他以"枫桥经验"切入行业性、专业性人民调解的介绍更是多见。[5]经济发达如上海者，更是直接建立起来覆盖医患纠纷、交通事故、民商事纠纷、知识产权、证券、基金、期货等金融类纠纷各种前沿领域的专业调解中心。[6]实践中，"枫桥经验"对人民调解的纵横拉伸可见一斑。

第三，法治化切入人民调解。"枫桥经验"的历史演进有着越来越政治化、法治化的趋势。中共中央政治局委员、中央政法委书记陈文清在 2023 年浙江杭州、宁波、绍兴调研时强调"枫桥经验"在新时代伟大实践中丰富发展，更加强调党的领导、更加彰显法治思

〔1〕　参见《天津建立三级矛盾纠纷调解机制 整合力量下沉 推动基层治理》，载人民网，http://leaders. people. com. cn/n1/2023/1214/c58278-40138453. html，最后访问日期：2024 年 2 月 29 日。

〔2〕　参见《龙里县司法局："三聚焦"促行业性专业性调委会建设》，载人民网，http://gz. people. com. cn/n2/2021/1023/c361324-34970792. html，最后访问日期：2024 年 2 月 29 日。

〔3〕　参见《劳动争议纠纷实现一站式调解》，载中国工会新闻网，http://acftu. people. com. cn/n1/2023/0303/c67502-32635717. html，最后访问日期：2024 年 2 月 29 日。

〔4〕　参见福建省厦门市司法局：《找准定位 因势利导 在多元化纠纷解决机制建设中推动人民调解创新发展》，载《中国司法》2018 年第 6 期。

〔5〕　例如史沃：《学习"枫桥经验"让人民调解走进保险》，载《中国保险报》2014 年 2 月 20 日，第 3 版。

〔6〕　参见《对标全球卓越城市引领东方之花 上海弘扬枫桥经验构建新型纠纷多元调解机制》，载上海政法综治网，http://www. shzfzz. net/node2/zzb/shzfzz2013/yw/u1ai1381670. html，最后访问日期：2024 年 2 月 29 日。

维、更加突出科技支撑、更加注重社会参与，展现出历久弥新的魅力。[1]相较而言，人民调解的发生发展历程则决定了其初心追求的是自治、法治和德治相结合的治理效果。[2]由此，实践中，依托"枫桥经验"建设法治中国的时代呼召也就由上而下地切入到人民调解工作之中，人民调解法治化再次被提升到政治高度的层面。实践中，各地人民调解从调解程序的启动、调解过程的权利保障、调解协议的形式、调解档案的归档等各个层面均模仿正规的司法或准司法形式，也尝试建构起调解案例库或判例型调解模式，追求以案说法、以案促调，在形式上完成与正规程序的靠近。[3]

第四，专业化切入人民调解员队伍建设。无论是"枫桥经验"的治理模式，还是人民调解解纷机制，都必须由特定的人员队伍予以落实。作为基层群众性解纷机制，人民调解在应然层面应该多为基层自发形成的队伍，法律知识只是一种辅助性的，能够达到人民调解"不违法"的合法性要求即可。在实践中，随着"枫桥经验"和法治中国建设的"联姻"，继而切入到人民调解机制之中，人民调解队伍的正规化、专业化建设也出现在各个典型经验案例之中，这一现实既是顶层设计的要求，也是基层人民调解运动化扩张的必然。在顶层设计方面，2014年9月30日发布的《司法部关于进一步加强行业性专业性人民调解工作的意见》就要求建立专业化人民调解员队伍。[4]2018年4月发布的《中央政法委、最高人民法院、司法部等关于加强人民调解员队伍建设的意见》则明确要不断提高人民调

---

〔1〕 参见《坚持和发展新时代"枫桥经验" 推进矛盾纠纷化解法治化》，载中国共产党新闻网，http://cpc.people.com.cn/n1/2023/0519/c64094-32689878.html，最后访问日期：2024年2月29日。

〔2〕 参见范愉、李泽：《人民调解的中国道路——范愉教授学术访谈》，载《上海政法学院学报（法治论丛）》2018年第4期。

〔3〕 参见浙江省诸暨市司法局：《坚持发展"枫桥经验"不断推进人民调解服务基层社会治理创新》，载《人民调解》2018年第6期。

〔4〕 参见《司法部关于进一步加强行业性专业性人民调解工作的意见》第3条（二）的规定："根据矛盾纠纷的行业、专业特点，选聘具有相关专业背景和法学、心理学等专业知识的人员以及专家学者、法律服务工作者等为人民调解员，建立专兼结合、优势互补、结构合理的人民调解员队伍。通过政府购买服务等方式，配备专职人民调解员。"

解员队伍建设的规范化、法治化水平，并要求大力加强专职人民调解员队伍建设。[1]在典型事例方面，各个地区更是将人民调解队伍的专业化、法治化建设作为一项重要工作来抓，这具体反映在人民调解员的选任和培训方面。比如浙江诸暨建立了由退休政法干警、人大代表、政协委员以及相关部门、行业领域的政策专家或业务骨干组成的人民调解专家库。[2]河南省三门峡市积极推动人民调解员专职化、专业化，实现了"专业的事交给专业的人来办"的科学规范化调解，并且推行了人民调解员的定期培训机制，每月对人民调解员进行培训和测试。[3]上海市司法局和上海政法学院合作在法学下设置了人民调解方向，并在 2012 年实现招生，出现了和高校联合培养人民调解员的专业化行动。[4]

在现实实践中，"枫桥经验"对于人民调解的切入可能不止于以上所列各种，比如关于人民调解协议的强制执行问题，在一些地方也出现了泛而化之的苗头。又如关于调解程序问题，有些地方也出现了过度正式化、法治化、规范化的趋势。在人民调解的地位方面，也出现了和其他机构交叉，难以分割的情形，比如一些地方的司法所和人民调解委员会形成的"一套人马，两块牌子"现象。这些"枫桥经验"和人民调解交汇的现实样态，构建起一幅蓬勃发展的场景。但是，作为一名研究者，面对这些现实的发展样态时，需要保持一种冷静的视角，从应然的层面对这些发展予以审视，以此判定制度的发展是否符合自身的本质，肯定符合规律的创新发展，对超

---

〔1〕　参见《中央政法委、最高人民法院、司法部等关于加强人民调解员队伍建设的意见》第 2 条（二）的规定："……坚持依法推动。贯彻落实人民调解法、民事诉讼法等法律规定，不断提高人民调解员队伍建设的规范化、法治化水平。……坚持专兼结合。在积极发展兼职人民调解队伍的同时，大力加强专职人民调解员队伍建设，不断优化人民调解员队伍结构……"

〔2〕　参见浙江省诸暨市司法局：《坚持发展"枫桥经验"不断推进人民调解服务基层社会治理创新》，载《人民调解》2018 年第 6 期。

〔3〕　参见李凯：《三门峡市：发展"枫桥经验"人民调解显成效》，载《公民与法（综合版）》2018 年第 11 期。

〔4〕　参见《上海人民调解员队伍建设的发展之路——访上海市司法局基层工作处处长商忠强》，载《人民调解》2018 年第 7 期。

越界限的创新提出警醒，完成预测制度未来发展的理论任务。

六、升级或异化：一点冷思考

当正式完成了对于"枫桥经验"发生发展及现实样态的梳理，完成了人民调解本质和界限的理论铺垫，并提炼了"枫桥经验"切入人民调解的应然场景，同时梳理了"枫桥经验"切入人民调解的现实样态后，对于本书所提出的核心问题，我们就有了足够的理论工具和实践材料，可以将二者之间的关系脉络正式予以审视，为二者之间关系的健康构建提供理论资源，以此判定现实中"枫桥经验"切入人民调解发展的各种样态究竟是人民调解的升级，抑或是异化。这里所适用的工具，也就是"枫桥经验"切入人民调解的群众性，并且是或至少是不违反覆盖人民调解基层性和合意性界限情形之下的切入。

在此理论工具的指导下，笔者认为，人民调解的创新发展的性质可以判定如下：

第一，关于以"枫桥经验"夯实基层人民调解。以"枫桥经验"与人民调解的应然交汇标准审视，"枫桥经验"切入人民调解最大的资源供给应为群众性，而人民调解的群众性和基层性、合意性又是三位一体的，构成人民调解规范层面的发展界限。因此，以"枫桥经验"夯实基层人民调解组织就是"枫桥经验"对于人民调解最大的资源供给。无论是从基层群众性人民调解组织的网络化建设、基层人民调解员的选聘，还是建立制定包括各种乡规民约在内的纠纷预防解纷依据而言，利用"枫桥经验"的动员作用，充分发挥党政动员基层群众的力量优势，以组织者的身份介入基层群众性调解建设，维系人民调解对于基层两委自治性群众组织的依附性地位，释放人民调解在基层社会空间的解纷活力，都是完善人民调解制度的正当途径。这里，"枫桥经验"介入人民调解的主要方式是动员和组织作用，更大限度地调动基层群众对于人民调解的充分参与，以实现充分释放人民调解的基层解纷功能和社会、政治及文化功能。

就此而言，目前全国一些地方通过利用"枫桥经验"建构基层人民调解网络，引入乡贤精英参与人民调解的做法，既充分维护了人民调解的群众性，也顾及了其基层性和合意性，并且甚至还带有几分自治性、民间性的传统特征，这些都是值得推广的经验。

　　第二，关于横向拉伸人民调解覆盖面。"枫桥经验"之所以生命力长久的一个重要原因在于其"综合性"，这种综合性在其适应中国社会治理变迁的过程中起到重要作用，也是切入各种社会治理机制的重要工具。当切入人民调解时，"枫桥经验"的这种综合性也在一定程度上释放了其拉伸能力，仅从横向上来看，它将人民调解的解纷覆盖面拉伸到了行业纠纷和各类专业纠纷。在行业纠纷方面，依托具体的行业组织，设置行业性人民调解委员会，如前文所述的渔业纠纷委员会、房地产协会等行业协会调解组织、商事调解和商会民间调解等。专业性人民调解委员会则针对特定纠纷类型而设置，如保险纠纷、金融纠纷、劳动争议、交通事故赔偿、医疗纠纷等调解委员会。应该说，从"枫桥经验"和人民调解交汇的视角来审视，尽管这些扩张是在"枫桥经验"综合性特质夹裹之下展开的，但是，只要其本身并未背离人民调解群众性的特征，纠纷解决过程中也未背离纠纷当事双方的合意性，那么，就应当属于"枫桥经验"对于人民调解的升级，在当前没有力量进行针对性立法的情况下，对这些横向发展的人民调解实践，采取"摸着石头过河"而尊重实践发展的态度，将其视为对人民调解的适度升级，也并不是不可取的态度。

　　第三，关于纵向拉伸人民调解层级。除了横向拉伸人民调解的覆盖面外，"枫桥经验"切入人民调解的现实样态中，还有另外一种表征，也就是纵向拉伸人民调解的层级。前文所提到浙江建立的三级调解组织、海南建立的四级人民调解组织以及广州所建立的区、街、社区三级人民调解网络都是以"枫桥经验"拉伸人民调解层次的具体实例。甚至出现了具体案例由低一级的人民调解组织向高一级的人民调解组织汇报的现象，行政化色彩日益浓烈。一些组织化的调解指导性案例的收录也带有典型的准行政和准司法特征，无形之中消解了人民调解的群众性。从应然的角度来看，"枫桥经验"对于人民调解的纵向拉伸实质是将人民调解置于对于党政系统和司法系统的依附地位，形成科层化的纠纷解决体系，实质效果是重新建立起一整套独立的准司法或准行政纠纷解决体系，乃是以"枫桥经验"的政治性、综合性夹裹了人民调解的基层性和合意性，由此导致的结果就是，现实中如此拉伸建立的人民调解网络，偏离了人民调解的基层基础，从而脱离了其群众性和合意性的本质界限，形成一种异化的发展态势。人民调解委员会的分层、人民调解员的分档，在很大程度上已经背离了人民调解制度的设置初衷，若不及时止步，可能会将人民调解的天然优势淹没在行政或司法的裹挟之中，丧失人民调解的制度本意。

第四，关于法治化切入人民调解。基于对全面推进依法治国战略的适应，"枫桥经验"在新时代大力强调法治化建设，当将"人民调解"工作视为其重要一环的"枫桥经验"以此种思维切入人民调解时，人民调解的合法性问题也就再次遭遇到现实的政治压力。依法调解的声音不断强化，延伸到调解的依据、调解的程序、调解协议的达成、调解协议的司法审查、调解协议的司法确认样式等内容，人民调解开始追求记录、工作档案、案卷等内容的规范化。但以"枫桥经验"切入人民调解应然交汇来考量，尽管这些实践迎合了主管部门和当事人对于纠纷解决效果的偏好，规避了调解失败的风险，但过度的法治化也消解了人民调解制度天然的灵活性、便利性和亲和力。当法言法语充斥调解过程，当启动、过程、权利、回避、反馈、评估等被严格地规范化，人民调解也就陷入了"枫桥经验"所设定的规范牢笼之中。因为，在这个过程中，人民调解的合意性极有可能遭到破坏，演化为法律胁迫下的合意。从这个角度说，尽管人民调解的法治化并不完全意味着其发展出现异化，但是，这种法治化应当保留适当的限度，应在坚持人民调解群众性、基层性和合意性的限度之下，适当地提升其法治化水平，比如依法建立人民调解网络，建立人民调解的规则依据，法治化特定行业领域的人民调解等，唯其如此，"枫桥经验"对于人民调解的法治化切入才能实现对它的升级，而不是背离其界限，成为异化发展的源头。

第五，关于专业化切入人民调解员队伍建设。如前所述，当"枫桥经验"和法治中国建设的"联姻"切入人民调解之时，人民调解员队伍建设的专业化和法治化场景也浮上水面。对于这一现象，如果以"枫桥经验"切入人民调解的应然场景来判定，不能一概而论，比如当人民调解为"枫桥经验"横向拉伸，切入到行业性、专业性人民调解委员会之时，对于人民调解员队伍的专业化建设就是维系这些制度创新的重要基础，本身也并不违反人民调解的群众性、基层性和自治性。相反，通过提升人民调解对于特定行业和特定类型纠纷的知识水平来提升其解纷能力，本身应被视为"枫桥经验"对于人民调解发展的升级。但是，当人民调解队伍的培养出现明确的法治化趋势，甚至以法律专业人士对基层调解员进行取而代之的制度设定时，我们就必须思考，专业法律人士是否更具有调解的优势和能力，比如针对律师调解，范愉教授就明确指出："律师职业本身并不先天具备调解的理念和能力，反而因其职业思维和利益容易反对或妨碍协商调解。"[1]此外，人民调解员的培训也不能仅仅停留在法律知识的讲授，而是要综合现代调解原理、理念、伦理规范和技巧，[2]将涉及谈判、协商、心理、社会等方面的知识统摄进来，使之不沦为纯粹的普法式培训。因此，严格而言，当培训符合人民调解的本质之时，对于人民调解员队伍的专业化培训才能被视为是一种升级，否则可能陷入异化的路径。

综上，当我们看到运动化的"枫桥经验"再起风云，作为一个理论研究者，就应当保持适度的理性，当从顶层设计到基层社会都鼓而呼之迎合"枫桥经验"切入人民调解之时，作为关注人民调解的研究者，在庆幸人民调解的制度魅力受到再次重视的同时，更应认真从理论的高度审视实践中花样繁多的创新，虽然"理论是灰色的，而实践之树长青"，在新中国成立 75 周年之际，本土化的理论

---

〔1〕　参见范愉、李泽：《人民调解的中国道路——范愉教授学术访谈》，载《上海政法学院学报（法治论丛）》2018 年第 4 期。

〔2〕　参见范愉：《〈中华人民共和国人民调解法〉评析》，载《法学家》2011 年第 2 期。

也应该逐步实现"一经掌握群众，就会变成巨大的力量"的水准。因此，对于人民调解的健康发展，我们就有必要厘清"枫桥经验"和人民调解的发展脉络，从而对于二者之间的应然关系建构起理论支撑，用以考量实践中人民调解的发展是否符合理论发展的规律。作为"枫桥经验"核心要义的"为了群众、依靠群众"，本身和人民调解群众性既存在着理论交合，也有着一定的区别。因此，当"枫桥经验"以群众性切入人民调解之时，如果没有夹裹着政治性、综合性的"为了群众"的运动化动员力量，那么对于人民调解而言，它就能成为有益的资源，在夯实基层人民调解制度方面起到积极的推动和创新作用，在人民调解解纷覆盖面方面起到良性的拉伸作用，在人民调解的规范化和合法性建构方面起到自治、德治和法治统一的效果，在人民调解的队伍建设方面起到专业化水平提升的效果，从而完成对于新时代人民调解工作的升级转型。但是，如果人民调解过度地为"枫桥经验"所侵入，而纵向层级化拉伸人民调解的网络，以职业法律人取代人民调解员队伍，以正规化程序和严格的法律规范取代灵活的调解过程和情理法交融的调解依据之时，我们就必须警惕，人民调解可能已经因为"枫桥经验"的过度侵入而发生异化。

当然，笔者仍然认为，人民调解的本质同时也是不断随着实践发展变化创新的，一些过去为我们所坚持的理念，在规范层面可能已经遭到了抛弃，这也是一些学者预测人民调解未来朝着职业化、专业化、行政化、准司法化发展的重要理由。比如本书所论及的人民调解的自治性，在一定程度上已经出现了实践规避的局面，但是，无论如何，作为"东方之花"的人民调解，其内核所依靠的基层性、群众性并没有发生实质的变迁，短时期内也不应该为时代所抛弃，这也正是在新时代共建共治共享语境下，顶层设计和学界声音仍然坚持以基层为基础，[1]发挥我国人民调解组织扎根基层、遍布城乡

---

〔1〕 参见范愉：《〈中华人民共和国人民调解法〉评析》，载《法学家》2011年第2期。

社区，人民调解员来自群众、熟悉社情民意，人民调解程序便捷、方法灵活的优势特点，[1]而不断夯实人民调解“第一道防线”。唯有如此，“枫桥经验”才能真正转化为人民调解的本土资源，人民调解才能真正健康地发展创新。

---

〔1〕　参见《最高人民法院 司法部有关负责人就〈关于充分发挥人民调解基础性作用 推进诉源治理的意见〉答记者问》，载中华人民共和国最高人民法院网，https://www.court.gov.cn/zixun/xiangqing/414172.html，最后访问日期：2024 年 2 月 29 日。

第 6 章

人民调解与和谐社会

在分析了人民调解制度的基本历史脉络，理念、价值和制度，以及人民调解的宏观微观类型趋势后，我们看到的是一个在当今社会中扮演越来越重要角色的人民调解制度。这样一种制度与和谐社会建设的关系究竟如何，则是我们接下来要探讨的问题。

人民调解属于纠纷解决的一种方式，尤其是随着 ADR 出现和 ADR 运动的兴起，我国纠纷解决的传统机制——人民调解制度越来越受到立法者和研究者的注意。那么，在我国和谐社会的建设过程中，人民调解制度究竟能发挥怎样的作用呢？本章就从和谐社会的特征和要求展开，将人民调解制度对和谐社会建设的作用进行梳理，以验证和谐社会建构过程中人民调解制度的积极意义。

一、和谐社会的特征及要求

构建社会主义和谐社会的正式提出是在 2004 年 9 月党的十六届四中全会召开期间。社会主义和谐社会的理论既包含了以往人类社会关于人际关系和谐的理想，还包含了政治文明稳定，国家长治久安，经济合理增长，人类社会与自然环境可持续发展的理念。[1] 我国现在处于转型时期、处于社会发展的关键时期，在这个时期，随着经济的发展，经济纠纷、民事纠纷、信访案件、犯罪案件的数量也迅速增长。如何处理好这些纠纷，在保障社会长治久安的基础上推动我国社会的发展，是我们应首要解决的问题。

---

〔1〕《胡锦涛在中共中央政治局第二十次集体学习时的讲话》。

和谐社会概念的提出，正是针对社会转型时期社会矛盾、社会纠纷不断增多的社会现实而提出来的。那么，什么是和谐社会呢？2005 年 2 月 19 日，时任中共中央总书记胡锦涛在省部级主要领导干部提高构建社会主义和谐社会能力专题研讨班上的讲话中首次全面阐述了和谐社会的内涵："我们所要建设的社会主义和谐社会，应该是民主法治、公平正义、诚信友爱、充满活力、安定有序、人与自然和谐相处的社会。"也就是说，和谐社会意味着公平与正义，意味着有序和高效，意味着共存与发展，意味着协调的能力。

目前，我国正处于改革发展的深入阶段，在这个时期，强调社会和谐，具有突出的意义。

（一）社会和谐

首先，它提倡的是一种社会理念，主张人与人之间的和谐共处，不能为了追逐自己的利益而损及他人利益、社会利益，甚至是国家利益。在目前，我国法制还不健全、执法力度还有待加强，在这种情况下，要更加注重人与人的和谐。不少企业为了追逐经济效益，而置他人利益、社会利益于不顾，比如三鹿奶粉事件、苏丹红事件、瘦肉精事件等。这些事件的社会危害性是非常大，不仅危害了广大消费者的身体健康，也使得广大消费者的消费心理更加脆弱，危害了整个经济市场的有效运行。强调社会和谐，并不否定个人和企业追逐利益，因为利益是市场经济最大的推动力，失去了利益的推动，社会主义市场经济也将无从建立。只不过对利益的追逐必须有个限度，不能损害他人利益、社会利益和国家利益。

（二）政治和谐

它提倡的是一种政治和谐，主张国家、社会和个人的和谐相处，政府的职能是全心全意为人民服务，应该高度树立服务意识，克服官本位思想，急群众之所急，想群众之所想。官本位思想在中国延续了几千年，其余毒影响深远。不少地方政府为了规范下基层视察，达到不扰民的目的，甚至规定领导下基层只能吃招待饭，招待饭的标准不能超过四菜一汤，不许打扰下级的正常工作等。从中我们可以窥见，强调和谐，并不意味着老百姓不能有不同的声音，有不同的声音就意味着破坏和谐。这种思想对于执政者来说，是极为危险的。和谐的本质是百花齐放，而如果只有一种声音，就不是和谐而是统一了。和谐并不意味着没有分歧，没有不同，而是意味着相互包容、相互理解，不同的声音、不同的意见能够得到充分、有效的表达和沟通，不同的利益分歧能够得到顺畅的解决。

（三）立体和谐

现代政治国家和社会构成了一个自成体系的系统，要实现社会和政治和谐，有必要全方位地涵摄一切要素，建构一种立体的和谐，这种和谐是一种全面的和谐，不仅主张物质文明的发展，也注重精神文明建设；不仅注重发展，更加注重当前发展与长远发展的关系，主张可持续发展；不仅注重人类的发展，更加注重人与环境的和谐发展。和谐，意味着多方面的百花齐放，不仅追求物质文明，也注重精神文明，要两手抓两手都要硬。只有一个方面的发展就是瘸子，势必会影响整体的发展速度。物质文明是精神文明发展的基础，因为只有吃饱肚子，才有足够的时间、精力和财力投入精神文明建设中去。但是，仅仅重视物质文明也是不行的，因为精神文明为物质文明提供了持续发展的动力。和谐，意味着不仅重视当前的发展，也要重视长远的发展。不能为了追求眼前的利益，而忽视发展的可持续性，更不能为了发展经济，而忽略环境的保护，否则将得到大自然的报复。改革开放初期，不少地方为了发展经济，引入了一些污染型企业，结果导致环境恶化，严重影响了人民群众的生产和生活。也就是说，我们不能消耗自身赖以生存的条件谋求一时的发展，更不能牺牲子孙后代的资源来换取自身的一点发展，我们必须注重发展的可持续性，必须重视人与环境的和谐相处。

此外，和谐社会的概念也是与我国传统的人与自然、人与人和谐相处的理念相一致。我国自春秋以来，就一直存在崇尚自然、和为贵的思想。因此，和谐社会的概念也是在我国传统上的文化观念的基础上提出的，是对传统观念的扬弃。这有利于和谐观念深入人心以及贯彻执行。

二、纠纷解决与和谐社会

(一) 纠纷与社会发展

纠纷是一种司空见惯的社会现象，纠纷形态的出现正是对和谐社会关系的一种破坏。自从有了人类社会以来，就有了纠纷。关于纠纷的含义和性质问题，理论界曾经有过长期的探讨，但是目前并没有得出一个一致的说法。赵旭东在其《纠纷与纠纷解决原论——从成因到理念的深度分析》一书中比较了不同的定义方法后，得出这样的结论："纠纷是失衡社会关系表面化或公开化的表现形式"，"冲突属于纠纷的上位概念，纠纷是冲突的部分表现，并非所有的纠纷都属于冲突，也不是所有的冲突都可以纳入法律的调整范围。"〔1〕

"纠纷是失衡的社会关系的表面化或公开化"，也就是说，在纠纷发生之前，社会保持着相对平衡的状态，而纠纷的出现打破了这种相对平衡。因此，纠纷的出现，具有消极性和破坏性，使纠纷当事人之间原本和谐的社会关系发生了逆向的改变。但是，我们并不能因此将纠纷视为洪水猛兽，不至于谈其色变，将其视为和谐社会的"大敌"。因为纠纷不仅仅是一种不可避免的社会现象，其出现在某种程度上也具有一定的积极作用：将社会矛盾和不和谐因素暴露出来，有利于这些社会不稳定因素的解决，从而起到缓和社会矛盾的"安全阀"作用。当然，这种"安全阀"的作用并不能被无限夸大，毕竟秩序才是法律的首要价值。

那么，如何限制纠纷的负面影响呢？这就离不开纠纷解决，离不开纠纷解决机制。马克思认为：社会的发展是一个螺旋上升的过

---

〔1〕 赵旭东：《纠纷与纠纷解决原论——从成因到理念的深度分析》，北京大学出版社 2009 年版，第 7 页。笔者基本赞同这种观点。将纠纷和冲突区别开来，有助于正确认识纠纷的含义和本质，有助于正确认识纠纷发生的原因。纠纷的发生，不一定存在着冲突，因为纠纷发生的原因是多样的，比如利益的多样化、比如情感因素、意外事件等。

程，是旧的矛盾不断解决、新的矛盾不断产生的过程。矛盾无处不在，无时不在。也就是说，纠纷或者矛盾并不可怕，对于社会来说，矛盾的不断出现和解决推动了社会的发展；对于法律制度来讲，没有纠纷就不会产生法律制度，而法律制度同样代表着人类社会的进步。因此，纠纷也是人类社会发展的一种动力。但是，仅仅有纠纷还不能促进社会的发展，还必须要有顺畅的纠纷解决机制。也就是说，针对不断出现的纠纷，社会具有积极的、有效的解决方法来进行处理，使得这些纠纷得以解决、化解。相反，如果社会没有积极有效的解决机制，而使得这些纠纷不断累积、积聚，那么纠纷对社会的积极作用将无从发挥，甚至演变为暴乱，严重破坏社会的秩序和发展成果。

纠纷对社会的发展既有积极作用也有消极作用。但是，"很显然，进步不是表现在对冲突的压制上，而是表现在对冲突实施合理的控制上。它要求建立一定的社会法规，这个法规必须能够正式或非正式地涵盖着斗争的全部领域，将发生冲突的各个部分包含在内，并对它们实施有效的管制。管制必须以广泛的原则为基础，能够为和平的改变和适应提供条件，能够适应新的环境"。[1] 如今，社会的发展趋势表明：以和平理性的方式解决社会纠纷越来越成为主流价值观。而法治为人类社会提供了这样一个相对和平稳定的发展空间。[2]

（二）和谐社会构建的关系

前面提到，和谐社会并不意味着社会没有矛盾、没有纠纷，二者并不是完全水火不相容。和谐的社会中，也存在矛盾，也有纠纷，只是这些矛盾和纠纷在和谐社会中存在积极、有效的解决机制加以化解。并且，社会的和谐，也有助于减少纠纷的发生，有助于以更加和平、理性的方式解决纠纷。

---

〔1〕 [美] 查尔斯·霍顿·库利：《社会过程》，洪小良等译，华夏出版社2000年版，第33页。

〔2〕 参见范愉：《纠纷解决的理论与实践》，清华大学出版社2007年版，第102页。

和谐社会更加注重民主因素作用的发挥。也就是说，纠纷解决并不是靠压制、强制来完成，更加注重当事人意志的自由表达，注重满足当事人的不同诉求。这些民主因素不断发挥积极作用，反过来也促进了纠纷的理性解决，促进了和谐社会的发展与进步。

矛盾的发生和不断解决，能够推动社会的进步。但这不意味着矛盾发生得越多越好，冲突越激烈越好，相反，矛盾如果想要发挥其积极进步作用，必须被控制在一定的范围内。我国历史上的每次农民起义都是社会矛盾激化、不可调和的产物。农民起义，推翻旧的封建王朝，建立新的封建王朝，在历史上具有一定的进步意义。但是每个王朝末期，社会的动荡也造成了巨大的损失，导致生灵涂炭、饿殍遍地。而和谐社会能够将矛盾及早化解、避免其演变为纠纷，甚至是更加激烈的冲突。这大大限制了社会矛盾负面作用的产生。

总之，社会出现矛盾、分歧并不可怕，只要这些社会矛盾能够在社会体系、社会框架中得到顺畅、有效地解决。一个社会好比一座大厦，如果其本身具有顺畅地解决纠纷的机制和功能，将矛盾在体制中顺畅地解决，那么其就不会有这样的危险：矛盾日积月累，长期得不到解决而最终爆发，导致社会大厦坍塌，社会体系崩溃。因此，我们工作的重心和重点，不应该放在如何防止矛盾的出现上，而是应该放在如何解决这些矛盾上。因为矛盾无处不在、无时不在，是不可能被彻底从人类生活中除掉的。

（三）人民调解在纠纷解决机制中的地位和作用

按照矛盾律，"矛盾无处不在，无时不在"，因此对于任何社会来说，矛盾都是存在的，和谐社会也不例外。因此，任何社会要想获得长治久安，就不能不重视发生的各种社会矛盾，并不断寻求更好的解决方法。这也就是纠纷解决机制的缘起。

纠纷解决机制，在任何社会都不是只有一种解决方式，而是一个多元的整体。在我国，纠纷解决机制主要包括这样几种解决方式：诉讼、仲裁和调解。诉讼，是依靠法院来解决纠纷。但由于我国几千年来的"厌讼""无讼"思想的影响以及对法院的种种误解[1]，导致法院的社会威信不高，人民群众对法院的信任、信仰还远没有建立。[2]因此，对很多人来说，法院仍然是一个退而求其次的选择。而仲裁是通过仲裁机构的裁决解决纠纷，其具有高效、保密等优点，但其能够处理的纠纷范围有限，通常是商事案件。而调解的内涵则比较丰富。调解，包括人民调解和法院调解，法院调解又包括诉前调解和诉中调解。法院调解，无论是诉前调解还是诉讼调解，都是由法院主持进行的调解。而人民调解则是由人民调解员主持进行的调解，其调解的范围更宽。

调解制度是我国对世界文明的一种伟大贡献。在各国纷纷寻找不同的途径，解决诉讼时间过长、解决纠纷具有滞后性、诉讼成本过高等问题的情况下，我国的调解制度因为其种种优点备受青睐。

三、人民调解促进社会和谐建设

纠纷解决机制的顺畅、有效，有利于纠纷的及时、有效解决。传统的纠纷解决以诉讼解决为主，而随着 20 世纪 80 年代 ADR 运动的高速发展，各国逐渐建立起了以司法解决为中心的多元化纠纷解决机制。[3]如今，ADR 已经成为社会生活中不可替代的机制，不仅其理念已经得到广泛的认同，而且正在改造着传统的现代性思维方式。在我国，多元化纠纷解决机制的理论与实践也日益得到重视。

---

〔1〕 我国传统文化对法院在人民心中的形象影响颇大，比如"衙门向南开，有理无钱莫进来"，这都影响了人民法院客观公正形象的确立。再比如，我国古代刑民不分，官府既处理刑事案件，也处理民事案件，这种影响至今还在，那就是不少人民群众依然不能正确区分民事案件和刑事案件，不少人认为法院就是处理坏人的地方，被告一定就是坏人等。

〔2〕 法律需要被信仰，法院同意也需要被信仰。丹宁勋爵说过："看见的正义才是真正的正义，而只有信仰、信任法院和法律，才会相信自己所看到的是正义。"参见〔英〕丹宁勋爵：《法律的正当程序》（第 3 版），李克强、杨百揆、刘庸安译，法律出版社 2015 年版，第 1~20 页。我国由于各方面的影响，人民群众对法院、对法律的信任程度不高，这也导致我国很多案件打了一审，打二审；打了二审，打再审。

〔3〕 人类历史上的纠纷解决机制历来都是多元的，但是要从理论上承认这种多元化并非易事。

而作为我国传统的纠纷解决方式的调解制度在经历了一番"动荡"后，又逐渐获得了国家法的认可与重视。其在和谐社会的构建过程中，发挥着越来越重要的作用，推动着和谐社会的发展。人民调解制度之所以能够发挥这样的作用，是因为其具备以下特点：

（一）及时自治

纠纷解决是一个动态的过程，范愉教授将其发展过程分为三个阶段："不满"或前冲突阶段、"冲突"阶段和纠纷处理阶段。前冲突阶段，是一种单向的过程，即某人认为自己的权益受到了侵害。这个阶段，当事人可以通过自我处理而避免纠纷进入"冲突阶段"。而冲突阶段是当事人双方相互抗争的阶段，可以通过谈判和压服而解决冲突。纠纷处理阶段，主要是依靠多元化的纠纷解决机制来处理纠纷，如人民调解、诉讼、仲裁，等等。[1]

从纠纷解决机制的划分来看，人民调解与诉讼、仲裁等纠纷解决方式都属于第三个阶段。但实际上，人民调解的介入时间可以更早，可以在纠纷解决的第一个阶段介入并发挥作用。这是因为在前冲突阶段，当事人的自我处理可能因为他人的帮助和劝解而使纠纷保持在潜在阶段或者消灭。比如河南义马市司法局基层科科长冯军伟在总结人民调解工作经验时谈到的一个实例就反映了人民调解在前冲突阶段将纠纷化解的重要作用："2008年春季我们在礼召村排查时得知苏礼召村因千秋矿开采导致地面下陷，造成28户群众的房屋裂缝，群众准备集体上访。得知这一情况后，我及时向主管领导和有关部门汇报，同时组织调委会人员迅速介入，向群众讲法律、讲政策，稳定群众的情绪，极力避免事态扩大，在有关部门的统一协调下，市、镇拿出具体搬迁方案，很快解决了群众的后顾之忧。"[2]在本案中，人民调解的提前介入，使得纠纷在"不满"阶段归于消灭，从而避免了事态的扩大。

---

　〔1〕　参见范愉：《纠纷解决的理论与实践》，清华大学出版社2007年版，第76~78页。

　〔2〕　资料来源：河南省优秀人民调解员先进事迹报告——冯军伟：《整合资源　优势互补　不断探索和建立人民调解工作新机制》。

司法要受"不告不理"原则的制约，一般不能主动介入纠纷。而人民调解则没有这样的限制，其可以在纠纷发生的较早阶段主动介入，从而避免了纠纷向"冲突"阶段的演变，因此，人民调解也被称为司法工作的"第一道防线"。

在我国目前法律规定的四种调解方式中，人民调解是相对来说自治性最强、权威性最弱的一种调解方式。人民调解的自治功能主要是通过它的合意性来体现的。当事人在解决纠纷过程中的合意是人民调解区别于诉讼的关键所在，即人民调解解决纠纷的过程，是在社会力量作为中立第三方的协助下，纠纷主体相互协商来确定纠纷解决的过程。这个过程与公力救济相比较，更尊重当事人之间的理性协商和相互妥协，存在着较高的自治性。与人民调解相比，公力救济更多地体现出国家对纠纷解决权的干预。同时，纠纷解决结果是法院通过判决的方式来裁判当事人之间民事法律关系及相应的法律责任，是强制而非合意地解决纠纷。在审判的过程中，纵然当事人也享有意思自治，可以依法处分其诉讼权利与实体权益，但这种在国家强制性和规范性制约下的所谓"自治"与人民调解中的自治相比要弱得多。正因为如此，人民调解典型地反映了社会主体消除自身冲突的自治能力。

从社会的角度来看，人民调解自治功能的意义是双重的。一方面，它体现了社会对纠纷的自我调节能力，人民调解的适用或成功的概率，反映了社会主体的自我整合能力。无论是在传统还是在现代社会，调解都是使社会冲突震荡降为最低程度的纠纷解决方式。因为，人民调解比公力救济有着更加长远的纠纷解决效应，它通过社会第三方的调解，双方当事人在合意的基础上"化对抗为融洽""化干戈为玉帛"，为社会提供了更加良好的人际合作关系，从而达到人与人之间的和谐相处。因此，从这个意义上说，人民调解具有社会纠纷解决的自治功能。另一方面，由于人民调解纠纷解决过程并不坚持严格的法律程序，它把冲突双方的意志置于判断冲突主体行为的实体正义以及处置冲突权益关系和补偿结果的法律规则之上。因此，这种民间自治式的纠纷解决方式更有可能实现当事人的主体性，同时又更能侧重实体正义的实现。相比之下，经由公力救济实现纠纷解决虽然通过一整套法定程序，使双方当事人的意见都能被陈述和倾听，使当事人的主体性在一定程度上得到满足，这种程序上的正义固然有其价值，但在纠纷解决过程中依靠自己比依靠国家更能体现出主体的参与性。当事人能够亲身进行纠纷解决，在权威性较弱的社会力量的协助下，而无须依赖国家强制力，在纠纷解决过程中更能保持一定的控制力，同时可以在成本低廉和迅速便利的情况下化解纠纷。正如棚濑孝雄所说，"调解因为给了当事人拒绝的权利，因此可以不必通过证据的审查逐一认定事实和法律规范的辩论解释上花费时间，也可以不用花钱请律师处理复杂的程序，当事人能够一下子就进入争议问题的核心，请求纠纷的圆满解决。还有，与审判必须严格依照法律规范这样的普遍标准不同，调解中合意的形成基本上是以当事人个人是否有利、是否有理的评价标准为基础，达到的解决能够更贴切地反映当事者所处的实际情况。如果调解像这样在纠纷的解决成本和解决内容两个方面，都充分发挥通过合意来解决纠纷这一固有功能，而可能期望带来审判所无法达到的良好社会效果"。[1]

当然，不可否认，任何形式的单纯的"自治"都不可能实现。因为，不自足的自治只能是漏洞百出的制度运行。因此，人民调解在当今社会中的价值归属也应该是在国家予以适当监督与扶持下的相对自治。这种国家与社会的良性互动关系体现在人民调解机制的运行方面，体现在纠纷解决权的配置问题上，国家不应该也没有必要垄断一切纠纷解决的权力，而是要适当地放松国家管制，充分依赖市民社会管理自身的能力。通过对大量民间纠纷的解决，加强社会中纠纷解决组织自身的自治能力，这同时也是现代社会自治力量的逐渐成熟和社群主义成长的契机。

---

〔1〕　[日]棚濑孝雄：《纠纷的解决与审判制度》，王亚新译，中国政法大学出版社2004年版，第46~47页。

（二）方便快捷

人民调解不仅能在纠纷发生的早期主动介入，还能够及时解决问题，尤其是在实践中，避免了很多民转刑案件的发生。而这点，也是诉讼解决方式所难以企及的。

诉讼不仅注重实体公正，也注重程序公正，因此其受到法律规定的一系列期间的限制。一方起诉后，法院要进行审查，并在七日内决定是否立案，法院立案后还需要送达起诉状给被告、确定开庭日期以及庭审等一系列的复杂程序。可能一方起诉后，要等待半年以上的时间才能拿到法院的判决书。而在这漫长的等待时间中，往往当事人之间的关系在不断恶化，甚至由民事案件转变为刑事案件。而人民调解制度则不需要受这些期间的限制，能够及时、主动介入并解决当事人之间的纠纷，避免案件性质的恶化。《人民调解工作若干规定》第32条规定，人民调解委员会调解纠纷，应当密切注意纠纷激化的苗头，通过调解活动防止纠纷激化。第33条规定，人民调解委员会调解纠纷，一般在一个月内调结。

在河南省优秀人民调解员的事迹报告中，这样的实例比比皆是。比如鹤壁市山城区石林镇人民调解委员会主任李世昌讲述了这样一件其亲身经历的案件：2008年9月某天的夜里，石林镇小寨沟村李某在同村王某的建筑工地下班后回宿舍期间意外触电死亡，李某的父母怀疑儿子是被王某谋杀。就把李某的尸体抬到王某的家中，人民调解员得到案情后连夜赶到小寨沟村，和村干部一起把双方当事人叫到村委会依法调解，耐心说服，连续工作了30多个小时，终于使双方达成了调解协议，避免了一起民转刑案件的发生。

人民调解由于方便、快捷，更容易在纠纷未达到严重程度时将其解决，避免纠纷由民事转向刑事案件，使得社会矛盾在激化前得以解决，使社会不会因此遭受更严重的损失，进而有利于社会的和谐与稳定。

很多人愿意选择人民调解，还有一个重要的原因，那就是人民调解能够大大节省纠纷解决的成本。当事人如果向法院起诉，会牵涉到很多费用的支出：诉讼费、交通费、误工费、取证费等。而选择人民调解的话，这些成本就都省了。首先，人民调解是不收费的，因此不存在预交费用的问题。因此，在很多人眼里，人民调解是没有任何"门槛"限制的。其次，向法院起诉还得费时费力地到法院递交起诉状和相应的证据，而人民调解则不需要，直接找人民调解员说明情况就可以了。再次，向法院起诉，只能在工作日、工作时间解决纠纷，而人民调解则没有这些限制，工作日、非工作日都一样，白天、晚上都一样。对于上班族来说，选择人民调解不用请假，下班时间就能解决问题；对于农民来说，不耽误白天干活，晚上坐在一起"唠唠嗑"就把问题给解决了。最后，选择诉讼，可能要跑好几趟法院，开好几次庭。而选择人民调解的话，可能给调解员打个电话，调解员就会登门解决。因此，利用人民调解解决矛盾，对当事人来讲能够大大节约其各种成本。

除此之外，执行的快捷也是其一大优势。法院作出判决或者人民调解员促成双方达成调解协议，并不意味着纠纷得到了解决，因为还存在执行的问题。法院判决执行难是我国的一大问题，原因是多方面的，比如当事人不信服判决、当事人恶意转移财产等。但人民调解达成的协议，虽然并没有强制执行效力，但往往执行起来一般都比较顺畅。这主要是因为人民调解员在处理矛盾的时候，不仅利用了国法，还最大限度地利用了人情等因素，目的不仅仅是达成一个调解协议，而是最大限度地缓和双方当事人的关系。并且，调解协议的达成是双方当事人自愿的结果，因此，执行起来往往比较顺畅。

总之，人民调解因为具有上面所述的几个特点，因此在解决矛盾的过程中具有其他纠纷解决方式不可比拟的优点，能够提前化解矛盾、能够及时、方便、快捷地化解矛盾，能够最大限度地促进社会的和谐。

（三）民主廉洁

和谐社会的构建，离不开广大人民群众，离不开人民民主作用的发挥。而人民调解制度恰恰是人民民主的体现。因此，随着人民调解制度作用的发挥，民主因素也将不断发展并日益完善。

我国《宪法》第 111 条规定，城市和农村按居民居住地区设立的居民委员会或者村民委员会是基层群众性自治组织。居民委员会和村民委员会下设人民调解委员会，解决民间纠纷。1989 年 6 月国务院颁布的《人民调解委员会组织条例》第 2 条第 1 款规定："人民调解委员会是村民委员会和居民委员会下设的调解民间纠纷的群众性组织，在基层人民政府和基层人民法院指导下进行工作。"可见，人民调解委员会是建立于基层群众性组织中的附属性纠纷解决机制，具有民间性或群众性的特点，还具有"司法辅助性"。

《人民调解委员会组织条例》规定了人民调解委员会的组成，第 3 条第 1~3 款规定："人民调解委员会由委员三至九人组成，设主任一人，必要时可以设副主任。人民调解委员会委员除由村民委员会成员或者居民委员会成员兼任的以外由群众选举产生，每三年改选一次，可以连选连任。多民族居住地区的人民调解委员会中，应当有人数较少的民族的成员。"第 4 条规定："为人公正，联系群众，热心人民调解工作，并有一定法律知识和政策水平的成年公民，可以当选为人民调解委员会委员。"从这两条规定可以看出，人民调解员由人民群众选举产生，具有一定的群众基础，这也充分体现了人民调解的民主性和自治性。而这种民主性和自治性的发挥，也有利于人民调解工作的顺利开展，并为社会的和谐积累了民主的经验。

在实践中，有经验的人民调解员很受人民群众的青睐，只要发生纠纷，他们就会主动联系这些调解员，有时甚至双方联系的竟然是同一个调解员。这种情况下，人民调解员就能发挥更加积极、有效的作用来化解双方的矛盾。而人民法院的法官，是通过法律职业资格考试以及法院的招聘进入法院的，其年龄、资历以及社会威信度可能受到当事人的怀疑。[1] 这也是很多案件，在事实认定和适用

---

〔1〕 目前，我国虽然建立了统一的法律职业资格考试，要想担任律师、检察官和法官都必须通过该考试，但是我国并没有建立三者之间相互流动的机制。我们的法官往往不是从有经验的律师中选任而来。

法律上毫无问题，却被当事人不断上诉、申请再审，甚至申诉。因为法院、法官在其心中还没有树立崇高的威信和被信仰。而人民调解员熟悉当地的各种情况，风土人情、人员构成，了解事情的来龙去脉等，这些对于他们更好地解决这些纠纷提供了相当便利的条件。当事人只需要找人民调解员说明情况即可，不需要费时费力地去寻找证据，也不需要承担举证不能的法律后果。人民调解的这种民主性对于解决纠纷来说，具有天然的优势，尤其是大规模的群众性纠纷。

建立健全基层民主法制制度，培养人民群众民主法制意识，提高群众的民主法制素质，是我国社会主义民主法制建设的重要任务。人民调解在基层民主法制建设中可以发挥积极的作用。人民调解体现了现代民主法制的精神，是司法民主的一种表现形式。在西方国家，长久以来人们一直信奉这样的理念："一个人应有由与之相同的人进行裁判的权利。"当纠纷发生时，不是由职业法官对纠纷进行裁判，而是通过在人民调解组织的主持下由纠纷当事人对纠纷自行进行处理，当事人积极参与其中，并按照自己的意志通过具体的行为促使这一过程产生符合自己真实意愿的结果，而不是像诉讼那样被动地承受别人强行为自己安排的结果或命运。民间自行对纠纷进行调处，使得本应由职业法官垄断的司法权力转而与普通民众分而共享，以此来减弱司法权威主义，体现公民直接参与司法的民主因素。由此可见，人民调解制度与现代的民主精神不仅是相容的，而且，有利于现代民主法制的建设。

尽管司法腐败的成因复杂，但诉讼资源的稀缺性无疑为掌控这一资源的权力者提供了权力寻租的空间。"打官司就是打关系"这句话在一定程度上反映了人们对司法现状的一种认识。"审判权交换经济利益这一司法活动中的腐败现象，给审判的公正性抹上了一层浓厚的阴影。"培根曾说过一句很著名的话："一次不公正的裁判比多次违法行为更严重，因为一般的犯罪，污染的是水流，而司法腐败，污染的是水源。"司法作为维护社会公平和正义的最后一道防线，如果失控，无疑将使法律的权威与尊严受到践踏，也将破坏国家依法治国的进程。克服诉讼弊端，解决司法危机，虽然根本上在于进行司法制度的改革，但是积极发展诉讼外纠纷方式对于缓解诉讼压力，节约司法资源无疑具有积极的意义。"司法自身的发展和效益原则要求调动各种代替性纠纷解决方式来为其分担压力、补偏救弊，以更好地维持司法的权威和社会功能——现代法治需要 ADR 的存在。"人民调解，作为一种制度化、专门化的纠纷解决机制，与诉讼相比较，具有程序简便、成本低、时间短、效率高等的优点，如果大量民事纠纷在诉前经过分流有效化解在人民调解这"第一道防线"上，则不仅有利于减轻人们纠纷解决的成本，而且有利于减轻人民法院负担，进而降低人们对诉讼的依赖性，这样对预防司法腐败也有一定的作用。

（四）传统稳定

我国社会的传统表现出了很强的独特性。"中国古代的法律体系与道德、习俗、舆论相协调，使社会的治理形成有机的整体。'天下殊途而同归'，由于礼教的突出作用，统治者治国的方式不仅仅只局限于强制手段，相反，更为垂青道德的弘扬，德政的感化，风俗的熏陶，舆论的诱导等，这种综合治理的法律体系有力地制约了暴政的形成与发展。"〔1〕这种法制传统的影响深远，"即使在清醒地认识到西法优于中法的近现代，中国人对源远流长的民族法律传统也未曾失掉自信。人们期待有朝一日，传统的法律能在现代文明中放出异彩。故而梁启超在百年前就大声疾呼：'我之法系，其最早以自豪于世界也。''研究我国之法理学，非徒我国学者所当有事，抑亦全世界学者所当有事也。'"〔2〕即使经历过一些攻击传统文化的时期，传统文化的影响依然是根深蒂固的，尤其是重人情、轻制度以及"无讼""厌讼"的思想。在我国，建设法治社会、和谐社会就不能不重视我国社会传统的独特性。而人民调解制度恰恰反映和适应了我国社会的传统，因此其能在和谐社会的构建中发挥重要的作用。

---

〔1〕 马小红：《中国古代社会的法律观》（第2版），大象出版社2009年版，第8页。
〔2〕 马小红：《中国古代社会的法律观》（第2版），大象出版社2009年版，第15页。

　　我国古代的法律体系是一个开放的体系，道德伦理、风俗习惯、家规乡约、宗教等都在其中占有一定的地位，并充分发挥各自的作用。并且这种开放性的体系以孔子的儒学观念为指导，重情、重礼、重人，"若礼与律冲突，则屈律而从礼；若情法不能两全，则舍法而取情"，法律仅仅是道德的附属物，在道德面前法律毫无尊严和地位可言。在这样的法律观指导下，人们视法律为工具，法律意识淡薄。这种重人情、轻法律的观念至今影响深远，也造成了人们的传统观念和国家法之间的断层。所以，苏力才提出了"送法下乡"的"口号"。

　　而人民调解制度恰恰可以弥补国家法和法制传统间的断层。《人民调解委员会组织条例》第 6 条第 1 项规定："依据法律、法规、规章和政策进行调解，法律、法规、规章和政策没有明确规定的，依据社会公德进行调解。"人民调解员在做调解工作时，往往依照法律、法规，并结合当事人的具体情况，从道德、情理的角度分析，进而使当事人心服口服。司法部 2002 年发布了《人民调解工作若干规定》，其第 31 条规定，人民调解委员会调解纠纷，应当在查明事实、分清责任的基础上，根据当事人的特点和纠纷性质、难易程度、发展变化的情况，采取灵活多样的方式方法，开展耐心、细致的说服疏导工作，促使双方当事人互谅互让，消除隔阂，引导、帮助当事人达成解决纠纷的调解协议。当事人的特点不一样，调解的方法也就不一样，而这种优势也是诉讼所不能企及的，因为诉讼强调的是程序的公正性、透明性。而人民调解则不受公开性的限制，可以背对背进行调解，因此对于度的把握来讲，人民调解员的自由度更高，不仅能从国法的角度来进行威慑，也能从人情、事理的角度来进行说服、教育。

　　由于传统的重人情、轻制度、轻法律思想的影响，"无讼""厌讼"思想影响非常严重，至今在很多人民群众眼里，法院、法律就意味着判刑、监狱，甚至不少人还将去法院看作是丢人的事情。有时候，双方当事人的矛盾，并没有因为法院的介入而得到解决，相反可能因为一方当事人的起诉而激化，因为对方当事人可能认为被人告了就被贴上了"恶人""坏人"的标签，是对方故意让自己丢脸。笔者 2010 年曾经看过一期法制节目：一个老太太因为子女不尽赡养义务，而将几个子女告上法院。开庭时，几个子女异常激动：其中一个子女认为老母亲是故意让自己丢人现眼；另一个子女则说，本来还给钱，现在就是不给了，等着法院判决吧。由此可见，我们的法治观念要深入人心还有待时日。

人民调解制度顺应了人们的这种"无讼""厌讼"思想。人民调解委员会是居民委员会和村民委员会的下设机构，尤其是在农村中，人民调解员与双方当事人都比较熟悉，并且了解纠纷发生的来龙去脉，不仅讲法律，还要讲人情，动之以情、晓之以理，主要通过法律和道德说教对双方当事人施加影响。并且，调解工作限于调解员和双方当事人之间，并没有国家公权力的介入，使一般民众更容易从心理上接受调解的结果。

人民调解制度符合我国的法制传统，能够最大限度地整合道德因素、当事人的社会心理认知等来尽快地化解矛盾、处理纠纷，从而避免了社会矛盾的累积，使得社会最终通过纠纷解决回归和谐。[1]

随着改革开放的深入和市场经济的发展，在各种体制、观念和利益的反复碰撞下，出现了许多新的社会纠纷，纠纷的主体、内容和类型日益多样化和复杂化。大量的社会矛盾如果在基层得不到及时化解，就会导致冲突的扩大、持久和延伸，有的可能激化为群体性事件，甚至转化为刑事案件，这都会严重影响社会的稳定与发展。尽管公力救济严格依照法律规则来解决纠纷，但它更侧重于片段、局部和暂时性地解决纠纷。相比之下，人民调解是一种合作性的纠纷解决方式，帮助当事人治疗冲突的创伤，重修旧好。可以说，人民调解的过程重视关系的恢复，关注纠纷解决的长远效果。

尽管目前中国社会正经历着从传统到现代的转型，但是在中国

---

〔1〕 当然，人民调解对于法制传统的利用，也反过来加强了这种法制传统在社会中的地位。从这点上来讲，不利于法治社会的建设和发展。但是，法治社会的建成从来不是一朝一夕就可以完成的，也不是仅仅制定一系列完善的立法就可以实现的，其不仅需要法律制度的逐渐完善，也需要法治文化、法治传统的逐渐演变和发展。此外，法治社会的建设，也不能脱离当前的文化环境、文化传统。

这样一个在任何时代都把和谐秩序置于重要地位的国度中，人民调解的这种稳定社会的功能仍然是我们在选择纠纷解决机制时考虑的重要因素。朗·富勒（Lon L. Fuller）对调解的精彩描述准确地道出了调解的特有功能：调解的重要特征是能够使当事人双方重新定位对方，而不是把规则强加于对方，是通过帮助当事人双方获得一个新的、共享的关于他们关系的理解，一个重新定位的相互态度及取向的理解。调解的恰当功能不是引导当事人接受一些正式规范去支配他们未来的关系，而是帮助他们去接受一种相互尊重、信任和理解的关系……这说明了调解的程序和法律程序存在着某种对立，因为，规则的概念对于法律的概念是相当重要的。

任何一项法律制度都不具有超越一切的合法性，都必须服从人类的、特别是当代人的需要。正如卡多佐所言，"法律的终极原因是社会的福利。未达到其目标的法律规则不可能永久地证明其存在是合理的"。因此，只要某个制度所针对的问题或者是其他社会、自然条件发生了变化，原先具有正当性的制度也会失去其存在的正当性，就需要有新的、更有效的制度予以替代。如果某个制度所针对的问题由于其他社会条件的变化而消失了，那么这个制度就有被废除的必要。如果由于社会的变化出现了新的问题，就需要建立或形成新的制度来解决。对于人民调解机制在社会转型时期的正当性论证也是如此。中国仍存在广大的农村地区，且仍然没有完全脱离"关系社会"，或者说还是一个"半熟人社会"。在这样的社会中，人民调解以它特有的功能回应着社会的需要，回应着普通人生活的需要，弥补了那种以陌生人为前提假设的公力救济所难以发挥的预期作用。人民调解通过纠纷解决所发挥的功能在于，它所形成的社会稳定的秩序是与社会有着内在亲和性的，是通过个体之间的合意而形成的自治秩序。这种相对自治的社会秩序是社会发展的强大动力，是一个不断变化的社会和谐、稳定的基础。当然，虽然人民调解的理论与实践对法治社会的纠纷解决来说仍是一种必不可少的资源，但与诉讼相比而言，人民调解已不是现代社会解决纠纷的最主要模式了。在当今社会，人民调解应与时俱进地进行创造性转化，在保留其上述优势之外，还应不断地自我完善，正如 ADR 概念内涵所包含的那样，人民调解应被视为除诉讼之外可供选择的纠纷解决的主要途径。因此，我们要认真对待人民调解机制，积极探求人民调解机制的改革和发展。

四、社会和谐中的人民调解

人民调解制度因为符合我国社会的传统，能够主动、及早介入纠纷，注重发挥人民民主的积极作用，而在和谐社会的构建中能够发挥积极作用。反过来，社会的和谐，也有利于人民调解制度发挥作用。

纠纷产生的原因很多，比如价值观念摩擦、感情纠葛、行为误差等。社会和谐，纠纷据以产生的这些原因可能因为这种或那种因素而消减，从而有利于减少纠纷的发生。比如，在一个和谐社会中，邻里纠纷、家庭矛盾、违约行为、侵权行为发生的概率可能就要下降。纠纷产生的第一个阶段是当事人的自我处理阶段，由当事人选择是否和对方当事人进行交涉，进入"冲突"阶段，还是就此作罢。社会和谐，也有助于这些纠纷在第一个阶段和第二个阶段就可以得到化解，从而减少进入人民调解的案件的数量。

此外，社会的和谐，也有利于人民调解制度发挥作用。因为人民调解制度正是利用当事人之间的感情因素、社会道德因素等来达到调解的目的。社会越和谐，这些因素在社会中发挥的作用越大，那么人民调解制度可以利用的因素就越多，从而能够更好地达至调解的目的，解决社会纠纷。

（一）与法治建设的兼容

社会和谐，有利于减少社会矛盾的发生，也有利于各种社会矛盾的顺利解决。人民调解制度，由于其及时性、符合我国的法制传统以及介入纠纷的时间较早等特点，而在和谐社会的建成与发展过程中发挥着重要的作用。但是，注重发挥人民调解制度的作用，并不意味着否定法治。因为人民调解除了要从人情、道德出发以外，还必须依据国法，即必须在法律规定的范围内进行。

也就是说，在注重发挥人民调解制度作用的同时，应该坚决反对无原则的"和稀泥"现象。朱景文教授在其《比较法总论》一书中提到过一个例子：边远山区发生了一起强奸案件。案件发生后，加害人非常害怕被害人告发，于是找到村干部要求其进行调解，并许诺给被害人一笔钱加以补偿。村干部先是对加害人进行了一番批评，然后到被害人家里进行调解。被害人先是不同意调解，村干部于是说，强奸这个事如果传开来对女方的名誉影响比较大，估计就不好嫁人了。倒不如现在拿了一笔钱，大家都不声张。被害人考虑之后，同意了。于是，一起本来要通过法院、公安、检察院解决的刑事案件，被村干部的调解化解了。而这种做法严重背离了我国法律的规定：刑事案件除了自诉案件外，不适用调解制度。从这个事例中不难看出，这种无原则的"和稀泥"，损害了法律的尊严和权威，不利于我国法治社会的建设与发展与和谐社会的长治久安。

人民调解注重发挥道德、人情等因素的作用，因而对缓和当事人关系，顺利解决社会矛盾发挥了重要的作用。但是，对于道德、人情因素作用的过分强调会极大损害法治的尊严。因为法治，意味着依法而治，法律在整个社会生活中占有最高的权威。背离法律而进行无原则的人民调解，意味着打破了社会治理的框架和赖以治理社会的基石，长此以往，将严重损害法律的尊严，损害社会的和谐与稳定。

（二）对诉讼的补充功能

人民调解与诉讼形成的竞争关系有助于推动诉讼和审判制度的不断完善，对诉讼的替代和补充可节约国家资源，缓解司法压力，及时解决各种纠纷，促进社会稳定。人民调解作为一种有效的纠纷解决机制仍然在中国社会转型时期起着必不可少的作用。就目前而言，人民调解机制与诉讼已经形成了一种有效的竞争，究其原因主要包括两个方面：

一方面，中国有"厌讼"的文化传统。文化因素影响行动选择，中国人民在出现纠纷需要进行解决时，尤其是发生在熟人社会中的纠纷，首先想到的是通过调解的方式来解决，这被称作"厌诉"。有人把这种文化传统看作是法律意识淡薄的表现，而把因细小纠纷就寻求诉讼途径视为权利意识发达的体现。但在美国和日本等国家，人们却逐渐意识到诉讼的弊端，尤其是 20 世纪七八十年代以来寻求诉讼外纠纷解决机制的趋势使"厌讼"这种中国传统纠纷解决意识倾向逐渐被许多发达国家社会所接受。1980 年美国国会通过《解决纠纷法》，鼓励各地成立调解组织。这些组织调解有关房屋、小额赔偿等民事纠纷和轻微刑事纠纷。由此，调解被公认和推广为最重要的纠纷解决途径之一，许多律师已把业务扩展到调解的领域，提供专业性和自愿性调解服务的机构也大量涌现出来。具有"好讼之风"称号的美国如今不仅律师调解制度盛行，而且建立了许多社区调解中心、社区调解服务社和公民解纷工程。调解作为替代性纠纷解决方式已经与诉讼形成了一种真正的竞争关系，在通过法院审判之前，大部分纠纷都已通过调解得到了解决。

另一方面，中国"城乡二元"社会结构对人民调解纠纷解决方式的需求。从理论上说，中国社会转型时期要经历一个从以地缘和血缘为基础的传统社会到契约性社会的历史性变革。但在实际社会生活领域中，情况更为复杂，尤其是中国的城乡之间存在着明显的差别。这种城乡二元结构表现在纠纷解决机制方面就是那种以陌生人社会为前提假设的理想型现代法律在中国广大农村地区很难发挥其预期的作用。通过调解的方式来解决纠纷的比例要远远超过选择诉讼的方式。可以说，国家所提供给农民的公力救济手段有时是一种不对路的法律产品或者是国家所提供的公力救济在乡村社会供给不足，而人民调解无论是从成本还是从实效上都是符合农民自身利益最大化原则的。尤其是对于诉讼这种公力救济手段，无论是法院的审判还是法院的调解都在逐渐变得越来越专业化和格式化，其方式难以为普通农民所接受。农民对诉讼所需要的知识、运作方式和成本收益的期望都是极其陌生的。而人民调解相对于诉讼来说更贴近广大农民的私人生活领域，尤其是人民调解组织中的调解员大多是从有一定文化的当地农民中产生出来的，他们虽然没有受过专业的法学教育，但是他们长期生活在农村，非常了解当地的"地方性知识"，通过适当法律培训，再经过一段时间对具体基层纠纷解决的历练，会逐渐培养起一种能够依据天理、人情、国法和政策判断是非处理纠纷的能力。因此，针对中国城乡二元结构的特点，纠纷解决机制的配置也必须回应这种社会结构的需要，而不能盲目地认为公力救济手段具有绝对优势而排斥人民调解方式在当今社会存在的正当性。否则，就真如费孝通先生所说的那样，"法治的好处未得，而破坏礼治秩序的弊端却已先发生了"。尽管目前人民调解制度还存在一些问题，如人民调解组织缺乏权力的依托，权威性较弱。但对于诉讼受案范围以外的事项，如涉及道德、情感关系这类纠纷的时候，人民调解可以说还是最佳的选择。因此，尽管在人们权利意识逐步增强的当今社会，公力救济是国家所提供的纠纷解决方式，但是公力救济与人民调解之间在功能上还是存在互补性的。无论是传统社会还是现代社会，都需要多元化的纠纷解决方式，这些纠纷解决方式分别具有不同的功能，同时又能够在功能上相互配合，这才是和谐社会纠纷解决机制的合理配置。

（三）促进法律发展

人民调解在发挥解决纠纷这一外在功能的同时，也具有促进法律发展的潜在作用。这种功能主要体现在中国社会转型时期，纠纷数量急剧增加、立法大量涌现、正式法律规范与习惯、风俗等非正式规范之间的冲突问题都在困扰着转型期的中国。任何运作中的法律，其实际内容、形式、布局和在多大程度上获得所欲求的结果，均取决于是否符合当时人们的使用便利。其实，对于没有受过法学专业训练的普通人来说，他们对法律的理解仅仅是那些具体的，能看得见、摸得着的，并对他们的生活有着直接影响的习惯和风俗，而对于制定法的条文与法学家的论文，则是陌生的。20 世纪 40 年代，费孝通先生在其《乡土中国》一书中就曾提到法律与民间习惯相互冲突的问题。半个多世纪之后的当代中国，习惯对人们行为的影响仍然是顽固的。尤其是在广大基层社会，人们经常会依据他们所熟悉的习惯性规则提出权利要求，而这种习惯性规则有可能与国家正式法律规范相冲突。

在当代中国，法治社会的发展要求法律与习惯再也不能像传统社会那样处于严重脱节的状态了。一方面，当今社会的习惯规则或风俗已经不可能保持其在传统社会中那种所谓的"原生状态"。它必须与国家正式法律规范进行互动来不断地重塑自己。与此同时，国家正式法律规范也要不断吸纳这些非正式法律规范，因为，民间的习惯规则是人们在日常生活中追求各种利益过程中长期博弈所形成的规范。这种非正式规范虽然没有得到国家的正式承认，但它们至少是符合了当时和当地社会生活的某种需要，至少在交织紧密的群体中形成相关的秩序。正因为如此，基于个体化预设和陌生人社会条件发展起来的正式法律制度要想在社会中有效运作，要想符合社会普通人的生活需要，就必须吸收非正式法律规范，否则，中国当代正式法律规范的运作在某些方面就会与社会相脱离。所以，此时的人民调解以它所特有的柔韧性和反思性以及简便性，能够较好地适应这个时期纠纷解决中规范适用的需要。在调解纠纷过程中，法律、非正式规范、情理、政策和常理等都会被当事人和人民调解员所援用，他们在说服和妥协中被融为一体。于是，在整个调解过程中，就有可能形成新的规则。尤其是在这个过程中，法律规范与非正式规则间会进行交流与融合，其结果可能是部分地修改法律规范或是用法律规范取代非正式规范。人民调解组织的反馈机制以及司法机关对各级人民调解组织的指导工作，可以概括总结纠纷解决过程中出现的问题、经验和方法，从而使人民调解在解决民间纠纷过程中的实践普遍化，进而与实体法律规范连接起来。另一方面，对于社会转型过程中所出现的新型纠纷，尤其是在解决立法规定空白的纠纷过程中，人民调解中的规则或习惯有可能会作为一种法律外力量影响法律规范的形成过程和司法过程。尤其是在解决纠纷过程中会产生一些新的问题和相关利益主体的诉求，由此推动法律的发展。对于法律规定的空白领域，人民调解所依据的习惯、风俗和社会公德等可以起到弥补法律空白的作用。因此，与其说在法律的制定过程中，不如说在解决纠纷过程中，借助人民调解可以发现更多的揭示法律发展方向的契机和要素。正因为人民调解促进法律发展的这种潜在功能，当前对人民调解机制进行改革所采取的主要措施之一就是根据《人民调解法》和《民事诉讼法》加速人民调解组织与法院、立法机关的沟通与交流。

（四）小结

社会和谐，并不意味着没有矛盾和纠纷的发生，而是意味着这些矛盾和纠纷能够顺畅地得到解决。矛盾和纠纷的产生并不可怕，可怕的是其不能得以解决，从而日积月累成为社会的毒瘤。因此，社会要想和谐，必须存在一套顺畅且适应社会发展的纠纷解决机制来解决这些社会矛盾和纠纷。

随着社会的发展与法治的不断完善，纠纷解决机制也越来越向多元化迈进。用调解的方式来处理纠纷可以说是我国为人类历史作出的一个杰出贡献。[1] 而人民调解作为调解制度的一个重要组成部分，具有雄厚的群众基础和传统，在我国的多元化纠纷解决机制中占据着重要的地位。因为其及时性、主动性、符合社会传统性、主张民主性等优势，有利于社会纠纷的及时、尽快解决，从而有利于社会的和谐与发展。反过来，社会的和谐，也有利于人民调解制度更好地利用道德、社会舆论、当事人情感等因素发挥作用。

五、人民调解制度现存问题

尽管人民调解制度和和谐社会建设有着密切的相促相成关系，但必须表明的是，这种关系的良性展示需要人民调解制度的健康发展，恰其如此，我们需要看到现实中存在的一些问题，对未来的展

---

〔1〕 "大多数关于中国法律制度的西方观察家们都首先被调解作为中国纠纷解决机制的一个内在组成部分所打动。"［美］史蒂文·苏本、玛格瑞特（绮剑）·伍：《美国民事诉讼的真谛：从历史、文化、实务的视角》，蔡彦敏、徐卉译，法律出版社2002年版，第203页。

望提出一些警示，以确保人民调解制度的健康发展。经过本课题组对多地人民调解状况的调研，我们认为，当前人民调解制度发展过程中存在着一定的偏差或问题。主要表现为如下几个方面：

（一）行政化或准行政化

人民调解本质上是基层群众的自治性、民间性解纷制度。人民调解委员会也属于民间组织，并不具备行政主体的资格，更毋宁谈论行政处断的权力。所有纠纷处理的结果都是纠纷当事人双方协商的结果，因此，协议的法律效力也是私法上的和解效力，而不具备行政裁判的性质。关于这一点，立法的过程中尽管存在争议，但最终明确的自治性定位仍然得到了立法的确认。[1]但是，在实际的运行中，人民调解委员会却存在着各种各样的行政化色彩而疏离了群众性、自治性、民间性的属性。

通过本课题组的调研，我们发现，人民调解委员会的行政化或准行政化问题有着若干表征。

第一，处置方式专断化。人民调解委员会本质上是一个引导性组织，其功能在于引导纠纷当事人自己达成纠纷解决协议。但在实际运作中，人民调解委员会的工作人员往往身兼数职，比如司法助理员、村委会、居委会干部等常常构成人民调解员的主体。这种构成本身对发展初期的人民调解也并无太大负面影响，但实际的权力运行中，由于某些调解员没有分清自己的身份定位，加之权力争夺的运作逻辑，调解纠纷过程中常常演变为一种行政处断。实际中，甚至对基层纠纷出具行政裁决书之类的文本，将人民调解委员会这一基层自治组织俨然打造成一级行政处断机构。

第二，处置结果类行政化。实际中，由于中国古来传统上对行政机关处理纠纷的认同常常使得人民调解委员会模仿行政机关对纠纷进行处理，有些人民调解委员会将自己对纠纷处理的结果视为政府决定，以暴力或强制纠纷当事人一方进行履行。现实中，司法所

---

〔1〕 当然，有些人民调解协议是具有强制执行力，但需要一定的确认，如公正。参见范愉：《〈中华人民共和国人民调解法〉评析》，载《法学家》2011 年第 2 期。

和人民调解委员会的高度重合往往又加剧了这种现象。司法所的长期弱势使其有强大的动机借人民调解复兴之机，以一种类行政的模式扩充自己的权力，伸张自己在基层社会秩序维持者的合法性，从而将人民调解自治性的本质属性置之不顾。

（二）司法化或准司法化

人民调解制度的属性决定人民调解制度本身仍是一种私力救济，通过人民调解对冲突的补救属于私法性质的和解，《人民调解法》虽然明确规定了人民调解协议的法律约束力，但这种效力仍然属于私法上的和解效力以及诉讼程序中的证明效力，不具有公法的强制执行效力。因此，人民调解协议的达成并不意味着冲突的绝对终结，必须执行到位。但在实际运作过程中，这一制度被误解为或是被制度执行者曲解为最终的裁判机构，对其效力的追求也就似乎成了顺理成章之举。在某种程度上，这种司法化或准司法化的追求和人民调解制度涉及的初衷相悖而行了。

实际的调研中，课题组发现，人民调解的实际运作中存在着司法化或准司法化的倾向，具体有如下表现：

第一，调解形式上，模拟司法。人民调解应当是来源于群众，亲近群众生活的解纷制度，人民调解员本质上只是一个主持人，居中诱导发生纠纷的当事人自己解决纠纷，人民调解员的解决方案只是在技术层面上帮助双方当事人达成妥协，而不涉及任何的实际强制。但实际的运作过程中，"升堂"式的调解形式间或存在于各级调解委员会之中。课题组调研过程中看到的人民调解委员会调解室有的竟全然是一副法庭摆设，正面摆着调解员的坐席，下面一分两排，分别是当事人 A 和当事人 B，其后的座位则安排双方亲友或旁听之人，一副肃杀的法庭审判情形，失去了调解的亲民、民间、自治、群众等基本特征。确实，这些形式能够对当事人形成压力，可能有助于实现纠纷解决的效率，但却阻碍了当事人意思自治，容易形成反复，从而将调解形成基层司法的一个变态产品，不能发挥制度设计的本来功能。

第二，调解产品上的司法化。人民调解协议不是，也不应该是必须经过司法确认的，只有当事人要求的情形下才需要司法确认。调解员更不应该追求调解协议的司法确认，以确保调解结果的执行性。当然，本课题组并非否定司法确认的必要性，只是要澄清的是，即便是通过了司法确认，这样的调解协议也并非终局的，并不能阻却纠纷当事人的诉权。本课题在调研过程中发现，一些调解委员会存在着追求司法确认的倾向，并将司法确认作为调解协议的一个重要标准予以贯彻，误认为经过司法确认的调解协议书就成了判决书，就无须也不能再经过司法的审判了，从而有意无意地明示或暗示当事人诉权的终结。这种做法已经严重背离了人民调解制度的设计初衷，是必须引起警惕的。

（三）职业化

中国的人民调解制度经过了衰落之后，其复兴之路虽然并没有显得那么艰辛，但有一点却是我们必须看到的，那就是人民调解制度复兴的驱动力基本来自政府的推动。自上而下的复兴决定了人民调解制度必然会在实际运作中遭遇很多反弹，这种反弹是人民调解的属性所决定的。政府自上而下推动人民调解制度和人民调解制度自治性的根本属性之间存在着一种紧张关系，这种紧张关系导致在实际运作过程中，人民调解制度的具体执行者往往有意无意地将人民调解制度导向扭曲的发展路径。本课题组经过对河南多地人民调解的调研发现，人民调解制度在运动化式演进的道路上存在着一个严重的问题，那即是职业化。

具体来说，职业化的问题在现实中主要表现为：

第一，调解员队伍年轻化，视人民调解员为其职业。人民调解是有资质的人民调解员利用其特殊的能力居中化解纠纷的基层活动。人民调解员本身不是一种固定的职业，人民调解员的产生和报酬支付形式上都反映出这不是一种职业。但是在实际运作过程中，基层司法行政部门为了推动人民调解的快速发展，启用了一批年轻成员进入到人民调解队伍。这些年轻工作人员常常没有其他固定的职业，与人民调解员本身应有其他职业或退休、离休的要求相背离。没有其他固定工作的年轻人民调解员在形式上繁荣了人民调解制度，但却为人民调解制度的属性没落埋下了伏笔。由于其身份的特殊，各级财政不能按照正式政府工作人员给其支付报酬，其报酬来自处理调解案件的案件补贴和个人补贴，这部分报酬绝大多数情况下要低于立法上的最低工资，[1]这就为人民调解制度的运作和其他法律（如劳动法）的冲突埋下了伏笔。

第二，聘任协议行政化。由于一些司法所对行政法律规定的不谙熟，人民调解员的聘任在一些地方没有经过自治性组织人民调解委员会，而是由司法所直接进行了，这种形式上的不重视违背人民调解员来自群众的基本原则。由于司法所和人民调解委员会的高度重合，实际操作过程中，有些司法所没有能够注意到这些具体的问题，应由人民调解委员会聘任人民调解员的自治活动，无意识地被他们升级成了合法主体之间的劳动聘任关系，这就将为日后如何安置这些年轻人民调解员造成难题，并很可能会成为人民调解制度的一个负累，很可能会影响人民调解制度的健康发展。

（四）经费保障不均衡

人民调解实行不收费原则，历来如此。这一原则最早明文规定于1989年的《人民调解委员会组织条例》，2002年颁布的《人民调解工作若干规定》、2010年通过的《人民调解法》都重申了这一规定。调解委员会的工作经费和调解委员的补贴经费，由村民委员会或者居民委员会、企业事业单位解决。司法行政机关通过争取同级人民政府的支持，解决人民调解的指导和表彰经费；通过协调和督促村民委员会、居民委员会和企业事业单位，落实人民调解委员会的工作经费和人民调解员的补贴经费。

但是，上述规定很难落到实处，经费问题，尤其是经费不均衡问题成为制约或扭曲人民调解制度健康发展的一大障碍。具体说来，经费不均衡问题主要表现为如下两个方面：

---

〔1〕　个别专业性的人民调解委员会除外。

第一，经济不发达地区基本经费无保障。由于大部分农村经济发展比较落后，不少乡镇财政困难，根本没有钱来支持人民调解。因此，不收费原则在方便当事人、降低纠纷解决成本的同时，也导致调解工作资金缺乏，缺乏经费保障。在实践中，人民调解组织由于经费问题已经严重地影响到了正常工作的开展。在一些经济文化不发达地区，这一矛盾尤为突出。一些调解组织的工作经费和奖励经费无法落实，必将挫伤广大调解工作者的积极性，影响人民调解队伍的稳定和人民调解员组织的提高。

第二，但经费保障不足只是人民调解制度经费问题的一个方面，经费保障的不均衡则是实际运作过程中的另外一个问题则涉及更为具体的调解补贴。由于人民调解员的报酬有相当部分来自案件补贴，而案件补贴的标准则是人民调解卷宗。这种运作模式就给经费的配置留下了类似医保骗保的缺漏。本课题组在实际调研中发现，一些卷宗所涉及的纠纷很可能是伪造的纠纷，或是将本不应该获得案件补贴的小事登记造册，以此获得案件补贴，而使本就有各种问题的调解经费在实践中没有用在刀刃上。

（五）复杂化压过规范化

人民调解协议书的设置在一定程度上表明了主管部门将人民调解导向良性发展的决心，但在实际的运作过程中，规范化的人民调解卷宗和当前我国社会发展阶段略微有些不太协调。人民调解的制度属性决定了从事人民调解工作的一线工作者常常是年长而德高者，但这部分人的文化层次相对而言就不如年轻化的人民调解队伍。因此，规范化的人民调解卷宗是考量人民调解工作开展良莠的一个重要标准，但也可能成为这些调解能手的工作障碍。相对复杂化的人民调解卷宗可能产生两方面的不良影响，一和调解效果相关，另一则和调解经费配置不均衡相关。但这两个效果同时仍然紧密相连。

第一，调解效果。人民调解重在预防，不在补救。大量的民间纠纷，尤其是农村社会中的鸡毛蒜皮纠纷，很可能经过调解员的几句话也就解决了。但由于人民调解工作必须留下卷宗，用以考核人民调解工作的良莠，那些年长的调解员就会出现忙于做卷宗工作，而不把大量精力放在具体纠纷的调解上的现象。在一些经费无法保障的地方，一些调解员甚至可能因为厌恶制作卷宗而不再插手管闲事。这些都无形中影响了调解的效果。此外，农村社会中的纠纷很多本来就极其简单，要双方签字，回访的卷宗往往使得本来就已经圆满解决的纠纷再次成为双方的心理负累，为以后的关系制造障碍。

第二，调解的经费配置不当。卷宗的复杂化可能导致的另外一个结果就是调解经费的配置不当，一些善于调解者由于不堪复杂卷宗的压力，没有将应当制作卷宗的纠纷记录下来，从而也就无法得到案件补贴。而另外一些人，则可能将很小的纠纷记录在案，谋取案件补贴。这就导致了调解经费在实际配置中出现不均衡的配置状况，从而影响人民调解的实际效果，制约人民调解的良性运作。

六、良性发展策略

当然，人民调解的复兴成就是这一制度的主要方面，本课题组在实际调研中发现的问题并不是普遍现象，但却需要引起足够的重视。发现问题是为了解决，使得人民调解制度朝着更好的方向发展，真正为和谐社会建设发挥作用，起到社会纠纷解决第一道防线的屏障功能，为降低社会风险，构建社会和谐贡献制度力量。

为了保障人民调解制度的良性发展，本课题组针对当前人民调解制度存在的实际问题提出以下应对措施，拟为人民调解的良性运作提供一些决策参考。

（一）警惕行政化，维持自治属性

诚如本课题组所多次强调的，人民调解是基层群众性、自治性、民间性的纠纷解决制度。其组织形式，即各级人民调解委员会属于民间组织，并不具备行政主体的资格，更毋宁谈论行政处断的权力。在实际的运行中，人民调解委员会毋宁对行政化保持警惕，保持制度本质，维持群众性、自治性、民间性的属性。为此，针对现实中存在的行政化表征，人民调解制度的管理者和实施者要严防调解方

式的专断和处置结果的强制。

第一，以疏导解决纠纷，杜绝处置方式专断化。人民调解委调解纠纷的方式应当以疏导为主，充分尊重当事人的权利。对于无法疏导的情形，则应当终止调解，告知当事人仲裁、诉讼的权利，而不应强调自己的权威性，打击当事人寻求其他解决路径的信心。

第二，防止处置结果的强制执行。人民调解协议的执行应完全自愿，现实中，司法所和人民调解委员会的高度重合往往又在一定程度上加剧了这种矛盾。司法所的长期弱势使其有强大的动机借人民调解复兴之机，以一种类行政的模式扩充自己的权力，伸张自己在基层社会秩序维持者的合法性，从而将人民调解自治性的本质属性置之不顾。

（二）防止司法化，维持民间性

要保持人民调解制度的健康发展，杜绝在一些地方萌芽的司法化或准司法化倾向也是一项重要工作。我国的纠纷解决体系格局中，人民调解之所以能够充当"第一道防线"的作用，恰恰是因为这一解纷制度和正规、准正规纠纷解决制度的不同。其民间性特征决定了这是接近正义最便捷的方式。因此，在现实运作过程中，必须防止出现制度的变形，防止司法化或准司法化的倾向，维持其民间性。

第一，形式上避免模仿司法裁判。要防止司法化，首先人民调解工作的形式要与司法审判或仲裁裁判区别开来，不采取居中设置裁判者高堂上座的庭审形式，尽量以一种"拉家常""背靠背"的形式来解决问题。至于需要双方当事人面对面解决的纠纷，也尽量采取圆桌形式进行，或至少不能采取调解员居中上座，纠纷双方下面听述的形式。

第二，杜绝调解协议终局化。人民调解之所以优越于其他纠纷解决制度，一个重要的制度优势恰恰在于即便出了偏差，其救济也更为容易。这就是说，人民调解的最终产品优势就在于它不是终局的，还有着各种补救的空间，尽管当事人可能经过调解后，大多数人不再寻求其他救济方式。现实运行中，人民调解委员会工作人员要杜绝终局化人民调解协议的暗示或明示话语，明确告知纠纷当事人的仲裁、诉讼等其他救济的权利，防止出现垄断纠纷解决，终局化调解协议的趋势。

（三）杜绝职业化，建设专业化

中国的人民调解制度几经起落，今天的形势取得有着制度内在的原因，并不完全是外在政策的推动，尽管这种政策推动对人民调解的"繁荣"有着极大的促进作用。但在这种复兴过程中，我们必须保持注意的是，人民调解员文化程度不高，法律业务水平不高等现实并不是我们要年轻化人民调解员队伍的充分理由，更不意味着人民调解队伍需要进行职业化。如若如此，人民调解制度就朝着相反的方向发展了。

人民调解员的素质需要提高，法律技能知识需要补进。但是，我们需要明确的是，我们需要建设的是专业化人民调解队伍，而不是职业化，不是简单地年轻化人民调解员队伍。热心人民调解工作，公道正派的修辞含义中，包含的内容是对社会经验的强调，也是对人民调解员资历和德望要件的肯定，年轻化的人民调解员队伍又如何承担这些要件。[1]因此，年轻化，职业化人民调解队伍，不仅有悖人民调解制度的法理基础，更为人民调解的长远发展埋下了不利的种子。

为了防止人民调解队伍的职业化，保障人民调解队伍建设的专业化和良性发展，我们必须防止出现以下两个问题：

第一，防止调解员队伍年轻化，杜绝聘任形式行政化。人民调解员在聘任和选任的过程中，业务主管机构要适当引导，防止出现调解队伍年轻化的情形。在签订聘任协议时，执行机构，尤其是基层司法所也要特别注意，应当由作为自治组织的人民调解委员会和人民调解员签订聘任协议，而不是由司法所或街道办事处或其他行政主体与其签订聘任协议。这种形式上的保障可以避免人民调解员

─────────────

〔1〕《人民调解法》第 14 条："人民调解员应当由公道正派、热心人民调解工作，并具有一定文化水平、政策水平和法律知识的成年公民担任。县级人民政府司法行政部门应当定期对人民调解员进行业务培训。"

队伍的职业化，防止影响人民调解制度健康发展的情形出现。

第二，加强人民调解员的培训。防止人民调解员队伍职业化，从形式上要避免出现年轻化，但与之同时，主管部门和业务指导部门要仍然要加强对人民调解工作的业务培训工作，提高人民调解员的法律政策知识，加强人民调解工作的规范化，提高人民调解员的业务水平。一言蔽之，要加强专业化建设，但同时要避免职业化倾向。

（四）政府配合，保障经费

人民调解工作不收费，但人民调解工作的运行却需要经费保障，因此，必须落实经费支持和保障。为此，人民调解工作要积极争取县级以上地方人民政府重视，将人民调解工作经费，包括司法行政机关指导人民调解工作的业务经费、人民调解委员会的补助经费，包括司法行政机关指导人民调解工作的业务经费、人民调解委员会的补助经费、人民调解员的补贴经费等，纳入地方各级人民政府的财政预算。县级以上地方人民政府足额保障所属司法行政部门专用于指导人民调解工作的业务经费，并可根据当地经济社会发展水平和财力状况，考虑每个人民调解委员会及调解员的调解工作量、调解质量和调解纠纷的难易程度、社会影响大小以及调解的规范化程度等因素，统筹安排和发放补助和补贴经费；落实表彰奖励、误工补贴和困难救助，争取党委政府的关心重视，对符合条件的给予表彰和奖励，协调财政部门和设立人民调解组织的单位，对人民调解员因从事调解影响本职工作导致的薪酬或劳动收入损失进行补贴，对因从事调解工作致伤致残、生活发生困难的调解员给予必要的医疗、生活救助；与民政、公安等相关部门联系沟通，对在开展人民调解工作中被不法分子故意或过失伤害致死的，以及在人民调解工作岗位上遭遇意外牺牲的人民调解员家属给予相应的抚恤和优待。

（五）主次有别，简繁结合

人民调解的最终目的是解决纠纷，让双方当事人满意。因此，在规范化管理人民调解工作的过程中，应当有一个渐次的过程，充分考虑到当前人民调解工作的特征。既要追求人民调解工作的规范化建设，又不能打击人民调解一线工作人员的积极性或分散他们的工作重点，还要保障经费的配置不因规范化出现扭曲流向。为此，本课题组提议主次有别对待调解协议卷宗的制作，简繁结合考量人民调解工作的开展情况。具体如下：

第一，简化简单纠纷卷宗。人民调解的解纷对象很多都是简单的，课题组的调研表明，很多纠纷的解决也就是在一两个小时之内，特别复杂的比较少。这种情况在基层农村社会尤为典型。同时，由于有经验的人民调解员，尤其是偏远经济不发达地区的人民调解员文化程度有限，复杂的人民调解卷宗反而容易成为他们工作的障碍。因此，对于一些简单纠纷，我们认为，可以简化案卷卷宗的制作，以台案形式简单处理即可。

第二，规范重大案件卷宗，设定转化标准和系数。必须看到，人民调解的解纷功能越来越强，它所处理的纠纷公共性和专业性方面也越来越强，因此在简单处理微小纠纷调解卷宗的同时，也必须对重大纠纷卷宗进行规范化处理。同时，由于财政配置的原因，我们建议，在简单卷宗和复杂卷宗的补贴级别上设定系数，并设定重大纠纷的数字化判断标准。将若干简单纠纷转化为一个复杂纠纷，然后按照复杂纠纷进行补贴，这样在照顾到简单纠纷的制卷之余，也能够对这一工作进行肯定。

七、总结

总之，对于和谐社会的建设而言，人民调解已经发挥，并将继续发挥重要的促进作用。对此，我们的调研和论证已经充分进行了印证。正因如此，我们才要保持人民调解制度的健康发展，充分重视，也更要充分发挥它对社会主义和谐社会建设的重要作用。对于这一制度在实际中表现出来的各种问题，尽管只是局部的，我们也要引起充分重视，防微杜渐，充分保障人民调解制度的良性发展，为促进社会和谐发挥最佳的功能。

参考文献

一．中文参考文献

（一）著作类

［1］司法部人民调解司编：《人民调解》（第 1 辑），法律出版社 1983 年版。

［2］梁德超主编：《人民调解学基础》，中国广播电视出版社 1988 年版。

［3］梁德超主编：《人民调解学》，山东人民出版社 1999 年版。

［4］常怡、谭兵编：《人民调解工作知识》，西南政法学院印行 1983 年版。

［5］江伟、杨荣新主编：《人民调解学概论》，法律出版社 1990 年版。

［6］强世功编：《调解、法制与现代性：中国调解制度研究》，中国法制出版社 2001 年版。

［7］范愉：《纠纷解决的理论与实践》，清华大学出版社 2007 年版。

［8］范愉、史长青、邱星美：《调解制度与调解人行为规范——比较与借鉴》，清华大学出版社 2010 年版。

［9］常怡编：《中国调解制度》，中国政法大学出版社 2002 年版。

［10］洪冬英：《当代中国调解制度变迁研究》，上海人民出版社 2011 年版。

［11］张晋藩总主编：《中国法制通史》（第十卷·新民主主义政权），法律出版社 1999 年版。

［12］马小红：《中国古代社会的法律观》（第 2 版），大象出版社 2009 年版。

［13］廖永安等：《中国调解的理念创新与机制重塑》，中国人民大学出版社 2019 年版。

［14］范愉：《非诉讼纠纷解决机制研究》，中国人民大学出版社 2000 年版。

［15］王铭铭、王斯福主编：《乡土社会的秩序、公正与权威》，中国政法大学出版社 1997 年版。

［16］朱景文主编：《法社会学》，中国人民大学出版社 2005 年版。

［17］ 杨永华、方克勤:《陕甘宁边区法制史稿（诉讼狱政篇）》，法律出版社1987年版。

［18］ 潘永隆主编:《人民调解简明教程》，辽宁科学技术出版社1987年版。

［19］ 法学教材编辑部《民事诉讼法资料选编》编选组:《民事诉讼法资料选编》，法律出版社1987年版。

［20］ 杨荣新、叶志宏编:《民事诉讼法参考资料》，中央广播电视大学出版社1986年版。

［21］ 黄建武:《法的实现——法的一种社会学分析》，中国人民大学出版社1997年版。

［22］ 马长山:《国家、市民社会与法治》，商务印书馆2002年版。

［23］ 马长山:《法治的社会根基》，中国社会科学出版社2003年版。

［24］ 马长山:《法治进程中的"民间治理"——民间社会组织与法治秩序关系的研究》，法律出版社2006年版。

［25］ 苏力:《法治及其本土资源》，中国政法大学出版社1996年版。

［26］ 苏力:《走不出的风景——大学里的致辞，以及修辞》，北京大学出版社2011年版。

［27］ 王胜明、郝赤勇主编:《中华人民共和国人民调解法释义》，法律出版社2010年版。

［28］ 熊先觉:《中国司法制度新论》，中国法制出版社1999年版。

［29］ 左卫民等:《变革时代的纠纷解决——法学与社会学的初步考察》，北京大学出版社2007年版。

［30］ 尹力:《中国调解机制研究》，知识产权出版社2009年版。

［31］ 郑杭生主编:《中国人民大学中国社会发展研究报告2006，走向更讲治理的社会：社会建设与社会管理》，中国人民大学出版社2006年版。

［32］ 丁元竹:《社会发展管理》，中国经济出版社2006年版。

［33］ 邓伟志主编:《创新社会管理体制》，上海社会科学院出版社2008年版。

［34］ 朱景文、韩大元主编:《中国特色社会主义法律体系研究报告》，中国人民大学出版社2010年版。

［35］ 郭湛:《主体性哲学——人的存在及其意义》，云南人民出版社2002年版。

［36］ 董耀鹏:《人的主体性初探》，北京图书馆出版社1996年版。

［37］ 张文显:《当代西方法学思潮》，辽宁人民出版社1988年版。

［38］ 张乃根:《西方法哲学史纲》（增补本），中国政法大学出版社2002年版。

［39］吕世伦主编：《现代西方法学流派》（上、下卷），中国大百科全书出版社2000年版。

［40］严存生主编：《西方法律思想史》（第2版），法律出版社2010年版。

［41］王义军：《从主体性原则到实践哲学》，中国社会科学出版社2002年版。

［42］彭诚信：《主体性与私权制度研究——以财产、契约的历史考察为基础》，中国人民大学出版社2005年版。

［43］俞可平主编：《治理与善治》，社会科学文献出版社2000年版。

［44］汪世荣主编：《枫桥经验：基层社会治理的实践》（第2版），法律出版社2018年版。

［45］尹华广：《"枫桥经验"与基层社会治理法治化》，中国人民公安大学出版社2020年版。

［46］梁治平：《清代习惯法：社会与国家》，中国政法大学出版社1996年版。

［47］严存生：《法律的价值》，陕西人民出版社1991年版。

［48］乔克裕、黎晓平：《法律价值论》，中国政法大学出版社1991年版。

［49］孙国华主编：《法理学教程》，中国人民大学出版社1994年版。

［50］张文显：《法学基本范畴研究》中国政法大学出版社1993年版。

［51］吕世伦、文正邦主编：《法哲学论》，中国人民大学出版社1999年版。

［52］黄茂荣：《法学方法与现代民法》，中国政法大学出版社2001年版。

［53］《当代中国》丛书编辑部编辑：《当代中国的司法行政工作》，当代中国出版社1995年版。

［54］中华人民共和国国家统计局编：《中国统计年鉴》历年的版本，中国统计出版社。

［55］中国法学会主管主办，中国法律年鉴编辑部编辑：《中国法律年鉴》1987—2010年历年的版本，中国法律年鉴社。

［56］《中国司法行政年鉴》编辑委员会编：《中国司法行政年鉴1995》，法律出版社1996年版。

［57］《中国法律发展报告·纠纷解决篇》，未出版。

［58］付池斌：《现实主义法学》，法律出版社2005年版。

［59］董磊明：《宋村的调解：巨变时代的权威与秩序》，法律出版社2008年版。

［60］朱晓阳：《罪过与惩罚：小村故事：1931—1997》，天津古籍出版社2003年版。

［61］［美］黄宗智：《长江三角洲小农家庭与乡村发展》，中华书局1992年版。

［62］ 温铁军：《中国农村基本经济制度研究》，中国经济出版社 2000 年版。

［63］ 董炯：《国家、公民与行政法———一个国家—社会的角度》，北京大学出版社 2001 年版。

［64］ 强世功：《法制与治理———国家转型中的法律》，中国政法大学出版社 2003 年版。

［65］ 赵鼎新：《社会与政治运动讲义》，社会科学文献出版社 2006 年版。

［66］ 陆春萍：《转型期人民调解机制社会化运作》，中国社会科学出版社 2010 年版。

［67］ 费孝通：《乡土中国 生育制度》，北京大学出版社 1998 年版。

［68］ 田成有：《法律社会学的学理与运用》，中国检察出版社 2002 年版。

［69］ 谢立中主编：《结构—制度分析，还是过程—事件分析？》，社会科学文献出版社 2010 年版。

［70］ 刘亚猛：《追求象征的力量：关于西方修辞思想的思考》，生活·读书·新知三联书店 2004 年版。

［71］ 刘亚猛：《西方修辞学史》，外语教学与研究出版社 2008 年版。

［72］ 冯玉军选编：《美国法学最高引证率经典论文选》，法律出版社 2008 年版。

［73］ 朱国华：《权力的文化逻辑》，上海三联书店 2004 年版。

［74］ 政协诸暨市文史资料委员会、诸暨市公安局编：《枫桥经验实录》，中共党史出版社 2000 年版。

［75］ 诸暨市公安局关于"枫桥经验"的档案材料：《"枫桥经验"大事记（1963—1992 年）》。

［76］ 汪世荣主编：《枫桥经验：基层社会治理的实践》，法律出版社 2008 年版。

［77］ 陈柏峰：《乡村司法》，陕西人民出版社 2012 年版。

［78］ 范愉：《非诉讼程序（ADR）教程》（第 4 版），中国人民大学出版社 2020 年版。

［79］ 史敬棠等编：《中国农业合作化运动史料》（上册），生活·读书·新知三联书店 1957 年版。

［80］ 赵旭东：《纠纷与纠纷解决原论———从成因到理念的深度分析》，北京大学出版社 2009 年版。

［81］ 范愉等：《多元化纠纷解决机制与和谐社会的构建》，经济科学出版社 2011 年版。

［82］ 齐树洁主编：《外国 ADR 制度新发展》，厦门大学出版社 2016 年版。

[83] 刘星：《法理学导论》，法律出版社 2005 年版。

[84] 张伟光：《公安工作与"枫桥经验"与时俱进》，载周长康、张锦敏主编：《"枫桥经验"的科学发展》，西泠印社出版社 2004 年版。

[85] 高其才主编：《当代中国纠纷解决习惯法》，中国政法大学出版社 2019 年版。

（二）译著类

[1] ［美］艾尔·巴比：《社会研究方法》（第 8 版·上），邱泽奇译，华夏出版社 2000 年版。

[2] ［美］萨利·安格尔·梅丽：《诉讼的话语——生活在美国社会底层人的法律意识》，郭星华、王晓蓓、王平译，北京大学出版社 2007 年版。

[3] ［英］博温托·迪·苏萨·桑托斯：《迈向新法律常识——法律、全球化和解放》，刘坤轮、叶传星译，中国人民大学出版社 2009 年版。

[4] ［美］唐纳德·J. 布莱克：《法律的运作行为》，唐越、苏力译，中国政法大学出版社 2004 年版。

[5] ［美］斯蒂芬·B. 戈尔德堡等：《纠纷解决——谈判、调解和其他机制》，蔡彦敏、曾宇、刘晶晶译，中国政法大学出版社 2004 年版。

[6] ［澳］娜嘉·亚历山大主编：《全球调解趋势》（第 2 版），王福华等译，中国法制出版社 2011 年版。

[7] ［英］安东尼·吉登斯：《第三条道路：社会民主主义的复兴》，郑戈译，北京大学出版社 2000 年版。

[8] ［英］史蒂文·卢克斯：《个人主义》，阎克文译，江苏人民出版 2001 年版。

[9] ［德］黑格尔：《法哲学原理》，范扬、张企泰译，商务印书馆 1961 年版。

[10] ［法］让-保罗·萨特：《存在主义是一种人道主义》，周煦良、汤永宽译，上海译文出版社 2008 年版。

[11] ［美］P. 诺内特、P. 塞尔兹尼克：《转变中的法律与社会：迈向回应型法》，张志铭译，中国政法大学出版社 2004 年版。

[12] ［美］凯斯·R. 桑斯坦：《最差的情形》，刘坤轮译，中国人民大学出版社 2010 年版。

[13] ［英］丹尼斯·基南：《史密斯和基南英国法》（第 14 版），陈宇、刘坤轮译，法律出版社 2008 年版。

[14] ［美］唐·布莱克：《社会学视野中的司法》，郭星华等译，法律出版社 2002 年版。

［15］［法］米歇尔·福柯：《权力的眼睛——福柯访谈录》，严锋译，上海人民出版社 1997 年版。

［16］［法］米歇尔·福柯：《规训与惩罚：监狱的诞生》，刘北成、杨远婴译，生活·读书·新知三联书店 2007 年版。

［17］［美］L. 科塞：《社会冲突的功能》，孙立平等译，华夏出版社 1989 年版。

［18］［美］戴安娜·克兰：《文化生产：媒体与都市艺术》，赵国新译，译林出版社 2001 年版。

［19］［美］罗伯特·芒金：《谈判致胜》，刘坤轮译，中国人民大学出版社 2011 年版。

［20］［德］韦伯：《韦伯作品集Ⅲ：支配社会学》，康乐、简惠美译，广西师范大学出版社 2004 年版。

［21］［美］欧文·费斯：《如法所能》，师帅译，中国政法大学出版社 2008 年版。

［22］［英］彼得·斯坦、约翰·香德：《西方社会的法律价值》，王献平译，中国人民公安大学出版社 1990 年版。

［23］［法］皮埃尔·布尔迪厄：《关于电视》，许钧译，南京大学出版社 2011 年版。

［24］［美］查尔斯·霍顿·库利：《社会过程》，洪小良等译，华夏出版社 2000 年版。

［25］［日］棚濑孝雄：《纠纷的解决与审判制度》，王亚新译，中国政法大学出版社 2004 年版。

［26］［美］史蒂文·苏本、玛格瑞特（绮剑）·伍：《美国民事诉讼的真谛：从历史、文化、实务的视角》，蔡彦敏、徐卉译，法律出版社 2002 年版。

［27］［英］丹宁勋爵：《法律的正当程序》（第 3 版），李克强、杨百揆、刘庸安译，法律出版社 2015 年版。

［28］［美］杜赞奇：《文化、权力与国家：1900—1942 年的华北农村》，王福明译，江苏人民出版社 2008 年版。

［29］［日］谷口安平：《程序的正义与诉讼》，王亚新、刘荣军译，中国政法大学出版社 1996 年版。

（三）论文类

［1］张剑仲：《新时期人民内部矛盾的特点及其调解方法》，载《江苏公安专科学校学报》1994 年第 1 期。

［2］杨荣新、邢军：《人民调解制度研究》，载《南阳师范学院学报（社会科学版）》2003 年第 5 期。

［3］王静：《城市人民调解机制的现代转型》，载《理论与改革》2009 年第 3 期。

［4］汪奇志：《人民调解实践与现状思考——关于河南省人民调解工作的调研报告》，载《中国司法》2009 年第 10 期。

［5］胡冬平：《人民调解理论研究忧思录》，载《中国司法》2006 年第 7 期。

［6］姜淑华、任建华：《本土化刑事和解模式的建构》，载《山东社会科学》2013 年第 11 期。

［7］周琰：《人民调解制度发展研究》，载《中国司法》2013 年第 2 期。

［8］范愉：《有关调解法制定的若干问题（上、下）》，载《中国司法》2005 年第 10、11 期。

［9］于语和、刘志松：《我国人民调解制度及其重构——兼论民间调解对犯罪的预防》，载《浙江大学学报（人文社会科学版）》2007 年第 2 期。

［10］侯欣一：《陕甘宁边区人民调解制度研究》，载《中国法学》2007 年第 4 期。

［11］范愉：《〈中华人民共和国人民调解法〉评析》，载《法学家》2011 年第 2 期。

［12］韩延龙：《我国人民调解工作的三十年》，载《法学研究》1981 年第 2 期。

［13］刘思达：《当代中国日常法律工作的意涵变迁（1979—2003）》，载《中国社会科学》2007 年第 2 期。

［14］范愉：《非诉讼纠纷解决机制（ADR）与法治的可持续发展——纠纷解决与 ADR 研究的方法与理念》，载南京师范大学法制现代化研究中心编：《法制现代化研究》（第 9 卷），南京师范大学出版社 2004 年版。

［15］侯元贞、廖永安：《论我国人民调解制度的变迁——纠纷解决观、调解组织和调解功能》，载《石河子大学学报（哲学社会科学版）》2016 年第 2 期。

［16］李年终：《论人民调解制度的完善——以"诉调对接"为视角》，载《时代法学》2007 年第 6 期。

［17］范愉：《当代中国非诉讼纠纷解决机制的完善与发展》，载《学海》2003 年第 1 期。

［18］强世功：《权力的组织网络与法律的治理化——马锡五审判方式与中国法

律的新传统》，载《北大法律评论》2000 年第 2 期。

[19] 林险峰、李明哲：《当前人民调解工作的困境与出路》，载《中国司法》2004 年第 11 期。

[20] 范愉：《人民调解与我国台湾地区乡镇市调解的比较研究》，载《清华法学》2011 年第 1 期。

[21] 范愉：《浅谈当代"非诉讼纠纷解决"的发展及其趋势》，载《比较法研究》2003 年第 4 期。

[22] 范愉：《调解的重构（上、下）——以法院调解的改革为重点》，载《法制与社会发展》2004 年第 2、3 期。

[23] 褚凯华等：《矛盾纠纷多元化解背景下长宁区人民调解的实践与思考》，载《上海法学研究（集刊）》2021 年第 15 卷总第 63 卷——上海市域社会治理现代化文集。

[24] 范愉：《社会转型中的人民调解制度——以上海市长宁区人民调解组织改革的经验为视点》，载《中国司法》2004 年第 10 期。

[25] 范愉：《调解年与调解运动》，载《河南社会科学》2010 年第 1 期。

[26] 于改之、崔龙虓：《"恢复性司法理论国际研讨会"综述》，载《华东政法大学学报》2007 年第 4 期。

[27] 谢晖：《法律双重价值论》，载《法律科学（西北政法学院学报）》1991 年第 6 期。

[28] 葛洪义：《目的与方法：法律价值研究论析》，载《法律科学（西北政法学院学报）》1992 年第 2 期。

[29] 谢鹏程：《法律价值概念的解释》，载《天津社会科学》1996 年第 1 期。

[30] 黎明、郭治国：《论法的价值的动态过程及功能》，载《中央检察官管理学院学报》1994 年第 1 期。

[31] 董小红、韩自强：《论人民调解制度价值的渊源》，载《社会主义研究》2011 年第 3 期。

[32] 王公义：《人民调解制度是解决社会纠纷的重要法律制度》，载《中国司法》2005 年第 5 期。

[33] 李冰：《在改革开放中发展完善的中国人民调解制度》，载《当代司法》1999 年第 4 期。

[34] 周琰：《中国法律发展年度报告 2011》，未刊稿。

[35] 彭小龙：《民众参与审判的案件类型学分析》，载《中国法学》2012 年第

3 期。

[36] 范愉：《从司法实践的视角看经济全球化与我国法制建设——论法与社会的互动》，载《法律科学（西北政法学院学报）》2005 年第 1 期。

[37] 周飞舟：《从汲取型政权到"悬浮型"政权——税费改革对国家与农民关系之影响》，载《社会学研究》2006 年第 3 期。

[38] 胡水君：《全球化背景下的国家与公民》，载《法学研究》2003 年第 3 期。

[39] 周飞舟：《分税制十年：制度及其影响》，载《中国社会科学》2006 年第 6 期。

[40] 田秀娟、周飞舟：《税费改革与农民负担：效果、分布和征收方式》，载《中国农村经济》2003 年第 9 期。

[41] 雷磊：《德国的调解观念及其启示》，载《法商研究》2014 年第 2 期。

[42] 常怡：《中国调解的理念变迁》，载《法治研究》2013 年第 2 期。

[43] 苏力：《关于能动司法与大调解》，载《中国法学》2010 年第 1 期。

[44] 刘坤轮：《人民调解制度的理念与价值》，载《财经法学》2015 年第 6 期。

[45] 唐茂林、张立平：《论人民调解的价值》，载《社会科学家》2009 年第 6 期。

[46] 拜荣静：《人民调解制度的价值新论》，载《青海社会科学》2009 年第 1 期。

[47] 宋明：《人民调解的正当性论证——民间纠纷解决机制的法社会学研究》，载《山东大学学报（哲学社会科学版）》2008 年第 3 期。

[48] 苏力：《为什么研究中国基层司法制度——〈送法下乡〉导论》，载《法商研究（中南政法学院学报）》2000 年第 3 期。

[49] 应星：《"迎法入乡"与"接近正义"——对中国乡村"赤脚律师"的个案研究》，载《政法论坛》2007 年第 1 期。

[50] 赵晓力：《基层司法的反司法理论？——评苏力〈送法下乡〉》，载《社会学研究》2005 年第 2 期。

[51] 孙立平：《"过程—事件分析"与当代中国国家—农民关系的实践形态》，载清华大学社会学系主编：《清华社会学评论》（特辑①），鹭江出版社 2000 年版。

[52] 谢立中：《结构—制度分析，还是过程—事件分析？——从多元话语分析的视角看》，载《中国农业大学学报（社会科学版）》2007 年第 4 期。

[53] 孙立平：《实践社会学与市场转型过程分析》，载《中国社会科学》2002

年第 5 期。

[54] 苏运勋：《科层化：基层治理转型的实践及其反思——基于鄂西贫困农村的调研》，载《中共宁波市委党校学报》2018 年第 6 期。

[55] 何自然：《言语交际中的语用移情》，载《外语教学与研究》1991 年第 4 期。

[56] 冉永平：《指示语选择的语用视点、语用移情与离情》，载《外语教学与研究》2007 年第 5 期。

[57] 陈金钊：《把法律作为修辞——讲法说理的意义及其艺术》，载《扬州大学学报（人文社会科学版）》2012 年第 2 期。

[58] 陈金钊：《法律人思维中的规范隐退》，载《中国法学》2012 年第 1 期。

[59] 胡云腾：《论裁判文书的说理》，载《法律适用》2009 年第 3 期。

[60] 罗灿：《司法改革背景下裁判文书说理的规范与加强》，载《人民法治》2015 年第 10 期。

[61] 潘自强、邵新：《裁判文书说理：内涵界定与原则遵循》，载《法治研究》2018 年第 4 期。

[62] 孙立平、郭于华：《"软硬兼施"：正式权力非正式运作的过程分析——华北 B 镇定购粮收购的个案研究》，载清华大学社会学系主编：《清华社会学评论》（特辑①），鹭江出版社 2000 年版。

[63] 刘作翔、雷贵章：《试论司法公平的实现》，载《政法论坛》1995 年第 3 期。

[64] 孙笑侠：《两种程序法类型的纵向比较——兼论程序公正的要义》，载《法学》1992 年第 8 期。

[65] 张令杰：《程序法的几个基本问题》，载《法学研究》1994 年第 5 期。

[66] 王亚明、杜万松：《纠纷解决机制的权威生成要素探究》，载《公安学刊（浙江警察学院学报）》2008 年第 1 期。

[67] 张西恒：《人民调解专业化问题探讨》，载《理论探索》2019 年第 4 期。

[68] 刘坤轮：《行政后撤与调解前伸——基于人民调解的宏观与微观分析》，载张艳丽、徐昕主编：《北理法学》（第 6 辑），法律出版社 2017 年版。

[69] 贺建平：《检视西方媒介权力研究——兼论布尔迪厄权力论》，载《西南政法大学学报》2002 年第 3 期。

[70] 贺荣：《坚持和发展新时代"枫桥经验" 推进调解工作高质量发展》，载《人民调解》2024 年第 3 期。

[71] 《习近平强调把"枫桥经验"坚持好、发展好》，载《法制与经济（上

旬）》2013 年第 11 期。

[72] 本刊特约评论员：《坚持和发展"枫桥经验"加强和创新人民调解工作》，载《人民调解》2013 年第 12 期。

[73] 祁雪瑞：《纠纷解决机制：民间法与人民调解及枫桥经验》，载《民间法》2014 年第 2 期。

[74] 褚宸舸、李德旺：《近十年人民调解"枫桥经验"研究的回顾与展望（2008—2017）》，载《民间法》2018 年第 1 期。

[75] 朱继萍、樊晓丹、郑燕冬：《历史与现代：人民调解的"枫桥经验"之形成与创新发展》，载《民间法》2018 年第 1 期。

[76] 蒋国长：《"枫桥经验"的本质与当代价值》，载《铁道警察学院学报》2015 年第 3 期。

[77] 吴锦良：《"枫桥经验"演进与基层治理创新》，载《浙江社会科学》2010 年第 7 期。

[78] 陈善平：《枫桥经验的历史发展》，载《枫桥经验与法治建设理论研讨会论文集》2007 年。

[79] 朱志华：《"枫桥经验"两种根本不同的解读——评尹曙生〈谢富治与"枫桥经验"〉一文》，载《公安学刊（浙江警察学院学报）》2014 年第 5 期。

[80] 李亮：《游刃于公权力和私权利之间：非诉纠纷解决模式的另类解读——基于枫桥经验》，载《黑龙江省政法管理干部学院学报》2010 年第 10 期。

[81] 陈善平：《枫桥经验价值浅论》，载《公安研究》1994 年第 2 期。

[82] 谌洪果：《"枫桥经验"与中国特色的法治生成模式》，载《法律科学（西北政法大学学报）》2009 年第 1 期。

[83] 金伯中：《论"枫桥经验"的时代特征和人本思想》，载《公安学刊（浙江公安高等专科学校学报）》2004 年第 5 期。

[84] 陈善平：《"枫桥经验"：中国基层社会治理的范本》，载《社会治理》2018 年第 6 期。

[85] 俞红霞：《"枫桥经验"的形成和发展历程》，载《中共党史资料》2006 年第 2 期。

[86] 詹肖冰：《风雨嬗变 历久弥新——"枫桥经验"的 46 年创新和发展路》，载《人民公安》2009 年第 18 期。

[87] 申欣旺：《淘宝互联网纠纷解决机制——结构化维权及其司法价值》，载

《法庭内外》2016 年第 3 期。

［88］张小军：《理解中国乡村内卷化的机制》，载《二十一世纪》1998 年总第
45 期。

［89］张杨：《社会运动研究的国家—社会关系视角》，载《学海》2007 年第
5 期。

［90］王向明：《社会主要矛盾转化的历史逻辑与现实依据》，载《人民论坛》
2018 年第 11 期。

［91］赵海丽：《"枫桥经验"思辨：在着力化解矛盾中动态维稳》，载《法制与
经济（上旬）》2013 年第 7 期。

［92］朱继萍、李桂勇：《人民调解"枫桥经验"的创新发展》，载《人民法治》
2018 年第 Z1 期。

［93］孟婷婷：《"枫桥经验"：在人民调解中传承光大》，载《人民调解》2014
年第 1 期。

［94］范愉、李泽：《人民调解的中国道路——范愉教授学术访谈》，载《上海
政法学院学报（法治论丛）》2018 年第 4 期。

［95］商忠强：《坚持人民调解的本质属性 完善医患纠纷化解机制》，载《人民
调解》2018 年第 1 期。

［96］孙彬、王燕军：《人民调解的本质——利益调解》，载《湖北广播电视大
学学报》2006 年第 4 期。

［97］李昌平、游敏：《加快社会建设必须改革"社会全能政府"》，载《理论
动态》2012 年第 11 期。

［98］郑永流：《"中国问题"及其法学辨析》，载《清华法学》2016 年第 2 期。

［99］郑永流：《法律的"交叉"研究和应用的原理》，载《中国法学》2018 年
第 4 期。

［100］余汲浪：《人民调解与基层群众性自治》，载《中国法学》1987 年第 3 期。

［101］《盘点人民调解法七大亮点》，载《司法业务文选》2010 年第 31 期。

［102］刘显鹏：《合意为本：人民调解协议司法确认之应然基调》，载《法学评
论》2013 年第 2 期。

［103］周永坤：《论强制性调解对法治和公平的冲击》，载《法律科学（西北政
法学院学报）》2007 年第 3 期。

［104］戴大新：《追溯、廓疑与前瞻——新时代坚持和发展"枫桥经验"的若
干探讨》，载《公安学刊（浙江警察学院学报）》2018 年第 1 期。

[105] 浙江省杭州市中级人民法院课题组：《都市版"枫桥经验"的探索与实践》，载《法律适用》2018 年第 17 期 。

[106] 李凯：《三门峡市：发展"枫桥经验"人民调解显成效》，载《公民与法（综合版）》2018 年第 11 期。

[107] 河北省司法厅基层工作指导处：《河北"枫桥"在临漳——临漳县探索新时期"枫桥经验"，人民调解工作开新局》，载《人民法治》2015 年第 Z1 期。

[108] 浙江省温州市司法局：《创新"大数据+人民调解"工作机制 推动新时代"枫桥经验"传承发展》，载《人民调解》2018 年第 6 期。

[109] 杨劲松：《人民调解信息化的天津探索》，载《人民调解》2018 年第 12 期。

[110] 李敏：《"枫桥经验"发新芽——浙江省诸暨市利用村规民约与人民调解定纷止争见闻》，载《中国审判》2007 年第 6 期。

[111] 浙江省诸暨市司法局：《坚持发展"枫桥经验"不断推进人民调解服务基层社会治理创新》，载《人民调解》2018 年第 6 期。

[112] 福建省厦门市司法局：《找准定位 因势利导 在多元化纠纷解决机制建设中推动人民调解创新发展》，载《中国司法》2018 年第 6 期。

[113] 《上海人民调解员队伍建设的发展之路——访上海市司法局基层工作处处长商忠强》，载《人民调解》2018 年第 7 期。

[114] 冯军伟：河南省优秀人民调解员先进事迹报告之《整合资源 优势互补 不断探索和建立人民调解工作新机制》。

[115] 连玉明：《关于社会管理创新和社会体制改革的几点认识》，载《大连干部学刊》2012 年第 6 期。

[116] 刘敏：《人民调解制度的创新与发展》，载《法学杂志》2012 年第 3 期。

[117] 张文静：《司法行政机关参与基层社会管理创新的地方经验综述》，载《中国司法》2012 年第 8 期。

[118] 彭小龙、范愉：《非职业法官研究：理念、制度与实践》，载《法学家》2009 年第 4 期。

（四）报纸类

[1] 丁雪萍、罗昌华：《摘掉一顶帽，调动几代人——记浙江省诸暨县枫桥区落实党对四类分子的政策》，载《人民日报》1979 年 2 月 5 日，第 4 版。

[2] 《"枫桥经验"值得总结和推广》，载《人民日报》1999 年 12 月 1 日，第 1 版。

［3］史沃：《学习"枫桥经验"让人民调解走进保险》，载《中国保险报》2014年 2 月 20 日，第 3 版。

［4］《诞生：毛泽东同志发现了"诸暨的好例子"》，载《绍兴晚报》2018 年 9月 20 日，第 A08 版。

［5］张雅芝：《"小"团队释放诉源治理"大"效能——陕西平利法院"1+5"团队推动诉源治理工作见闻》，载《人民法院报》2023 年 12 月 19 日，第4 版。

［6］戚祥浩、杨沁：《温州：织密调解网 下活治理棋》，载《浙江日报》2023年 11 月 15 日，第 16 版。

［7］余钊飞：《"枫桥经验"的历史演进》，载《人民法院报》2018 年 3 月 30日，第 5 版。

（五）学位论文类

［1］张谆谆：《论人民调解制度的衰微及未来趋向》，湖南大学 2008 年硕士学位论文。

［2］陆春萍：《合作模式下社区人民调解组织的社会化运作——以上海市长宁区李琴人民调解工作室为例》，上海大学 2008 年博士学位论文。

［3］郑东升：《法庭调解语言的合法性研究》，中国政法大学 2011 年博士学位论文。

二 . 英文参考文献

［1］Aristotle, *Rhetoric*, trans. by W. Rhys Roberts, New York：Random House, 1954.

［2］J. Meyrowitz, *No Sense of Place：The Impact of Electronic Media on Social Behavior*, Oxford University press, 1985, p. 23.

［3］Pine Bourdieu, *Language and Symbolic Power*, Cambridge：Polity Press, 1991, p. 170.

三 . 网络文献

［1］《打造国内首个航空争议一站式解决平台！长宁区人民法院"航空案件审判站"揭牌成立》，载人民网，http://sh. people. com. cn/n2/2023/0519/c134768-40422649. html，最后访问日期：2024 年 4 月 10 日。

［2］《中共中央关于构建社会主义和谐社会若干重大问题的决定》，载中国共产党新闻网，http://cpc. people. com. cn/GB/64162/64168/64569/72347/63479

91. html? ol4f，最后访问日期：2024 年 3 月 7 日。

［3］《让矛盾纠纷化解在成讼之前（人民时评）》，载人民网，http://sd. people. com. cn/n2/2023/1023/c386784-40612847. html，最后访问日期：2024 年 4 月 13 日。

［4］《司法部：2022 年全国人民调解组织共调解矛盾纠纷 892.3 万件》，载人民网，http://society. people. com. cn/n1/2023/0616/c1008-40015565. html，最后访问日期：2024 年 4 月 13 日。

［5］《我国将立法完善人民调解制度构筑维稳"第一道防线"》，载中国法院网，https://www. chinacourt. org/article/detail/2010/06/id/414838. shtml，最后访问日期：2024 年 4 月 13 日。

［6］《取消街道办，当向"小政府、大社会"前进》，载中国新闻网，https://www. chinanews. com/gn/2011/09-06/3310449. shtml，最后访问日期：2024 年 3 月 7 日。

［7］ "第三调解室"，载百科百度，https://baike. baidu. com/item/%E7%AC%AC%E4%B8%89%E8%B0%83%E8%A7%A3%E5%AE%A4/7168214? fr = aladdin，最后访问日期：2024 年 3 月 7 日。

［8］ "百姓调解"，载好看视频，https://haokan. baidu. com/author/1742207927653439? pd=wisenatural，最后访问日期：2024 年 3 月 7 日。

［9］ "金牌调解"，载 360 影视，https://www. 360kan. com/va/Y8glbalv7Jc6DD. html，最后访问日期：2024 年 3 月 7 日。

［10］《推动新时代政法工作有新气象新作为——十九大后首次中央政法工作会议传递六大新信号》，载新华网，http://www. xinhuanet. com/politics/2018-01/23/c_1122303911. htm? from = groupmessage&isappinstalled = 0，最后访问日期：2024 年 2 月 29 日。

［11］《【民主与法制时报】让"新枫桥经验"理论研究为中国特色社会主义理论治理注入更强动力》，载中国法学会网，https://www. chinalaw. org. cn/index. php/portal/article/index/id/19955/cid/，最后访问日期：2024 年 3 月 7 日。

［12］《新时代 新征程 "枫桥经验"新实践》，载中华人民共和国司法部网，http://www. moj. gov. cn/pub/sfbgw/zwgkztzl/2023zt/231105fqjyxsj/，最后访问日期：2023 年 12 月 27 日。

［13］ "各地动态—专题报道"，载人民网，http://cpc. people. com. cn/GB/6748

1/422249/422251/index1. html，最后访问日期：2024 年 3 月 7 日。

[14]《大理州践行新时代"枫桥经验"创新发展边疆民族特色调解——"金花调解室"多元解纠纷》，载人民网，http://yn. people. com. cn/n2/2023/1108/c372451-40632878. html，最后访问日期：2023 年 12 月 27 日。

[15]《庄浪："晓丽姐"的"金牌调解室"》，载人民网，http://gs. people. com. cn/n2/2023/0904/c183341-40556884. html，最后访问日期：2023 年 12 月 27 日。

[16]《天津建立三级矛盾纠纷调解机制 整合力量下沉 推动基层治理》，载人民网，http://leaders. people. com. cn/n1/2023/1214/c58278 - 40138453. html，最后访问日期：2024 年 2 月 29 日。

[17]《矛盾纠纷化解不留一处死角》，载人民网，http://cpc. people. com. cn/n1/2018/1127/c422249-30424020. html，最后访问日期：2019 年 2 月 15 日。

[18]《龙里县司法局："三聚焦"促行业性专业性调委会建设》，载人民网，http://gz. people. com. cn/n2/2021/1023/c361324-34970792. html，最后访问日期：2024 年 2 月 29 日。

[19]《景德镇把矛盾纠纷解决在基层化解在行业》，载人民网，http://cpc. people. com. cn/n1/2018/1112/c422249-30396000. html，最后访问日期：2019 年 2 月 15 日。

[20]《劳动争议纠纷实现一站式调解》，载中国工会新闻网，http://acftu. people. com. cn/n1/2023/0303/c67502-32635717. html，最后访问日期：2024 年 2 月 29 日。

[21]《对标全球卓越城市引领东方之花 上海弘扬枫桥经验构建新型纠纷多元调解机制》，载上海政法综治网，http://www. shzfzz. net/node2/zzb/shzfzz2013/yw/u1ai1381670. html，最后访问日期：2024 年 2 月 29 日。

[22]《坚持和发展新时代"枫桥经验" 推进矛盾纠纷化解法治化》，载中国共产党新闻网，http://cpc. people. com. cn/n1/2023/0519/c64094-32689878. html，最后访问日期：2024 年 2 月 29 日。

[23]《最高人民法院 司法部有关负责人就〈关于充分发挥人民调解基础性作用 推进诉源治理的意见〉答记者问》，载中华人民共和国最高人民法院网，https://www. court. gov. cn/zixun/xiangqing/414172. html，最后访问日期：2024 年 2 月 29 日。

图书在版编目（CIP）数据

传承与创新 ：我国人民调解制度研究 / 刘坤轮著.

北京 ：中国政法大学出版社，2024. 8. -- ISBN 978-7
-5764-1604-6

Ⅰ. D925.114.4

中国国家版本馆 CIP 数据核字第 20240BR537 号

出 版 者	中国政法大学出版社	
地　　址	北京市海淀区西土城路 25 号	
邮寄地址	北京 100088 信箱 8034 分箱　邮编 100088	
网　　址	http://www.cuplpress.com (网络实名: 中国政法大学出版社)	
电　　话	010-58908289(编辑部) 58908334(邮购部)	
承　　印	固安华明印业有限公司	
开　　本	650mm×960mm　1/16	
印　　张	16.5	
字　　数	235 千字	
版　　次	2024 年 8 月第 1 版	
印　　次	2024 年 8 月第 1 次印刷	
定　　价	85.00 元